KB041700

종중과
종중소송

宗中과 宗中訴訟

———————

변호사 신동한 저

박영사

서문

연수원을 수료한 뒤 1991년 4월 변호사사무실을 내고 그때부터 현재까지 같은 자리에서 변호사 업무를 하고 있습니다. 모든 개업 변호사가 느끼는 심정이겠지만 출근하면 사건 수임을 걱정하고 수임을 한 뒤에는 그 사건을 마무리할 때까지 고군분투합니다. 예상하지 못한 사건의 결과에 밤잠을 설치기도 하고 사건을 처리하다 보면 일주일, 한 달, 일 년은 쏜살같이 지나가 버립니다. 돌아오는 변론기일에 대한 부담은 아직도 나아질 기미가 없고 그 기일이 지나면 다소 마음이 홀가분해집니다. 개업 당시보다 사건의 질과 종류도 많이 변하였습니다. 개업 변호사는 생각 이상으로 많아졌고 그에 비례하여 사건의 난이도는 복잡하고 어려워졌습니다.

종중사건을 자주 의뢰받아 처리하면서 이 책을 쓰게 되었습니다. 예전에 비해 종중사건도 다양해지고 복잡하게 전개되고 있습니다. 항상 느끼는 것이지만 수많은 종중과 관련된 판결을 접하게 되면 그 판결 뒤에 있는 숨어 있는 기록의 양과 복잡한 사실관계를 생각하게 합니다. 그리고, 그 복잡한 사실관계와 주장을 법리에 맞추어 풀어 정돈한 판결내용을 읽게 되면 위 판결에 관여한 법조 선후배님들의 노고에 경의를 표하게 됩니다.

종중과 관련한 이 책은 종중사건에서 벌어질 수 있는 일반적인 쟁점을 설명하고 제 나름대로 이를 체계화하는 데 중점을 두었습니다. 우리나라의 대, 소종중은 그 종중마다의 특색이 있기에 발생하는 사건의 유형은 비슷한 것 같지만 사실관계는 전혀 다를 수 있습니다. 저로서는 종중사건에 관한 법원의 선도적인 판결 그대로를 책에 반영하는 것이 부족한 실력을 감추는 방법이 될 수 있지만 부끄러움을 무릅쓰고 나름대로 정리하여 보았습니다. 따라서, 이 책을 읽으시면서 당해 종중의 문제해결을 위해 보다 더 법리가 필요하다고 느끼시면 제시된 판례와 연관 판례의 사실관계를 심도 있게 파악하여 주시기 부탁드립니다.

책을 쓰기 전 혼자 설악의 공룡능선을 무박으로 다녀왔습니다. 일단 능선에 접어들면 다른 탈출 등산로가 없다는 공룡능선의 등반은 이 책을 쓰는 용기를 주었고 저 또한 그에 대한 의미를 부여하였습니다. 전문 등반가는 아니지만 이번 기회가 아니면 등반할 수 없고 부족하지만 이번 기회가 아니면 책을 쓸 수 없을 것 같은 생각이 들었습니다. 그리고, 몇 년 전부터 훌륭한 변호사님과 함께 일하게 되었는데 그 변호사님의 영민함이 제 부족한 점을 보완하여 주었습니다.

끝으로 존경하는 김종호 변호사님, 개업 당시부터 현재까지 사무실을 지켜 온 정영균 사무장, 소박한 사무실임에도 불구하고 함께 해 준 이해든 변호사, 직원 김혜란에게도 이 기회를 빌려 감사의 마음을 전합니다.

2024. 9.
변호사 신동한

차례

3

PART Ⅱ / 종중소송에서의 쟁점

P
A
R
T
/

I

종중의 의의*

* 이 책에서 말하는 종중은 '종중유사단체' 또는 '유사종중'이라는 용어를
  사용하는 부분 외에는 특별한 사정이 없는 한 고유의미의 종중(본래
  의미의 종중)을 의미한다.

가. 한국의 성씨

한국의 성씨(姓氏)는 한국인이 혈족 관계를 나타내기 위해 이름 앞에 붙이는 칭호이다. 유구한 우리나라 역사를 살펴보면 모든 사람이 처음부터 자신의 성(姓)을 가지고 태어나는 것은 아니었다. 초창기 성씨는 왕실이나 귀족층의 신분을 상징하는 전유물이었으며 그 이후 국가체제가 정비되거나 보통 사람들의 인식이 혁신되면서 오늘날 모든 사람이 성씨를 가지게 된 것이다. 어느 종중의 시조는 그 성씨를 시작한 인물이 시조가 된다. 성씨에는 시조의 고향 지명을 뜻하는 본관1)이 따른다. 따라서 같은 성씨라고 하여도 본관이 다르면 동일한 혈연이 아니다.2)

성씨가 모든 사람들에게까지 보급된 시기는 조선 후기였다. 1894년 고종 때의 갑오개혁을 계기로 종래의 신분·계급이 타파되며 그동안 성이 없던 사람들도 자신의 성씨를 가지게 되었고, 여기에다가 일제는 통제의 수단으로 민적법

---

1) 성(姓)의 출자지 또는 시조의 거주지를 통해 혈통관계와 신분을 나타내는 관습제도이다. 성이 바로 부계(父系)의 혈통을 나타내면서 시간선상의 끊임없는 연속성을 보여준다면, 본관은 어느 한 시대에 정착하였던 조상의 거주지를 나타내므로 공간상의 의미가 크다. 다만 이는 민적부, 호적부상의 호주를 중심으로 하여 그 집에 속하는 사람의 호적이 있는 지역을 말하는 본적과는 다른 개념이다.
2) 성과 본관의 상관관계를 열거하면 동성동본(同姓同本)·동성이본(同姓異本)·이성동본(異姓同本)·이성이본(異姓異本)의 경우가 있다(한국민족문화대백과사전).

을 제정하고 민적부를 작성하여 본인의 성(姓)과 본(本) 및 본적(本籍)을 신고하
게 하였다.

민적법은 1909. 3. 4. 법률 제8호로 공포·실시한 호적법의 하나로 이를 통
하여 신분의 발생·변경·소멸 등을 공시·증명하였다. 민적법에 의하여 작성
된 민적부는 광무호적(1896. 9. 1. 대한제국 칙령 제61호 호구조사규칙)을 기초로 하
여 작성된 것이다(서울고등법원 2015. 2. 4. 선고 2014나2012476 판결).

그 뒤 일제는 1922. 12. 7. 제령13호로 조선민사령을 개정하여 8개조의 호적
에 관한 규정을 신설하고 같은 달 18. 부령154호로 조선호적령이 제정되어 호
적부가 작성되었다(의정부지방법원 2016. 2. 2. 선고 2014가합52480 판결). 일제강
점기 하에서 실시되었던 민적법과 민적부, 호적부는 광복 후인 1960. 1. 1. 호적
에 관한 사항을 규정하기 위해 제정된 법률인 호적법으로 바뀌어 시행되었으
며, 국민의 가족관계를 호주를 기준으로 가(家)단위로 편제하는 호적제도는 그
뒤 개인의 존엄과 양성평등의 헌법 이념에 어긋난다는 헌법재판소의 위헌결정
에 따라 2007. 5. 17. 가족관계의 등록 등에 관한 법률(법률 제8435호)이 제정됨
에 따라 호적부가 폐지3)되고 새로운 가족관계등록부가 마련되었다.

2015년 기준 우리나라 전체 성씨는 다음 도표에서 보는 바와 같이 총 5,582
개이고, 1,000명 이상인 성씨는 153개이며, 전체 성씨 중 한자가 있는 성은
1,507개, 한자가 없는 성은 4,075개이다. 그리고 우리나라 성씨본관은 36,744
개이고, 1,000명 이상인 성씨본관은 858개이며, 본관만의 개수는 7,543개
이다.4)

---

3) 구 호적법을 대체한 가족관계의 등록 등에 관한 법률(2007. 5. 17. 법률 제8435호로 제정된 것)
   부칙 제4조는 종전의 호적법 규정에 따른 제적부에 관한 등록사무의 처리는 종전의 호적법 규정
   에 따르도록 되어 있다(헌법재판소 2011. 10. 25. 선고 2011헌마569 결정).
4) 2015년 통계청 인구주택총조사.

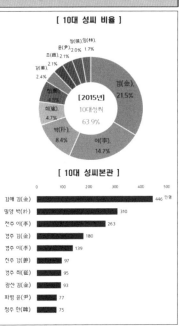

성씨 순위는 김[金], 이[李], 박[朴], 최[崔], 정[鄭] 순이며, 10대성씨 순위는 2000년과 동일함

- **우리나라 전체 성씨는 총 5,582개**이고, 1,000명 이상인 성씨는 153개이며 해당인구는 내국인 4,971만명 중 4,958만명(99.8%)임

- 전체 성씨 중 한자가 있는 성은 1,507개, 한자가 없는 성은 4,075개임

- **상위 10대 성씨가** 차지하는 비율은 2000년 64.1% 에서 2015년 63.9%로 0.2%p 감소함

- 20대성씨의 인구비율은 77.8%이며, 50대 성씨는 94.2%임

- **우리나라 성씨본관은 36,744개**이고, 1,000명 이상인 성씨본관은 858개이며 해당인구는 4,861만명(97.8%)임

- 본관만의 개수는 7,543개임

- **상위 10대 성씨본관이** 차지하는 비율은 35.7% 이고, 20대 성씨본관의 비율은 46.4%임

- 김해 金씨 446만명(9.0%), 밀양 朴씨 310만명 (6.2%), 전주 李씨 263만명(5.3%) 순임

나. 혈연공동체인 종중

성과 본은 혈연공동체인 종중에 있어서 매우 중요한 의미를 가진다. 왜냐하면 고유의미의 종중이란 공동선조의 분묘수호와 제사 및 종원 상호 간의 친목 등을 목적으로 하여 구성되는 자연발생적인 종족집단이므로 공동선조와 성과 본을 같이 하는 후손은 그 의사와 관계없이 성년이 되면 당연히 구성원(종원)이 되므로 그중 일부 종원을 임의로 종원에서 배제할 수 없기 때문이다(대법원 2021. 11. 11. 선고 2021다238902 판결).

특히 종중재산의 분쟁과 관련하여 어느 종중의 공동선조의 후손인 당사자가 종중을 상대로 해당 종중의 종원이라는 확인을 구하거나 반대로 종중에서 족보 등에 의해 해당 종중의 후손으로 볼 수 없다는 이유로 종원이 아니라고 다투는 경우가 있다. 민법 제781조 제6항에 따라 자녀의 복리를 위하여 자녀의 성과 본이 모의 성과 본으로 변경되었을 경우 성년인 그 자녀를 모가 속한 종중의 구성원으로 볼 것인지5) 아니면 부가 속한 종중의 구성원으로 볼 것인지 문제가 되는데 이러한 종원지위확인 및 종원지위부존재확인 등 소송에서 법원은 제적등본이나 호적등본 또는 가족관계등록부에 기재된 당사자의 성명과 본이 해당 종중의 족보[6]에 등재된 성명과 일치하는지 여부 및 족보에 그 등재가 누락되었다면 그 경위와 제반사정 등을 종합하여 이를 판단한다. 이렇듯 동일한 혈연관계임을 밝혀 주는 호적제도는 가(家)와 가(家) 안에서의 개인의 신분관계를 증명하기 위한 제도로서만 운영되다가 호주제가 폐지되면서 호적은 가족관계등록부로 대체되었는데 가족관계 등록제도에서는 성명(姓名)과 본(本)을 필수적으로 기재할 것이 요구되고, 공동선조와 성과 본을 같이 하는 후손은 성별의 구별 없이 성년이 되면 당연히 종중의 구성원이 되므로 성과 본을 기재한 호적부는 종원의 지위 등과 관련한 가장 기초적인 자료로서 종중소송과 밀접한 관계에 있다.

다. 혈연관계를 증명하는 호적관련 문서

(1) 민적법에 의한 민적부[7]

1909. 3. 4. 법률 제8호(구 대한제국 관보, 4318호)로 공포된 민적법의 내부훈령인 '민적법 집행 심득(1909. 3. 20. 내부훈령 제39호)'에는 다음과 같은 내용의 민적기재례[8]에 관한 규정이 있다.

---

5) 민법 제781조 제6항에 따라 자녀의 복리를 위하여 자녀의 성과 본을 변경할 필요가 있어 자녀의 성과 본이 모의 성과 본으로 변경되었을 경우 성년인 그 자녀는 모가 속한 종중의 공동선조와 성과 본을 같이 하는 후손으로서 당연히 종중의 구성원이 된다(대법원 2022. 5. 26. 선고 2017다260940 판결).
6) 족보는 종중 또는 문중이 종원의 범위를 명백히 하기 위하여 일족의 시조를 기초로 하여 그 자손 전체의 혈통, 배우자, 관력 등을 기재하여 제작·반포하는 것을 말한다(대법원 2000. 7. 4.자 2000스2 결정).
7) 국가기록포털(https://www.archives.go.kr/)에서 '민적부'로 검색하면 일제강점기에 작성된 일부 지역의 민적부를 검색할 수 있으며 내용에 따라 열람이 제한된다.
8) 구 대한제국 관보 1909. 3. 23. 제4332호

[民籍記載例]

一. 本籍의 欄에는 何道 何府郡 何坊面 何洞里 何統 何戶라 記載흠이 可흠.

二. 本의 欄에는 始祖出生地의 地名을 記載흠이 可흠. 假令 其始祖가 金海에셔 出生흔 時는 金海라 흠과 如흠. 但 戶主와 本이 同一흔 者는 記載흠을不要흠. (備考) 本은 出生地로써 흠이 原則이로대 居住地로써 ㅎ는 例外가 有흠

> 1.'본적'의 란에는 하도(何道) 하부군(何府郡) 하방면(何坊面) 하동리(何洞里) 하통(何統) 하호(何戶)라 기재하도록 한다.
>
> 2.'본'의 란에는 시조의 출생지의 지명을 기재한다. 예컨대 그 시조가 김해에서 출생한 때는 김해라고 기재하는 것과 같다. 다만 호주와 동성동본의 가족에 대하여는 기재할 필요가 없다. (비고) 본은 출생지로써 함이 원칙이지만 거주지로써 하는 예외가 있다.

(2) '민적법 집행 심득'에 따른 민적부 양식

事由	事由	事由	本籍
			道 郡府 面坊 里洞 統 戶
身位	身位	主	戶
生年月日 姓名 母 父	生年月日 姓名 母 父	生年月日 姓名 母 父	本 戶主及基된年月日原因
出生別	出生別	出生別	出生別
本	本		前戶主

(甲號의二)

〔3〕 호적등본〔제적등본〕

구 호적법에서는 호주나 가족이 제적 또는 말소된 경우 이를 호적부에 제거하여 제적부에 보존하였다. 호적부에는 현재의 신분관계를 기록하고, 제적부에는 과거의 신분 관계를 기재해 두었으나, 2008년 1월 1일자로 현행의 가족관계등록부로 변경되면서 기존 호적부의 모든 내용은 모두 제적부로 옮겨졌다.

호적등본(말소 · 제적된자 포함)

본　적	경상남도 김해시 내동 100번지					
호적편제	[편제일] 2002년 01월 02일					
전산이기	[이기일] 2002년 05월 20일 [이기사유] 호적법시행규칙 부칙 제2조제1항					
전호주와의 관계				전호적	경상남도 김해시 내동 100번지 호주 홍재식	
부	홍재식	성 별	남	본 南陽		
모	최여진			입　적 또　는 신호적		
호주	홍길동(洪吉童)			출　생	서기 1970년 01월 01일	
				주민등록 번　호	700101-1******	

〔4〕 가족관계증명서

현행법에서는, 옛 호적 등·초본의 기능을 가족관계 증명서, 기본증명서, 혼인관계증명서, 입양관계증명서, 친양자입양관계 증명서로 나누어 운용하고 있으며, 가족관계 등록부의 등록기준지는 호적법(2008. 1. 1. 폐지)상의 본적을 대체하는 개념이다. 등록기준지는 대법원규칙으로 정하는 절차에 따라 변경할 수 있으며, 일반적으로 바꾸고 싶은 지역의 구청 또는 시청에서 신청할 수 있다.

가족관계증명서

등록기준지	서울특별시 영등포구 여의도동 1번지의 1234

구분	성명	출생연월일	주민등록번호	성별	본
본인	김본인(金本人)	1965년 01월 01일	650101-1234567	남	金海

가족사항

구분	성명	출생연월일	주민등록번호	성별	본
부	김일남(金一男)	1941년 02월 01일	410201-1555555	남	金海
모	이일녀(李一女)	1938년 03월 01일	380301-2333333	여	全州

라. 족보

족보는 한 가문의 계통과 혈통관계를 기록한 서책이다. 일반적으로 족보는 종중에서 자신들의 일족의 혈통관계를 제작하여 반포하는 서책으로 종중에 따라서는 역사적 가치가 있는 족보를 소유하고 있기도 한다. 그리고, 공적문서인 민적부, 제적등본보다 그 제작연대가 오래된 족보는 제적등본 등이 가지고 있는 혈통관계의 시간적 한계를 뛰어 넘을 수 있다. 족보에는 선조의 시호, 자, 관력, 배우자, 출생과 사망, 분묘위치 등이 기술되어 있기에 종중소송에서는 족보의 증거력과 관련하여 법원은 종중과 그 구성원인 종원에 관한 족보가 발간되어 있는 경우에 족보는 종중 또는 문중이 종원의 범위를 명백히 하기 위하여 일족의 시조를 기초로 하여 그 자손 전체의 혈통, 배우자, 관력 등을 기재하여 제작 반포하는 것으로 족보가 조작된 것이라고 인정할 만한 특별한 사정이 없는 한 혈통에 관한 족보의 기재내용은 이를 믿는 것이 경험칙에 맞는다(대법원 2000. 7. 4.자 2000스2 결정)고 판시하고 있다.

02 종중의 연혁

가. 종중의 기원

종중의 기원에 관하여 여러 학설이 있지만, 그 기원은 종중이 가지는 본래의 목적인 공동선조의 봉제사 및 분묘수호에서 찾아보아야 할 것이다. 종중이 그 사회에서 일반화 되어 독립적인 종족집단체로서 존속하게 된 것은 고대의 종법에 더하여 조선시대의 성리학에 바탕을 둔 유교질서와 망인에 대한 매장문화, 현실적으로 사대봉사가 일반화된 17세기 이후 왕성하게 발전된 것으로 파악하고 있다.9)

종중의 실체는 후손들에 의한 제사공동체이다. 이를 위하여 필요한 물적기반이 전답 등의 위토와 묘산이고 이러한 종중재산은 분묘수호와 제사봉행을 계속하기 위하여 마련된 목적재산으로 이미 조선초부터 전답에 대한 사유화가 진행되고 있었다고 볼 수 있기에10) 종원이 사적으로 소유한 부동산에 대하여 상속, 출연 등에 의하여 종중재산의 형성을 가능하게 한 것이다. 그리고, 일단 종중재산으로 형성되면 종손이라고 이를 처분할 수는 없었다.

본인을 중심으로 부가 사망하면 망부의 기제사에 그 후손들은 제자 주재를 하는 큰집(종가)에 모여 제사를 받들고, 그 뒤 조부, 증조부, 고조부 등으로 제사

---

9) 최창렬, "종중의 구성과 본질에 관한 법리 소고", 성균관법학, 21권 3호, 성균관대학교 비교법연구소, 2009. 12.
10) 배병일, "일제하 법령과 조선고등법원판결에 내재하는 종중재산법리의 왜곡", 외법논집 39권 1호, 한국외대 법학연구소, 2015, 244면 이하.

의 범위를 넓혀 가면서 자연스럽게 공동시조를 모시는 적장자, 적장자의 후손
이 없으면 출계까지 하여 이를 승계한 집안으로 후손들이 모여 제사를 지내고
서로의 안부를 물으면서 자연스럽게 혈연으로 맺어진 종족 공동체가 되는 것이
다. 다른 무엇보다도 제사승계 및 제사공동체에 방점이 있고, 그 제사에 차등봉
사, 삼등봉사 등의 다소 차이는 있었지만 이를 위하여 혈연이 모이고, 비용을
조달하기 위한 부동산 등 물적 기반을 마련하면서 종중이 형성되었다.

나. 종중소유의 부동산

(1) 현황

통계청에서 발표한 2023. 8. 3. 기준 비법인 사단인 종중은 6137.65㎢의 토
지를 소유하고 있는 것으로 나타났다.

[비법인 토지의 유형별 소유현황]

1) 비법인 토지의 유형별 소유 현황   「토지소유현황」 국토교통부 (자료문의처: 044-201-3494)   통계설명

⊕ 수록기간 : 년 2017 ~ 2022 / 자료갱신일 : 2023-08-03 | 주석정보

🕐 시점 | 📊 증감/증감률 | 행렬전환 | 열고정해제   새탭 열기 | 화면복사 | 주소/출처 | 스크랩 | OPENAPI | 인쇄 | ㄴ

(단위: ㎢, 천 필지, 십억 원)

시도(1)	2022 합계 면적	지번수	가액	종중 면적	지번수	가액	종교단체 면적
전국	7,817.35	866.99	126,429.19	6,137.65	612.98	57,028.77	986.17
서울	10.49	9.54	32,105.85	3.98	1.13	3,125.05	4.89
부산	23.61	10.72	4,041.9	11.15	2.41	716.08	9.38
대구	80.23	9.23	3,038.41	62.18	5.25	1,197.79	15.27
인천	16.1	6.29	2,756.59	9.12	2.07	600.45	4.22
광주	46.44	12.57	2,300.7	41.4	6.76	969.29	3.82
대전	64.09	8.2	2,640.26	60.33	5.96	1,323.88	1.56
울산	79.53	9.82	2,036.96	57.39	5.8	882.35	10.55
세종	54.69	7.36	1,604.39	52.95	6.26	1,437.42	1.5
경기	755.25	109.79	38,347.7	668.47	77.33	21,865.06	67.73
강원	581.88	40.95	3,554.35	359.15	27.03	2,137.69	181.41
충북	661.84	67	4,758.64	537.36	51.49	3,627.82	60.09
충남	730.99	90.32	7,059.97	646.19	69.93	5,553.72	45.41
전북	792.67	109.14	4,409.74	669.51	83.17	3,020.54	67.66
전남	1,040.63	139.7	4,234.79	834.43	102.56	2,909.29	123.43
경북	1,846.55	114.45	5,908.5	1,451.5	83.95	4,179.96	203.32
경남	943.42	106.65	5,265.75	652.34	73.86	2,720.99	184.09
제주	88.95	15.25	2,364.69	20.22	8.01	761.39	1.85

위 현황에서 보는 바와 같이 종중이 보유하고 있는 재산으로는 부동산이 압
도적으로 많은 비중을 차지한다. 종중의 재산 중에 부동산이 차지하는 비중이

많은 이유는, 공동선조가 사망한 이후 후손들에 의하여 자연적으로 성립한 종
중은 태생적으로 오래된 역사를 가지고 있으며, 망인에 대한 매장문화, 종중의
본래 목적인 분묘수호와 봉제사 등은 분묘가 소재한 임야가 필수적일 뿐만 아
니라, 매년 계속되는 분묘수호와 봉제사를 위한 비용을 마련하기 위하여 전답
역시 필요하였기 때문이다.

   현재 경제가 발전하면서 토지를 소유하고 있는 종중재산의 가치는 증대하였
으나, 이에 반하여 종원들 개인의 경제적 활동은 복잡다단하여 상대적으로 자
신이 속한 종중에 소홀한 실정이다. 이러한 이유로 오늘날까지 종중재산을 두
고 많은 다툼이 발생하고 있으나 이를 규율하는 종중에 관한 특별 입법은 없고
종중과 관련된 분쟁사안은 법원의 집적된 판례에 의존하고 있다.

(2) 임야

   종중은 자연림의 임야, 선조들의 분묘가 안치된 임야를 소유함에 있어 종중
명의나, 수탁자에게 명의를 신탁하여 소유하고 있는데 특히 선조들 묘가 있는
임야를 종산, 묘산이라고 한다. 다만, 어느 임야에 공동선조의 분묘가 있다거나
종산이라는 사실만으로 이를 종중소유로 볼 수 없다(대법원 1997. 10. 10. 선고
96다15923 판결)는 것이 판례이고 법원은, 사정 이전에 그 토지가 종중의 소유
로 된 과정이나 내용이 증명되거나 또는 여러 정황으로 미루어 사정 이전부터
종중의 소유로 인정할 수밖에 없는 많은 간접자료가 있을 때에 한하여 종중 소
유로 인정할 수 있다고 한다(대법원 2002. 7. 26. 선고 2001다76731 판결).

   종중원들의 총유물인 임야에 종원이 자신의 선조의 분묘를 설치하여 사용할
수 있는가와 관련하여, 종중소유 부동산에 분묘를 설치하는 것은 종중재산에 대
한 처분행위에 해당하므로 종중토지에 분묘 등을 설치하기 위해서는 종중총회
결의를 통하여 분묘 등 설치에 관한 승낙을 받아야 한다(대법원 1967. 7. 18. 선고
66다1600 판결, 대법원 2007. 6. 28. 선고 2007다16885 판결). 그리고 공동선조의 후
손들로 구성된 종중이 선조 분묘를 수호 관리하여 왔다면 분묘의 수호 관리권
내지 분묘기지권은 종중에 귀속된다(대법원 2007. 6. 28. 선고 2005다44114 판결).

(3) 위토

[가] 의의

묘지관리, 봉제사에 드는 비용을 마련하기 위한 토지를 위토라고 한다. 보통 전과 답을 위토로 사용하는데 수익이 나는 임야를 포함하기도 한다. 봉제사의 대상이 되는 선조를 구분하여 8세조 위토, 10세조 위토 등으로 구분 짓기도 한다. 위와 같은 의미의 위토가 지적관리청의 지적공부에 위토인허대장의 문서로 관리된 것은 농지개혁법 시행 당시이다. 현재 시행되고 있는 공간정보의 구축 및 관리 등에 관한 법률에서는 위토라는 지목은 없다(위 법 제67조).

[나] 위토인허대장

해방 후 시행된 농지개혁법은 일정규모의 위토인 농지에 대해서는 그 분배가 이루어지지 않았다. 농지개혁법 제6조 제1항 제7호 소정의 위토(분묘를 수호하기 위하여 종전부터 소작료를 징수하지 아니하는 기존의 위토로서 묘매 1위당 2단보[11] 이내의 농지)는 위토신고가 실질적으로 누구에 의하여 이루어진 것이든, 수호인을 누구로 하였든, 그 위토가 누구의 묘를 수호하기 위한 것이었든지 간에 분배대상농지가 아니어서 국가에 매수 취득되지 아니하는 것이고, 그 위토의 소유권은 일반 소유권과 아무런 차이가 없으므로(대법원 1967. 9. 19. 선고 67다1138 판결), 위토에 대한 명의신탁 관계는 농지개혁법이 공포 · 시행되어도 그대로 유지된다(대법원 1992. 12. 24. 선고 92다8279 판결).

농지개혁법 시행규칙에 따라 관할 시 · 군청에 위 법 규정에 정한 위토대장을 비치하여야 하며, 위토의 인정을 받고자 하는 자는 묘주의 주소, 성명, 위토의 표시, 분묘의 소재지, 묘위와 묘주의 관계, 분묘의 수호조건, 수호자의 주소, 성명, 위토의 설치 연, 월, 일을 기재한 신청서를 제출하면 그에 대한 승낙서, 농지위원장이 발급한 위토증명서에 의하여 위토인허대장의 문서가 제조되어 관할청에 보관한다.

---

11) 미터법(㎡) 표기 이전에 사용한 면적 단위로서 토지는 평흡작재(坪合勺才), 임야는 정단무보(町段畝步)를 사용하였는데 정단무보를 평으로 환산하면 1정은 3000평, 1단은 300평, 1무는 30평, 1보는 1평이 된다. 따라서 "묘매 1위당 2단보"란 "묘 1기당 600평(약 1,983㎡)"을 말한다. 3위의 분묘를 합장한 경우에는 이를 1위의 분묘라고 할 수 없다(대법원 1968. 6. 25. 선고 68다768 판결).

[위토인허대장]

位土認許臺帳								
一. 墓主의住所	姓名	二. 位土의表示	三. 墳墓의所在地	四. 墓位와墓主		五. 墳墓守護條件	六. 守護者의住所姓名	姓名
道 郡 面 里 番地		道 郡 面 里 番地	道 郡 面 里 番地	父. 母. 祖考妣. 曾祖考妣. 高祖考妣. 五代祖考妣. 六代祖考妣. 七代祖考妣. 八代祖考妣. 九代祖	考妣. 十代祖考妣. 祖助妣. 兄. 嫂. 弟. 弟母. 從祖考妣	時祭伐草. 寒食. 秋夕. 祭事供義	道 郡 面 里 番地	

位土認許番號
牙 第 號

〔다〕 위토는 종중소유인가

어느 토지가 특정묘의 위토로 되는 경위는 그 특정 묘와 관계있는 종중이 그 소유권을 취득하여 위토 설정을 한 경우와 어느 개인이 개인 소유의 토지를 특정 선조묘의 위토로 설정하는 경우 등이 있을 수 있으므로 위토라는 사실만으로 이를 종중의 소유라고 볼 수 없다(대법원 1997. 10. 16. 선고 95다57029 전원합의체 판결). 어느 임야에 종중에 속한 분묘가 설치되어 있고, 전답이 그에 인접해 있다고 하여 그 임야 및 전답이 종중소유라고 단정할 수 없다(대법원 1997. 2. 25. 선고 96다9560 판결).

[4] 사패지

종중소송에서 간혹 종중소유인 소송물인 토지는 사패지였다는 주장이 나온다. 사패지는 조선시대 공을 세운 신하에게 왕이 하사하는 토지를 말한다. 사패지는 왕이 개인에게 하사하는 토지이기에 그가 속하는 종중이 이를 취득하는 것은 아니다(대법원 2006. 7. 28. 선고 2005다33060 판결). 사패지가 종중소유라는 학설도 있지만 사패지인 경우 추후 자연스럽게 종중소유로 취득하였을 개연성이 있기에 쟁점 토지가 사패지라는 주장에는 위 토지가 종중소유가 아니라는 주장이 포함된 것은 아니다.

법원은, 이조시대 관습으로서 왕이 토지를 하사하는 경우에는 어느 개인에게 하는 것이지 그가 속하는 종중에 하사하는 경우는 없는 것이 사실이고 따라서 어느 개인이 하사받았다 하더라도 원심이 성종대왕으로부터 종중이 하사받은 것이라고 설시한 경우에 그간에 종중소유화 하였다고 볼 여지도 있는 것이므로 그 사실만으로써 이른바 사패지지에 관한 법리오해가 있는 것은 아니다(대법원 1978. 9. 26. 선고 78다715 판결)라고 판시하였다.

[5] 전과 답 등 농지

종중소유 부동산 중에는 논과 밭이 있다. 종중이 논과 밭 등을 보유하게 된 것은 선조의 분묘관리 및 봉제사의 비용을 마련하기 위한 것이었다. 논과 밭은 농지법에서의 농지이고, 현행 농지법은 1994. 12. 22. 제정되어 1996. 1. 1.부터 시행되었다.

그 이전에 농지에 관한 개혁입법은 농지개혁법, 농지보전 및 이용에 관한 법률, 농지임대차 관리법 등이 시행되었다.[12] 농지법은 위와 같은 각 목적의 법률들을 각 취지에 맞추어 통합하여 제정한 것이고 농지를 취득하려는 자는 농지법 제8조에서 정하는 농지취득자격증명을 발급받아야 한다.

일제 강점기 임야조사령이나 토지조사령에 의한 사정당시 종중은 종중명의로 사정받을 수 없었기에 종중소유의 부동산을 종원 등 명의로 신탁하여 사정

---

12) 농지개혁법, 농지개혁사업정리에관한특별조치법, 농지의보전및이용에관한법률, 농지임대차관리법, 지력증진법은 농지법 제정(법률 제4817호, 1994. 12. 22.)으로 부칙 제2조에 따라 이를 폐지하였다.

받았다. 그리고 위 부동산에는 임야는 물론이고 무수히 많은 전, 답도 포함하고 있다. 그런데, 해방 이후 농지개혁이 실시되어 종중이 그 소유의 일정 규모의 전답에 대해서 종중명의 위토로 신고하게 되면 종중명의로 그 등기가 가능하지만(농지의 소유권이전등기에 관한 사무처리지침, 등기예규 제1415호), 나머지 전답은 그대로 수탁인 명의로 남아 있게 되고 이렇게 수탁인과 종중과의 명의신탁의 법률관계는 농지개혁법 시행 이후에도 그대로 유지되었다(대법원 1992. 12. 24. 선고 92다8279 판결).

그러나, 현재 시행되고 있는 농지법하에서 종중이 종원명의로 되어 있는 전, 답에 대하여 명의신탁해지를 원인으로 한 소유권이전등기 판결을 선고 받더라도 위 판결만으로 종중명의로 소유권이전등기를 마칠 수 없다. 종종명의로 이전등기를 위해서는 등기신청서에 등기원인서류와 토지에 대한 농지취득자격증명서를 첨부하여야 한다. 그리고 법원은, 농지법상 농지취득자격증명은 농지취득의 자격이 있다는 것을 증명하는 것일 뿐 농지취득의 원인이 되는 법률행위 효력발생요건은 아니다(대법원 2006. 1. 27. 선고 2005다59871 판결)라고 판시하고 있다.

03 법률적 관점에서의 종중

가. 비법인 사단

[1] 의의

비법인 사단으로서의 실체를 인정하기 위한 요건에 관하여 법원은, 민법상의 조합과 법인격은 없으나 사단성이 인정되는 비법인 사단을 구별함에 있어서는 일반적으로 그 단체성의 강약을 기준으로 판단하여야 하는 바, 조합은 2인 이상이 상호 간에 금전 기타 재산 또는 노무를 출자하여 공동사업을 경영할 것을 약정하는 계약관계에 의하여 성립하므로 어느 정도 단체성에서 오는 제약을 받게 되는 것이지만 구성원의 개인성이 강하게 드러나는 인적 결합체인데 비하여 비법인 사단은 구성원의 개인성과는 별개로 권리·의무의 주체가 될 수 있는 독자적 존재로서의 단체적 조직을 가지는 특성이 있다 하겠는데, 어떤 단체가 고유의 목적을 가지고 사단적 성격을 가지는 규약을 만들어 이에 근거하여 의사결정기관 및 집행기관인 대표자를 두는 등의 조직을 갖추고 있고, 기관의 의결이나 업무집행방법이 다수결의 원칙에 의하여 행하여지며, 구성원의 가입, 탈퇴 등으로 인한 변경에 관계없이 단체 그 자체가 존속되고, 그 조직에 의하여 대표의 방법, 총회나 이사회 등의 운영, 자본의 구성, 재산의 관리 기타 단체로서의 주요사항이 확정되어 있는 경우에는 비법인 사단으로서의 실체를 가진다고 한다(대법원 1999. 4. 23. 선고 99다4504 판결).

법원은 비법인 사단의 설립요건과 관련하여 사단적 성격의 규약, 의사결정기관, 집행기관, 단체 그 자체의 존속 등을 요구하고 있다.

[2] 비법인 사단인 종중

종중은 비법인 사단이다. 비법인 사단인 종중과 관련하여 법원은, 고유의미의 종중은 공동선조의 분묘수호와 제사, 그리고 종원 상호 간의 친목도모 등을 목적으로 자연발생적으로 성립한 종족집단체로서(대법원 2014. 11. 27. 선고 2010다86754 판결), 종중이 규약이나 관습에 따라 선출된 대표자 등에 의하여 대표되는 정도로 조직을 갖추고 지속적인 활동을 하고 있다면 비법인 사단으로서의 단체성이 인정된다고 판시하고 있다(대법원 1991. 8. 27. 선고 91다16525 판결, 대법원 2006. 10. 26. 선고 2004다47024 판결 등).

고유의미의 종중을 비법인 사단이라고 하면서 법원은, 고유의미의 종중이란 공동선조의 후손들에 의하여 그 선조의 분묘수호와 및 봉제사와 후손 상호간의 친목을 목적으로 자연발생적인 종족단체로 특별한 조직행위가 없어도 성립한다고 판시하고 있는데 이는 조합과 비법인 사단을 대비하여 설시한 대법원 1999. 4. 23. 선고 99다4504 판결에서 본 일반적인 비법인 사단의 성립요건과는 다소 다른 특징을 가지고 있다고 보아야 한다.

[3] 비법인 사단에 관한 법규

비법인 사단인 종중은 주무관청의 설립허가를 요하지 아니하고, 법인등기가 필요하지 않지만, 사회에서 사단으로서의 실체를 가지고 독립적으로 사회적 · 경제적 활동, 법률행위를 한다. 이러한 비법인 사단, 여기에서 말하는 종중과 관련한 법 규정은 재산의 소유형태 및 관리 등을 규정하는 민법의 제275조 내지 제277조의 규정, 부동산등기법에서 비법인 사단의 등기신청에 관한 규정(부동산등기법 제26조), 민사소송법에서 당사자능력에 관한 규정(민사소송법 제52조)이 있다.

재산의 소유형태 및 관리 외에 사단의 실체, 성립, 사원자격의 득실, 대표의 방법, 총회의 운영, 해산사유와 같은 그 밖의 법률관계에 관하여는 민법의 법인에 관한 규정 중 법인격을 전제로 하는 조항을 제외한 나머지 조항이 유추 적용하기도 한다(대법원 2006. 4. 20. 선고 2004다37775 전원합의체 판결, 대법원 2009. 11. 19.자 2008마699 결정).

그에 더하여 법원은 고유의미의 종중은 공동선조의 사망과 동시에 그 후손에 의하여 자연적으로 성립되고, 그 성립에 특별한 조직행위가 필요 없으며, 공동선조의 후손은 성년이 되면 당연히 가입되는 특징을 가지는 비법인 사단이라는 틀에서 그 종중이 가지고 있는 관례, 관습, 누적된 대법원 판례등이 종중에 대한 규범의 틀을 제시하고 있다. 법원은 기존에 종원의 자격을 성년남자로만 제한하고 있었던 것은 관습법이었다고 판시한 바 있다(대법원 2005. 7. 21. 선고 2002다1178 전원합의체 판결).

나. 당사자능력

민사소송법 제52조는 법인이 아닌 사단이나 재단은 대표자 또는 관리인이 있는 경우에는 그 사단이나 재단의 이름으로 당사자가 될 수 있다고 규정하고 있다. 당사자능력에 관한 민사소송법의 규정이다.

고유의미의 종중은 자연발생적인 종족단체로서 특별한 조직행위가 없더라도 그 선조의 사망과 동시에 그 후손에 의하여 성립하지만, 민사소송에서 당사자능력을 가지려면 일정한 정도로 조직을 갖추고 지속적인 활동을 하는 단체성이 있어야 하고 또한 그 대표자가 있어야 한다(대법원 2013. 1. 10. 선고 2011다64607 판결). 따라서 자연발생적으로 성립하는 고유의미의 종중이라도 그와 같은 비법인사단의 요건을 갖추어야 당사자능력이 인정된다 할 것이고 이는 소송요건에 관한 것으로서 사실심의 변론종결시를 기준으로 판단하여야 한다(대법원 2010. 3. 25. 선고 2009다95387 판결).

비법인 사단의 당사자능력을 인정하는 것은 법인이 아닌 사단이나 재단이라도 사단 또는 재단으로서의 실체를 갖추고 대표자 또는 관리인을 통하여 사회적 활동이나 거래를 하는 경우에는, 그로 인하여 발생하는 분쟁은 그 단체의 이름으로 당사자가 되어 소송을 통하여 해결하게 하고자 하는 취지이다(대법원 1999. 4. 23. 선고 99다4504 판결).

한편, 단체의 당사자능력 유무에 관한 사항은 법원의 직권조사사항이므로 그 당사자능력 판단의 전제가 되는 사실에 관하여는 법원이 당사자의 주장에 구속될 필요 없이 조사하여야 할 것이나, 그 사실에 기하여 당사자능력의 유무를 판단함에 있어서는 당사자가 내세우는 단체의 목적, 조직, 구성원 등 단체를 사회적 실체로 규정짓는 요소를 갖춘 단체가 실재하는지의 여부만을 가려 그와 같은 의미의 단체가 실재한다면 그로서 소송상 당사자능력은 충족되는 것이고, 그렇지 아니하다면 소를 부적법한 것으로 각하하면 족한 것이다(대법원 1997. 12. 9. 선고 94다41249 판결, 대법원 2015. 1. 29. 선고 2012다69265 판결).

그리고 직권조사사항이라고 하더라도 그에 관하여 조사를 하고 석명을 구하고 또 그 소명을 촉구한 이상 당사자가 석명 내지 증명을 아니하는 사항에 대하여 더 나아가 사실과 증거를 탐지하여야 하는 것은 아니고(대법원 1984. 11. 27. 선고 84누462 판결), 직권조사사항에 관하여도 그 사실의 존부가 불명한 경우에는 증명책임의 원칙이 적용되어야 할 것이고, 본안판결을 받는다는 것 자체가 원고에게 유리하다는 점에 비추어 직권조사사항인 소송요건에 대한 증명책임은 원고에게 있다(대법원 1997. 7. 25. 선고 96다39301 판결).

다. 등기능력

[1] 의의

종중은 종중소유의 부동산을 종중명의로 등기할 수 있는가. 이러한 물음의 시작은 당초 일제가 시행한 토지 사정 당시 종중명의로 등기를 할 수 없었기 때문이다. 일제는 우리나라를 병탄하면서 우리나라에 존재하는 관습에 관한 조사를 하고 이를 보고서로 발간하였는데 보고서에 의하면 우리나라에는 종중이라는 친족공동체가 실재하여 선조들의 분묘관리, 봉제사, 종원들 간의 부조와 친목, 질서확립 등 중요한 사회적 역할을 하고 있다는 것을 알면서도 이러한 종중의 성격을 조합이라던지, 친족회 등으로 보고 종중명의로 사정을 받아 주지 않았다(간혹 토지조사부의 적요란 또는 소유자란의 개인명의 이름 옆에 종중재산이라고 표기하는 경우는 있다).

(2) 토지조사사업·임야조사사업

합병 이후 일제는 조선총독부를 내세워 토지조사사업을 하여 모든 토지소유자로 하여금 토지소유권을 신고하게 하였다. 토지조사령(1912. 8. 13. 제령 제2호), 토지조사령시행규칙(1912. 8. 13. 총령 제6호) 및 관련 규정에 의하면 임시토지조사국장은 '토지의 조사' 및 '측량'을 마쳤을 때에는 토지조사부를 조제하고, 토지의 소유자 및 그 강계(彊界)를 사정(査定)한 다음 30일간 이를 공시하고 종람에 공하여야 하며, 토지소유자의 권리는 사정의 확정(確定) 또는 사정에 대한 불복신청에 관한 재결(裁決)에 의하여 확정된다(토지조사령 제15조).

임야조사절차는 토지조사절차가 끝난 후 일부지역에서 사실상 시작되었고 1918. 5. 1. 조선임야조사령(1918. 5. 1. 제령 제5호)이 공포되면서 전국적으로 시행되었는데 위 사업 역시 임야 소유자로부터 신고를 받아 사정과 재결이라는 일정한 조사와 확인 작업을 거쳐 소유권을 법적으로 인정해 주는 작업이었다.

(3) 토지 및 임야조사부에 소유자로 기재된 경우의 효력

법원은, 구 토지조사령(1912. 8. 13 제령 제2호)과 같은 령 시행규칙 및 조선총독부 임시토지조사국 조사규정 등에 의하면 조선총독부 임시조사국에서 작성한 토지조사부는 토지사정의 원부가 되는 것으로, 이는 지주총대의 인인을 받은 토지신고(같은 령 제4조, 같은 규정 제10조)와 토지의 조사 및 측량(같은 령 제6조 내지 제8조, 같은 규정 제14 내지 제26조)을 거쳐 작성되고, 동리마다 지번 순으로 지번, 가지번, 지목, 지적, 신고연월일, 소유자의 주소, 성명 등을 기재하게 되어 있으며(같은 규정 제31조), 토지조사부와 임시토지조사국 측량규정 제7장의 지적도의 조제를 마치면 임시토지 조사국장은 이를 지방토지조사위원회에 제출하여 사정사항에 대하여 자문한 후 토지의 소유자 및 그 경계를 사정하고(같은 령 제9조, 위 조사규정 제32조), 토지소유자의 권리는 사정의 확정 또는 그 불복신청에 대한 재결에 의하여 확정되며(같은 령 제15조), 사정 후에는 토지조사부 및 지도를 토지소재의 부, 군청 등에 비치하여 30일간 종람할 수 있도록 하고, 그 취지를 조선총독부 관보 및 토지소재 도의 도보에 게재하도록 되어 있으므로(같은 령 제9조, 같은 시행규칙 제3조), 토지조사부에 토지소유자로 등재되어 있는 자는 재결에 의하여 사정내용이 변경되었다는 등의 반증이 없는 이상 토지소유자로 사정받고 그 사정이 확정된 것으로 추정할 것이다(대법원 1986. 6. 10. 선고 84다카1773 판결)라고 판시하고 있다.

따라서 토지조사부에 소유자로 사정된 것으로 기재된 자와 다른 자 명의의 소유권보존등기가 마쳐진 경우 그 소유권보존등기가 유효하려면 사정 당시의 소유자로부터 등기명의자로의 승계취득사실이 주장·입증되어야 한다(대법원 1990. 2. 27. 선고 88다카4178 전원합의체 판결).

[4] 사정 당시 종중

사정 당시 종중은 종중 소유의 토지와 임야에 관하여 종중명의로 신고하는 방법이 없었다. 당시 일제는 조선의 관습을 조사 연구하여 관습조사보고서를 발간하였는데 우리나라 관습상 종중의 실체를 파악하고서도 그 법적성격을 친족공동체, 조합체 등으로 파악하여 토지조사나 임야조사 당시 종중명의로 소유자 신고를 받아 주지 않았다. 이에 종중은 종중소유의 토지나 임야를 종손 또는 종중원 1인 혹은 수인의 명의로 신고하여 사정을 받았다.

그리고 1930년 조선부동산등기령을 시행하기까지 종중명의로의 등기를 할 수 있는 방법이 없었다. 일제는 1930년 제령 10호로서 조선부동산등기령을 비로서 개정하여 동령 2조의 4에 종중·문중 기타 법인 아닌 사단 또는 재단으로서 조선총독이 정하는 것에 속하는 부동산등기에 관하여는 그 사단 또는 재단을 등기권리자 또는 등기의무자로 간주한다고 하여 종중 기타의 법인이 아닌 사단이 그 단체의 명의로 등기를 할 수 있도록 하였다.

그러나 이는 사정 이후에 위 내용의 부동산등기령이 시행된 것이고 종중의 법적 성격도 차츰 비법인 사단으로 정리되자 종중소유 부동산을 종원 명의로 사정받은 사안에 관하여, 조선고등법원과 대법원 판례에 의해 그 유효성이 인정되면서 종중과 명의 수탁인의 대내적 관계에서는 소유권이 신탁자에게 있지만 대외적 관계에서 그 소유권은 수탁자에게 있는 명의신탁의 법리를 적용하여 수탁자인 종중원으로부터 당해 부동산을 양수받은 자는 유효하게 소유권을 취득하게 된다는 명의신탁 이론을 확립하기에 이르렀다(대법원 2019. 6. 20. 선고

2013다218156 전원합의체 판결).

(5) 부동산등기법

(가) 법률 제536호(1960. 1. 1. 시행)

민법(법률 제471호)이 제정되고 1960. 1. 1.부터 부동산등기법이 시행됨에 따라 종전 조선부동산등기령은 폐지되었으나, 새로 시행된 부동산 등기법도 비법인 사단 등의 등기에 관하여 폐지된 조선부동산등기령과 동일하게 종중, 문중 기타 대표자나 관리인이 있는 법인 아닌 사단이나 재단에 속하는 부동산의 등기에 관하여서는 그 사단 또는 재단을 등기권리자 또는 등기의무자가 되고(위 법 제30조 제1항), 이때 그 등기는 그 사단 또는 재단의 명의로 그 대표자 또는 관리인이 이를 신청하도록 하여(동법 제30조 제2항) 여전히 종중명의로 등기할 수 있도록 하였다.

(나) 법률 제3859호(1986. 12. 23. 개정)

부동산에 관한 자료를 전산화하여 부동산등기 시에 개인의 성명과 함께 주민등록번호를 병기하게 하고 있는 것과 보조를 맞추어 법인 아닌 사단이나 재단에도 부동산등기용 등록번호를 부여하여 이를 등기하도록 하였다. 즉 법인 아닌 사단이나 재단의 경우에는 제41조의2의 규정에 의한 부동산등기용 등록번호를 병기하도록 하였는데(위 법 제41조 제2항), 이때 등록번호를 부여받으려는 사단이나 재단의 대표자 또는 관리인은 등기할 부동산의 표시, 사단이나 재단의 명칭, 사무소소재지, 대표자 또는 관리인의 성명 및 주소가 기재된 등록번호부여신청서를 등기하고자 하는 부동산소재지 관할시장(구가 설치되어 있는 시에서는 구청장) · 군수에게 제출하면(법인 아닌 사단·재단 및 외국인의 부동산등기용 등록번호 부여절차에 관한 규정 제5조) 시장·군수는 등록사항을 확인하기 위하여 필요한 경우 부동산등기법시행규칙 제56조의 규정에 의한 서면을 제출받아 이를 심사하여 등록번호를 부여하고 그 사실을 등록대장에 기재한 후 신청인에게 등록대장사본을 등록증명서로 발급하도록 하였다(위 규정 제7조).

[다] 법률 제4422호(1991. 12. 14. 개정)

종전의 부동산등기제도하에서는 아무 권한도 없는 자가 정관이나 사원총회 결의록 등을 위조하여 자신이 진정한 대표자인 것처럼 등기신청을 할 위험이 매우 크므로 이를 예방하기 위하여 그들 단체명의의 등기에는 그 대표자 등의 성명·주소와 주민등록번호를 등기사항으로 정하여 그 단체에 속하는 부동산의 처분권한이 누구에게 있는지를 등기부를 통하여 확인할 수 있도록 하였다.

다만, 부동산등기법 개정(법률 제3859호) 전에 이미 마쳐진 법인 아닌 사단이나 재단 명의의 등기에 대하여는 그 대표자 또는 관리인의 성명, 주소 및 주민등록번호를 추가로 기록하는 내용의 등기명의인표시변경등기가 허용되지 않았는데, 그 뒤 위 법 시행 전에 이미 마쳐진 법인 아닌 사단이나 재단 명의의 등기에 대한 등기명의인표시변경등기의 필요성에 따라 2017. 4. 12. 등기예규를 개정(등기예규 제1620호)하여 법인 아닌 사단이나 재단이 현재 효력 있는 권리에 관한 등기의 등기명의인이나 그 대표자 또는 관리인의 성명, 주소 및 주민등록번호가 등기기록에 기록되어 있지 않은 경우 이를 추가로 기록할 수 있도록 하였다.

[라] 부동산등기용 등록번호 증명서 및 등록번호의 구성 체계 등

① 등록증명서 예시

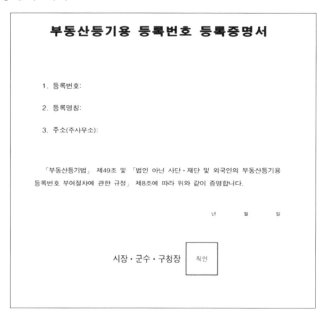

② 등록번호의 구성 체계

번호	본관성	번호	본관성	번호	본관성
111111	강릉金氏	111142	밀양金氏	111173	영암金氏
111112	강화金氏	111143	백천金氏	111174	영월金氏
111113	개성金氏	111144	보령金氏	111175	영양金氏
111114	경산金氏	111145	부안金氏	111176	영천金氏
111115	고령金氏	111146	사천金氏	111177	영해金氏
111116	경주金氏	111147	삼척金氏	111178	예안金氏
111117	고산金氏	111148	상산金氏	111179	오천金氏
111118	고성金氏	111149	서흥金氏	111180	용궁金氏
111119	공주金氏	111150	*선산金氏(1)	111181	용담金氏
111120	광산金氏	111151	선산金氏(2)	111182	우봉金氏
111121	광주金氏	111152	설성金氏	111183	울산金氏
111122	교하金氏	111153	수안金氏	111184	웅천金氏
111123	금녕金氏	111154	수원金氏	111185	원주金氏
111124	금산金氏	111155	순천金氏	111186	월성金氏
111125	김제金氏	111156	신천金氏	111187	은율金氏
111126	*김해金氏(1)	111157	*안동金氏(1)	111188	은진金氏
111127	김해金氏(2)	111158	안동金氏(2)	111189	의성金氏

③ 성·본관 고유번호[13]

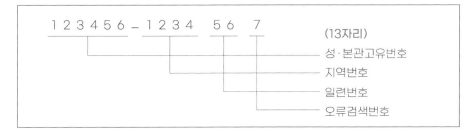

(6) 등기·등록상의 대표자

종중명의 부동산에 관하여 그 등기부에 기재된 종중의 대표자, 부동산등기용 등록번호증명서를 신청한 종중의 대표자는 종중의 진정한 대표자가 아닐 수도 있음을 주의하여야 한다. 등기나 등록을 수리할 때 등기실무관이나 담당공무원에게는 이를 실질적으로 심사할 심사권한이 없다. 부동산등기용 등록번호는 그 부여절차에서 단체의 실체나 대표자의 자격이 실질적으로 심사되지 않는 점에

---

13) 2011. 1. 17. 개정된 법인 아닌 사단·재단 및 외국인의 부동산등기용 등록번호 부여절차에 관한 규정 시행규칙 [별표 1]의 성·본관의 고유번호표 중 일부이다.

비추어 그것만으로 단체의 실체를 갖추고 있거나 대표자로 표시된 자가 적법한 대표자라고 보기 어렵다(대법원 1994. 11. 11. 선고 94다14094 판결, 대법원 1999. 7. 27. 선고 99다9523 판결).

라. 권리 의무의 주체

권리와 의무의 주체가 되는 것을 권리능력이라고 한다. 민법 제3조는 사람의 권리능력을, 제34조는 (사단)법인의 권리능력을 규정하고 있고, 법인은 법률의 규정에 좇아 정관으로 정한 목적의 범위 내에서 권리와 의무의 주체가 된다.

비법인 사단의 점유취득시효를 원인으로 한 이전등기청구 사건에서 법원은, 법인 아닌 사단이나 재단도 대표자 또는 관리인이 있으면 민사소송의 당사자가 될 수 있으므로 자연부락이 그 부락주민을 구성원으로 하여 고유목적을 가지고 의사결정기관과 집행기관인 대표자를 두어 독자적인 활동을 하는 사회조직체라면 비법인 사단으로서 권리능력이 있다고 판시하고 있다(대법원 2007. 7. 26. 선고 2006다64573 판결).

종중 역시도 취득시효완성을 원인으로 한 소유권이전등기청구권을 가지고 있으며(대법원 1970. 2. 10. 선고 69다2013 판결, 제주지방법원 2021. 1. 19. 선고 2020나11490 판결), 양도소득세 부과처분의 주체는 종중이고(대법원 1983. 4. 12. 선고 82누444 판결), 법인의 불법행위에 관한 민법 제35조를 유추적용하여 종중의 대표자가 그 직무에 관하여 타인에게 손해를 가한 경우 종중은 그로 인하여 타인에게 입힌 손해를 배상할 책임이 있다고 판시하고 있다(대법원 2003. 7. 25. 선고 2002다27088 판결).

마. 종중재산의 성격

비법인 사단인 종중명의의 재산은 종중원들의 총유이다(민법 제275조). 종중재산은 종중의 목적을 달성하는 데 본질적으로 중요한 요소이다. 따라서 그 관리 및 처분을 위해서는 먼저 종중규약에 정하는 바가 있으면 이에 따라야 하고, 그 점에 관한 종중규약이 없으면 종중총회의 결의에 의하여야 하므로, 비록 종중 대표자에 의한 종중 재산의 처분이라고 하더라도 그러한 절차를 거치지 아니한 채 한 행위는 무효이고, 이러한 법리는 종중이 타인에게 속하는 권리를 처분하는 경우에도 적용된다(대법원 1996. 8. 20. 선고 96다18656 판결).

　종중재산은 종중원이나 종중대표자 개인이 처분할 수는 없고 종중이 주체가 되어 결정하여야 하며 종중대표자가 종중재산을 처분했더라도 그러한 절차를 거치지 않았다면 그 처분행위는 무효가 된다(대법원 2000. 10. 27. 선고 2000다 22881 판결). 따라서 종중재산의 보존 및 관리, 처분행위는 먼저 종중규약에 따르고, 종중규약이 없는 경우에는 반드시 총회결의를 거쳐야만 한다.

　민법 제278조는 소유권 이외에 재산권에 준용되기에 종중의 다른 재산권 또한 종중원들의 준총유로 소유한다 할 것이다.

04 고유의미의 종중과 종중유사단체

가. 문제의 제기

친족집단체인 종중, 종친회 등의 명칭을 사용하는 비법인 사단에는 고유의미의 종중과 종중유사단체가 있다. 자신이 살고 있는 시·군, 구 등에서 본관과 성씨가 같은 종족들의 단체, 공동선조의 후손으로 일정한 지역에서 살고 있는 그 후손들만의 종친회, 형제인 공동선조들이 손이 귀하여 서로 양자를 주고받으면서 대를 이어 왔는데 위 형제후손들은 실질적으로 같은 핏줄로 생각하고 종중의 본래 목적인 선조의 분묘수호와 제향 등을 하는 종족집단체를 형성하였다면 위와 같은 종중이 고유의미의 종중인지 아니면 종중유사단체인지 그 경계가 명확하지 않은 경우가 있다.

자신이 속한 종중이 고유한 의미의 종중인지, 아니면 종중유사단체인지에 따라 종원의 범위가 달라질 수 있다. 그리고 종원명의로 신탁하여 놓은 종중소유 부동산에 대한 다툼이 있을 때 당해 종중의 성격을 어떻게 규정하여야 하는지, 반대로 종중명의의 부동산이 있을 때 그 종중의 성격이 어떤 종중인지는 선결적으로 확정하여야 할 문제인 것이다.

종중은 고유의미의 종중이든 종중유사단체인 종중이든 법인등기를 하지 않은 비법인 사단으로 존재하는 것이고, 지난한 종중 활동은 종손, 유사, 도유사, 문장, 도문장, 파문장, 연고항존자 등의 명칭으로 일부 임원들이 종사를 주도하여 오는 경향이 많았기에, 어느 종중이 자신은 고유의미의 종중이라고 주장하면서도 정작 현출되는 증거가 종중유사단체에 해당하는 경우에는 그 소송 목적을 달성하지 못하는 일이 발생할 수 있다.

따라서 종중이 법적분쟁에 휘말려 소송의 당사자가 되는 경우 그 종중이 고유의미의 종중인지 아니면 종중유사단체인지를 명확히 파악하여 소송에 임하여야 한다.

나. 고유의미의 종중

(1) 고유의미의 종중의 개념

종중(고유한 의미의 종중)이란 공동선조의 후손들에 의하여 선조의 분묘수호와 봉제사 및 후손 상호 간의 친목도모를 목적으로 형성되는 자연발생적인 친족단체로서 그 선조의 사망과 동시에 그 자손에 의하여 성립되는 것으로서 특별한 조직행위를 필요로 하는 것이 아니고(대법원 2014. 11. 27. 선고 2010다86754 판결), 그 대수에 제한이 없으며(대법원 1994. 11. 11. 선고 94다17772 판결), 공동선조와 성과 본을 같이 하는 후손은 성별의 구별 없이 성년이 되면 당연히 종중의 구성원이 된다고 한다(대법원 2005. 7. 21. 선고 2002다1178 전원합의체 판결).

따라서 특정지역 거주자나 특정 범위 내의 자들만으로 구성된 종중이란 있을 수 없고(대법원 1996. 10. 11. 선고 95다34330 판결), 세계를 달리 하는 사람들을 구성원으로 하는 종중은 관습상 자연발생적으로 당연히 성립되는 본래의 의미의 종중이라 볼 수 없으며, 특히 타가에 출계한 선조가 있을 경우 타가에 출계한 자는 친가의 생부를 공동선조로 하여 자연발생적으로 형성되는 종중의 구성원이 될 수 없다(대법원 1996. 8. 23. 선고 96다12566 판결).

그러나 타가에 출계한 자를 제외한 공동선조의 후손으로 구성된 종중이라면, 그 종중이 성립된 후에 정관 등 종중규약을 작성하면서 종중의 구성원이 될 수 없는 타가에 출계한 자 및 그 후손들을 종원으로 하기로 하였다가 그것이 잘못되었음을 발견하고 후에 이들을 제외시켰다고 하더라도 자연발생적인 종중으로서의 원고의 실체는 변함이 없이 그대로 존속한다(대법원 1997. 7. 25. 선고 96다47494 판결).

선조의 생존 중에 그 선조의 분묘수호와 봉제사를 위한 종중이 존재할 수는 없다고 한다(대법원 1990. 7. 10. 선고 89다카33630 판결).

위와 같이 종중은 자연발생적인 종족단체이기에 특별한 조직행위를 필요로 하는 것은 아니지만 공동선조를 누구로 하느냐에 따라 종중 안에 무수한 소종중이 있을 수 있으므로 어느 종중을 특정하고 그 실체를 파악함에 있어서는 그 종중의 공동선조가 누구인가가 가장 중요한 기준이 되고(대법원 1997. 2. 28. 선고 95다44986 판결), 그 공동선조를 정함에 따라 상대적으로 대소종중으로 구별되는 것이기 때문에 이미 성립된 종중의 공동선조의 후손 중의 한 사람을 공동선조로 하여 또 하나의 종중이 성립될 수도 있다(대법원 1972. 9. 12. 선고 72다1090 판결).

(2) 자연발생과 당연가입

비법인 사단으로서 고유의미의 종중의 성격은 공동선조의 사망과 동시에 자연적으로 후손들에 의하여 성립한다는 점과 공동선조의 후손이면 그 후손의 의사와 관계없이 성년이 되면 종중의 구성원이 되는 것이다. 그리고 위 본질적인 요소에 어느 하나라도 배치되면 같은 친족집단체인 종중이고 분묘수호와 봉제사, 종원들 간의 친목을 도모하는 같은 목적을 가진 종중이어도 이는 그간의 판례에 비추어 종중유사단체로 볼 가능성이 많다.

(3) 종중의 본질에 반하는 행위

고유의미의 종중이라면 일부 종원의 자격을 임의로 제한하였거나 확장한 종중회칙은 종중의 본질에 반하여 무효이므로 그 종중의 회칙 규정이 종중의 본질에 반한다 하여 고유의미의 종중이 아니라고 추단할 수는 없다(대법원 1996. 2. 13. 선고 95다34842 판결).

고유한 의미의 종중에서는 종중이 종중원의 자격을 박탈하거나 종중원이 종중을 탈퇴할 수 없으므로 공동선조의 후손들은 종중을 양분하는 것과 같은 종중분열을 할 수 없고(대법원 1998. 2. 27. 선고 97도1993 판결), 종중의 성격과 법적 성질에 비추어 종중이 그 구성원인 종원이 가지는 고유하고 기본적인 권리의 본질적인 내용을 침해하는 처분을 하는 것은 허용되지 않는다(대법원 2007. 9. 6. 선고 2007다34982 판결).

종중이 그 구성원인 종원에 대하여 그 자격을 박탈하는 소위 할종이라는 징계처분은 비록 그와 같은 관행이 있다 하더라도 이는 공동선조의 후손으로서 혈연관계를 바탕으로 하여 자연적으로 구성되는 종족 단체인 종중의 본질에 반하는 것이므로 그러한 관행이나 징계처분은 위법, 무효하여 피징계자의 종중원으로서의 신분이나 지위를 박탈하는 효력이 생긴다고 할 수 없다(대법원 1983. 2. 8. 선고 80다1194 판결).

고유의미의 종중에 관한 규약을 만들면서 일부 구성원의 자격을 임의로 배제할 수 없는 것이며, 특정지역 내에 거주하는 일부 종중원에 한하여 의결권을 주고 그 밖의 지역에 거주하는 종중원의 의결권을 박탈할 개연성이 많은 종중규약은 종중의 본질에 반하여 무효이다(대법원 1992. 9. 22. 선고 92다15048 판결).

여성의 종중원 자격과 종중총회에서의 의결권을 제한하는 내용으로 종중규약을 개정하고, 종중 소유 부동산에 관한 수용보상금을 남성 종중원들에게만 대여하기로 한 종중 임시총회 결의는 여성의 종원으로서의 자격 자체를 부정하는 전제하에서 한 처분이어서 종원으로서 가지는 고유하고 기본적인 권리의 본질적인 내용을 침해하는 것이므로 무효이다(대법원 2007. 9. 6. 선고 2007다34982 판결).

종중의 구성원이 될 수 없는 자에게 종원의 자격을 부여한 총회결의에 따라 제정된 회칙이나 그들이 참가한 가운데 종원자격이 없는 자를 대표자의 하나로 선임한 대표자선정결의는 종중의 본질에 반하여 부적법하고, 다른 종원들이 결의에 동의하였다 하더라도 결론이 달라질 수 없다(대법원 1992. 12. 11. 선고 92다30153 판결).

출계자의 자손들이 종중의 종원들과 종중구성의 합의를 하였다거나 종산을 마련하고 사실상 종중일에 계속 관여하였다 하더라도 그러한 사정으로 인하여 종원 아닌 그들이 새삼스레 종원자격을 취득하는 것은 아니다(대법원 1983. 2. 22. 선고 81다584 판결).

(4) 판단기준

고유의미의 종중이 다른 비법인 사단과 구별되는 특질은 공동선조의 후손 중 성년 이상의 남녀를 종원으로 하여 구성되는 자연발생적인 종족집단체로서 그 성립을 위하여 특별한 조직행위를 필요로 함이 없이 관습상 당연히 성립하는 것이기에 고유의미의 종중에 해당하는지 여부는 종중의 목적, 그 성립과 조직의 경위, 구성원의 범위와 자격 기준, 종중규약의 내용 등을 종합하여 판단하여야 한다.

따라서 이미 성립된 종중의 종원 중 일부가 주동이 되어 종중규약을 만들고 총회를 소집하여 대표자를 선출하였다는 사정만으로 바로 종중과는 별개의 단체를 구성하였다고 단정할 수 없고, 이는 이전부터 내려오던 종중을 조직화하는 과정상의 착오일 수도 있는 만큼, 이 경우 일부 종원의 자격을 임의로 제한한 종중규약은 종중의 본질에 반하여 무효로 볼 여지가 있으므로, 규약상 이와 같은 내용이 종중의 본질에 반한다 하여 바로 그 종중이 고유의미의 종중이 아니라고 추단할 것은 아니다(대법원 2002. 6. 28. 선고 2001다5296 판결).

다. 종중유사단체

(1) 의의

종중유사단체(유사종중이라고도 한다) 역시 비법인 사단이다. 유사종중이라는 용어에서도 알 수 있듯이 종중유사단체는 목적이나 기능이 고유의미의 종중과 별다른 차이가 없는 경우가 많다. 특히, 종중의 본질적인 요소인 공동선조, 공동선조의 후손들의 친족집단체, 그 성립에 대한 평가 등 중요 요소에 있어서 고유의미의 종중이 가지는 개념에 배치되는 친족집단체를 종중유사단체로 정의할 수 있다.

예컨대, 같은 공동선조의 후손이어서 성년이 되면 특별한 가입절차 없이 종중의 구성원이 된다고 하여 그 종중을 고유의미의 종중이라고 단정할 수 없다. 당해 종중이 공동선조의 후손 중 일정지역 내에 살고 있는 후손들의 친족집단이라고 한다면 그 지역 내의 종원은 성년이 되면 별도의 가입절차 없이 자연적으로 종원이 되는 것이지만 해당 종중은 고유의미의 종중의 개념에 배치되기에 종중유사단체로 평가받을 것이다.

법원은, 종중유사단체는 비록 그 목적이나 기능이 고유 종중과 별다른 차이가 없다 하더라도 공동선조의 후손 중 일부에 의하여 인위적인 조직행위를 거쳐 성립된 경우에는 사적 임의단체라는 점에서 고유 종중과 그 성질을 달리하므로, 그러한 경우에는 사적 자치의 원칙 내지 결사의 자유에 따라 그 구성원의 자격이나 가입조건을 자유롭게 정할 수 있음이 원칙이다. 따라서 그러한 종중유사단체의 회칙이나 규약에서 공동선조의 후손 중 남성만으로 그 구성원을 한정하고 있다 하더라도 특별한 사정이 없는 한 이는 사적 자치의 원칙 내지 결사의 자유의 보장범위에 포함되고, 위 사정만으로 그 회칙이나 규약이 양성평등 원칙을 정한 헌법 제11조 및 민법 제103조를 위반하여 무효라고 볼 수는 없다(대법원 2011. 2. 24. 선고 2009다17783 판결)고 판시하였다.

또한 법원은, 종중에 유사한 비법인 사단(종중유사단체)은 반드시 총회를 열어 성문화된 규약을 만들고 정식의 조직체계를 갖추어야만 비로소 단체로서 성립하는 것이 아니고, 실질적으로 공동의 목적을 달성하기 위하여 공동의 재산을 형성하고 일을 주도하는 사람을 중심으로 계속적으로 사회적인 활동을 하여 온 경우에는 이미 그 무렵부터 단체로서의 실체가 존재한다고 하여야 하고, 계속적으로 공동의 일을 수행하여 오던 일단의 사람들이 어느 시점에 이르러 비로소 창립총회를 열어 조직체로서의 실체를 갖추었다면, 그 실체로서의 조직을 갖추기 이전부터 행한 행위나 또는 그때까지 형성한 재산은, 다른 특별한 사정이 없는 한, 모두 이 사회적 실체로서의 조직에게 귀속되는 것으로 봄이 타당하다(대법원 1996. 3. 12. 선고 94다56401 판결)고 판시하였다.

(2) 유형

법원은 다양한 모습을 가지고 있는 종중유사단체를 인정을 하고 있는데 종중유사단체 역시 단체로서 실체를 부인할 수 없는 비법인 사단이며, 소송상 당사자능력이나 그 명의로의 등기 역시 가능함은 물론이다.

공동선조의 후손은 성년이 되면 당연히 그 종중의 구성원이 되는 것이고 그

중 일부를 임의로 그 구성원에서 배제할 수 없으므로, 특정 지역 내에 거주하는 일부 종중원이나 특정 항렬의 종중원 등만을 그 구성원으로 하는 단체는 종중유사단체에 불과하다(대법원 2002. 5. 10. 선고 2002다4863 판결, 대법원 2013. 1. 10. 선고 2011다64607 판결).

같은 혈족이지만 공동선조를 달리하던 별개의 소종중이 통합하여 새로 구성된 종족집단으로서의 통합종중은 고유한 의미의 종중이 아니긴 하지만 그 단체로서의 실체를 인정할 수 있을 경우에는 종중유사의 권리능력 없는 사단으로서 단체성을 인정할 수 있다(대법원 2008. 10. 9. 선고 2008다41567 판결).

종중유사단체는 사적 임의단체라는 점에서 고유 종중과 그 성질을 달리하므로, 사적 자치의 원칙 내지 결사의 자유에 따라 구성원의 자격이나 가입조건을 자유롭게 정할 수 있음이 원칙이다(대법원 2019. 2. 14. 선고 2018다264628 판결).

그밖에 다양한 형태의 사단으로서의 실체를 가지고 있는 종족집단체에 관하여 고유의미의 종중에 해당되지 아니하고 비법인 사단의 실체를 가지고 있으면 종중유사단체로의 단체성을 인정하여 판시하고 있다.

라. 고유의미의 종중과 종중유사단체의 구별과 그 실익

[1] 불명확한 경계

종중과 종중유사단체는 종족단체에 더하여 선조의 분묘수호, 제사봉행이라는 목적 및 운영방식 등에서 유사한 점이 많이 있다. 때문에 자신이 속한 종중이 고유의미의 종중인지 종중유사단체인지 모를 때가 많다. 그렇다고 이미 성립한 고유의미의 종중이 고유의미의 종중의 본질에 반하는 정관을 제정하였다고 그 종중이 종중유사단체로 되지 않고, 마찬가지로 그 본질이 종중유사단체인데 고유의미의 종중과 같은 정관을 제정하였다고 고유의미의 종중으로 변화하지도 않는다(대법원 2007. 10. 25. 선고 2006다14165 판결).

그러나 법원은 선조의 분묘수호와 제사봉행 및 친목도모 등을 목적으로 공동선조의 후손 전원을 구성원으로 하여 자연발생적으로 성립하는 고유의미의 종중과 그 후손 중 특정 지역의 거주자 또는 특정한 자격 요건을 갖춘 사람들만을 구성원으로 하는 종중유사단체는 그 법적 지위나 단체의 구성원 등에서 차이가 있지만 종족단체라는 근본 성격과 추구하는 목적 및 운영방식 등은 유사한 점이 있으므로, 종중에 관한 법리는 그 성질이나 규약에 반하지 아니하는 범위 내에서 종중유사단체에 관한 법률관계에도 마찬가지로 적용된다고 한다(대법원 2014. 2. 13. 선고 2012다98843 판결).

(2) 성립에 관한 차이

고유한 의미의 종중은 공동선조의 사망에 따라 그 후손들에 의하여 자연발생적으로 성립하므로 특별히 조직행위를 필요로 하지 않는다. 그 성립에 특별히 조직행위가 필요하지 않다는 의미이고, 조직행위를 한다고 하여도 본래 의미의 종중이 종중유사단체로의 성질이 변하지는 않지만 고유의미의 종중은 자연스럽게 성립하기에 특별한 조직행위를 요하지 아니한다는 것이다.

종중유사단체에 관한 성립과 관련하여 법원은, 종중유사단체는 반드시 총회를 열어 성문화된 규약을 만들고 정식의 조직체계를 갖추어야만 비로소 단체로 성립하는 것이 아니라, 실질적으로 공동의 목적을 달성하기 위하여 공동의 재산을 형성하고 일을 주도하는 사람을 중심으로 계속적으로 사회적인 활동을 하여 온 경우에는 이미 그 무렵부터 단체로서의 실체가 존재하는 것이다(대법원 2019. 2. 14. 선고 2018다264628 판결)라고 판시하고 있다.

위와 같이 종중유사단체와 고유한 의미의 종중은 서로 유사하면서도 다른 점이 있기 때문에 법원은, 종중유사단체는 비록 그 목적이나 기능이 고유 종중과 별다른 차이가 없다 하더라도 공동선조의 후손 중 일부에 의하여 인위적인 조직행위를 거쳐 성립된 경우에는 사적 임의단체라는 점에서 고유 종중과 그 성질을 달리하므로, 그러한 경우에는 사적 자치의 원칙 내지 결사의 자유에 따라 구성원의 자격이나 가입조건을 자유롭게 정할 수 있으나, 어떠한 단체가 고유 의미의 종중이 아니라 종중유사단체를 표방하면서 그 단체에 권리가 귀속되어야 한다고 주장하는 경우, 우선 권리 귀속의 근거가 되는 법률행위나 사실관계 등이 발생할 당시 종중유사단체가 성립하여 존재하는 사실을 증명하여야 하고, 다음으로 당해 종중유사단체에 권리가 귀속되는 근거가 되는 법률행위 등 법률

요건이 갖추어져 있다는 사실을 증명하여야 한다고 판시하고 있으며(대법원 2020. 4. 9. 선고 2019다216411 판결),

특히 자연발생적으로 형성된 고유 종중이 아니라 그 구성원 중 일부만으로 범위를 제한한 종중유사단체의 성립을 인정하려면, 고유의미의 종중이 소를 제기하는 데 필요한 여러 절차(종중원 확정, 종중 총회 소집, 총회 결의, 대표자 선임 등)를 우회하거나 특정 종중원을 배제하기 위한 목적에서 단체의 실질이 고유 종중인데도 종중유사단체를 표방하였다고 볼 여지가 없는지 그 성격을 신중하게 판단하여야 한다(대법원 2019. 2. 14. 선고 2018다264628 판결)고 판시하고 있다.

〔3〕 구성원의 가입

고유의미의 종중의 구성원은 공동선조의 후손이라면 성년이 되면 별도의 가입절차 없이 종중의 구성원이 되지만 종중유사단체의 구성원은 사적 자치의 원칙 내지 결사의 자유에 따라 그 구성원의 자격이나 가입조건을 자유롭게 정할 수 있다.

따라서 종중유사단체의 규약에서 공동선조의 후손 중 남성만으로 그 구성원을 한정하고 있다 하더라도 특별한 사정이 없는 한 이는 사적 자치의 원칙 내지 결사의 자유의 보장범위에 포함되고, 이 같은 사정만으로 그 규약이 양성평등 원칙을 정한 헌법 제11조 및 민법 제103조를 위반하여 무효라고 볼 수는 없다(대법원 2011. 11. 24. 선고 2011다61349 판결).

물론, 고유의미의 종중이 가지는 특징 중의 하나는 공동선조이고 종원은 위 선조의 후손이면 당연히 가입되는 것이기에 만일 공동선조의 후손 중 지역을 한정하든지 아니면 공동선조의 후손 중 일부후손을 제외하는 종중이 있다고 한다면 이는 판례가 정하는 고유의미의 종중이 아니라 종중유사단체이기에 위와 같은 종중유사단체의 종원이 일정한 나이가 되면 유사단체의 회원이 당연히 되는 것을 감안하면 일정한 나이가 되면 종원이 된다고 하더라도 위와 같은 종중은 종중유사단체이다.

한편, 고유의미의 종중총회를 개최함에 있어서는, 특별한 사정이 없는 한 족보 등에 의하여 소집통지 대상이 되는 종중원의 범위를 확정한 후 국내에 거주하고 소재가 분명하여 통지가 가능한 모든 종중원에게 개별적으로 소집통지를 함으로써 각자가 회의와 토의 및 의결에 참여할 수 있는 기회를 주어야 하므로, 일부 종중원에 대한 소집통지 없이 개최된 종중 총회에서의 결의는 그 효력이 없다.

대법원 2005. 7. 21. 선고 2002다1178 전원합의체 판결 이후에는 공동선조의 자손인 성년 여자도 종중원이므로, 종중총회 당시 남자 종중원들에게만 소집통지를 하고 여자 종중원들에게 소집통지를 하지 않은 경우 그 종중 총회에서의 결의는 효력이 없다.

[4] 명의신탁의 유효성

부동산 실권리자명의 등기에 관한 법률이 제정되기 전 종중과 종중유사단체의 명의신탁은 모두 그 효력이 있어 이 점과 관련한 구별의 실익은 없었다. 그런데 위 법이 제정되면서 위 법 제4조에 부동산에 관한 명의신탁약정은 무효라고 하면서도 같은 법 제8조 제1호에 의하여 종중만큼은 그 예외를 허용하고 있다.

그리고 위 법에서 말하는 종중이란 고유의미의 종중만을 의미하는 것이고 종중유사단체는 아니라고 판시하여 고유한 의미의 종중은 명의신탁이 가능하여 명의신탁 해지를 원인으로 한 소유권이전등기 소송을 할 수 있지만 종중유사단체는 고유의미의 종중과 달리 그 재산에 대한 소유명의를 신탁할 수 없다(대법원 2007. 10. 25. 선고 2006다14165 판결). 종중유사단체의 종중이 종중재산을 종원명의로 신탁하였다고 한다면 위 명의신탁약정은 무효이므로 명의신탁무효의 일반 법리로 해결하여야 한다.

따라서 종중 소유의 어느 부동산에 관하여 명의수탁인을 상대로 명의신탁해지를 원인으로 한 소유권이전등기청구소송을 구하기 위하여는 그 종중은 고유의미의 종중이어야 신탁해지를 원인으로 한 이전등기청구가 가능하지만 종중유사단체라고 한다면 명의신탁은 무효이기에 명의신탁해지를 청구권원으로 주장할 수가 없다.

[5] 당사자변경

원고가 당사자능력이나 당사자적격이 없는 자를 당사자로 잘못 표시한 경우, 법원은 소장의 표시만이 아니라 청구의 내용과 원인사실을 종합하여 당사자를 확정하여야 한다. 이에 따라 확정된 당사자가 소장의 표시와 다르거나 소장의 표시만으로 분명하지 않다면 당사자의 표시를 정정·보충시키는 조치를 취한 다음 원고에게 당사자능력이 있는지를 가려 보아야 한다(대법원 2019. 11. 15. 선고 2019다247712 판결).

고유의미의 종중과 종중유사단체는 서로 다른 당사자이기에 당사자변경은 허용할 수 없다. 그러나 소송당사자인 종중의 법적 성격에 관한 당사자의 법적 주장이 무엇이든 실체에 관하여 당사자가 주장하는 사실관계의 기본적 동일성이 유지되고 있다면 법적 주장의 추이를 가지고 당사자변경에 해당한다고 할 것은 아니다(대법원 2016. 7. 7. 선고 2013다76871 판결).

이 경우 당사자변경에 해당하는지 여부에 관한 사항은 법원의 직권조사사항이므로, 법원이 당사자의 주장에 구속될 필요 없이 직권으로 조사하여야 하고, 그 조사한 사실관계에 기초하여 당사자가 주장하는 단체의 실질이 고유한 의미의 종중인지 혹은 종중 유사의 단체인지, 공동선조는 누구인지 등을 확정한 다음 법적 성격을 달리 평가할 수 있고, 이를 기초로 당사자능력 등 소의 적법 여부를 판단하여야 하고(대법원 1997. 12. 9. 선고 94다41249 판결, 대법원 2010. 9. 9. 선고 2010다41911 판결), 그에 더하여 당사자가 내세우는 종중이나 단체의 목적, 조직, 구성원 등 단체를 사회적 실체로서 규정짓는 요소를 갖춘 실체가 실재하는지의 여부를 가려서, 그와 같은 의미의 단체가 실재한다면 그로써 소송상 당사자능력이 있는 것으로 볼 것이고, 그렇지 아니하면 소를 각하하여야 한다(대법원 2010. 4. 29. 선고 2010다1166 판결).

따라서 원고가 자신을 고유의미의 종중이라고 주장하였다가 종중유사단체라고 주장을 변경하면서 그 구성원의 범위를 실체에 관한 사실을 변경하는 경우에는 이를 허용할 수 없다(대법원 2007. 2. 22. 선고 2005다59741 판결).

(6) 소송에서 종중 성격에 관한 주장

계류 중인 종중 사건에서 자신은 고유의미의 종중이 아니라 종중유사단체라고 주장을 하는 경우도 있고, 반대로 종중유사단체인 종중이 자신은 고유의미의 종중이라고 주장하는 경우도 있다. 물론 당사자의 주장에 따라 그 종중의 성격이 변하지는 아니한다.

그리고 소송에서 종중의 성격을 모르고 위와 같이 주장하는 경우에 기본적 동일성이 훼손되지 않는다고 판시하고 있다.

명의수탁인을 상대로 한 신탁해지를 원인으로 한 소유권이전등기청구소송에서는 원고 종중이 고유의미의 종중이어야만 부동산 실등기명의에 관한 법률에서 정한 종중으로 그 주장을 통한 소송의 목적을 달성할 수 있고, 어느 부동산이 종중명의로 되어 있을 때 위 종중의 성격을 고유의미의 종중이라고 한다면 공동선조의 후손 모두에 대한 소집통지를 통한 종중의 의사결정을 하여야 하는 어려움 등을 회피하기 위하여 자신의 종중을 고유의미의 종중이 아니라 종중유사단체라고 주장할 경우가 있다.

특히 종중은 그 명칭에 의하여 종중의 실체가 변하지는 않고, 특별한 명칭을 갖춰야 하는 것도 아니며(대법원 1997. 11. 14. 선고 96다25715 판결), 같은 종중이라고 하여도 다른 명칭으로 종중소유의 부동산에 각 다른 명칭으로 등기를 필하기도 한다.

그에 더하여 종중은 종족집단체이며, 비법인 사단의 실체로 존속하면서 구성원의 자연소멸과 당연가입으로 현재까지 이어 내려오고 있고, 앞으로도 계속될 것이다. 지난한 종중의 역사 가운데 어느 세대에서, 종중내부의 분파와 분재를 통하여 분파된 하위종중의 종중재산과 분파 전의 상위종중의 재산과 혼재되어 있을 때 그러한 분파와 분재가 고착화되면 후대의 종중원들은 자신의 종중이 분파 전의 종중인지 아니면 분파되어 남은 종중인지 그 구별이 모호해질 수 있다. 때문에 종중소송에서 자신의 종중의 실체와 관련하여 흩어져 있는 자료를 정비하여 명확한 주장을 하는 것이 필요할 것이다.

종중과 사회활동

가. 종중의 성립

고유의미의 종중은 공동선조의 분묘 수호와 봉제사 및 종원 상호 간의 친목 등을 목적으로 하는 자연발생적인 종중집단체로서 특별한 조직행위를 필요로 하는 것이 아니고 선조의 사망과 동시에 그 후손에 의하여 성립한다(대법원 2020. 10. 15. 선고 2020다232846 판결).

따라서 공동선조와 후손 사이의 대수에는 제한이 없다(대법원 1994. 11. 11. 선고 94다17772 판결). 공동선조의 사망과 동시에 그 자손에 의하여 성립할 수 있기에 선조의 사망 이후 4대 이전에 종중이 성립할 수 없다는 주장은 이유가 없으며, 반대로 사망 이전에 공동선조가 생전에 부동산에 관한 종중명의로 소유권이전등기를 필한 경우 그 종중은 고유의미의 종중이 아니라 종중유사단체로서의 실재 여부를 가려 당사자능력의 유무를 판단하여야 한다(대법원 2010. 4. 29. 선고 2010다1166 판결). 종원이 10여 명에 불과한 경우에도 종중은 성립하며(대법원 1992. 2. 14. 선고 91다1172 판결), 그 성립을 위하여 특별한 조직행위를 필요로 하는 것이 아니다.

다만 그 목적인 공동선조의 분묘 수호, 제사 봉행, 종원 상호 간의 친목을 규율하기 위하여 규약을 정하는 경우가 있고, 또 대외적인 행위를 할 때에는 대표자를 정할 필요가 있는 것에 지나지 아니하며, 반드시 특별한 명칭의 사용 및 서면화된 종중규약이 있어야 하거나 종중의 대표자가 선임되어 있는 등 조직을 갖추어야 성립하는 것은 아니다(대법원 1997. 11. 14. 선고 96다25715 판결).

소종중의 성립여부가 대종중의 족보의 기재에 의하여 인정되어야 하는 것도 아니며 종중의 대표자가 계속하여 선임되어 있지 아니하였다고 해서 종중의 성립과 존속을 부정할 수도 없다(대법원 1988. 9. 6. 선고 87다카514 판결).

나. 모선수목(慕先修睦)14)

우리나라에서 종중은 선조에 대한 자긍심을 가지고(어느 종중이든 나라와 지역사회에 명망 있는 선조가 있기 마련이다), 종원들을 단합시키고 질서를 유지하게 하며 종원들 상호 간의 친목을 도모한다. 종중재산의 이식을 통하여 분묘관리와 선조에 대한 제향을 봉행하며 남은 여유가 있으면 종토에 종원들이 집을 지어 살게 하고, 논과 밭을 어려운 종원들에게 위탁경작하게 하여 일부 소출은 시제비용 등으로 사용하고 남은 소출로 종원의 삶을 보장하였으며, 종원자녀에 대한 학자금, 나이 많은 종원들에게는 일정금원을 보태어 주는 사회보장적 기능도 수행한다.

종중의 목적은 모선수목(慕先修睦)으로, 모선(慕先)은 공동선조에 대한 제사를 실현하는 것이고, 수목(修睦)은 종원 상호 간의 인륜적 생활공동체를 달성하는 것을 의미한다. 잘되는 어느 종중을 살펴보면 공동선조를 위시한 선조들의 분묘지를 아름답게 꾸며 놓고 종중명의로 수익되는 건물을 취득하여 종원들 자녀의 학자금은 물론이고 일정한 나이가 넘은 종원에게 월마다 부조금을 지급하고 있는데 이러한 종중은 앞서 말한 모선수목을 웅변적으로 실천하고 있으며 우리나라 종중이 나아갈 방향을 제시하고 있다.

다. 대종중과 소종중, 종중내의 지파

고유의미의 종중에서 종중은 공동선조의 범위에 따라 대종중, 소종중으로 구

---

14) 최창렬, "종중의 구성과 본질에 관한 법리 소고", 성균관법학, 21권 3호, 성균관대학교 비교법연구소, 2009. 12., 366면 이하. 모선수목은 종중의 목적에 대한 함축적인 단어로 위 논문의 저자가 사용한 용어이다.

분하기도 한다. 상위 종중, 하위 종중이라는 표현으로도 종중을 구분한다. 파종중, 지파종중의 종중 명칭도 있는데 위 종중의 명칭은 모두 상대적인 개념이다. 법적인 관점에서는 모두 독립적인 비법인 사단으로 존재하는 것이다. 다만, 종중 내의 지파는 독립된 비법인 사단이 아닌 그 종중의 어느 한 파에 속한 종원들, 계파를 뜻하는 것이다.

위와 같은 종중의 구분은 당해 종중의 공동선조가 누구인지에 따라서, 그 종중의 지파에서 별도의 종중이 성립하여 존재하는지 등에 의하여 구분되는 것인데 종중의 실체는 그 명칭에 구분되지는 아니한다.

법원은, 소종중이나 지파종중의 명칭은 중시조의 관직이나 시호 다음에 그 소종중 또는 지파종중의 시조의 관직이나 시호 등을 붙여 부르는 것이 일반적인 관행 또는 관습이지만, 종중은 공동시조의 봉제사와 분묘관리 및 그 후손 상호간의 친목을 위하여 자연발생적으로 형성된 종족집단인 점에 비추어 그 종중이 어떠한 종중인가는 그 명칭 여하에 불구하고 봉제사의 대상인 공동시조와 구성원인 후손의 범위 및 분묘관리의 상황 등 그 실체적 내용에 의하여 판단되어야 한다(대법원 1994. 11. 11. 선고 94다17772 판결)고 판시하고 있다.

원래 소종중이나 지파종중의 명칭은 중시조의 관직이나 시호 다음에 지파종중 등 시조의 관직이나 시호 등을 붙여 부르는 것이 일반적인 관행 내지 관습이라고 할 것이나, 그 실체는 명칭 여하에 불구하고 공동선조의 제사, 종중의 재산관리 및 종원의 친목 등을 위하여 자연발생적으로 형성된 종족집단체라고 할 것이므로 어느 종중의 명칭사용이 위에서 본 관습에 어긋난다는 점만 가지고 바로 그 실체를 부인할 수는 없다(대법원 1989. 12. 26. 선고 89다카14844 판결).

계쟁 종중이 어떠한 종중인가는 그 명칭 여하에 불구하고 봉제사의 대상인 공동선조와 구성원인 후손의 범위 및 분묘 관리의 상황 등 그 실체적 내용에 의하여 판단되어야 하고, 원래 소종중이나 지파종중의 명칭은 중시조의 관직이나 시호 다음에 지파종중 등 시조의 관직이나 시호 등을 붙여 부르는 것이 일반적인 관행 내지 관습이지만, 종중은 공동선조의 봉제사와 분묘 관리 및 그 후손 상호 간의 친목을 위하여 자연발생적으로 형성된 종족 집단인 점에 비추어, 종중이 공동선조의 후손들 일부만이 거주하고 있는 지역의 명칭을 사용하였다 하더라도, 그곳에 거주하는 후손들로만 구성된 것이 아니라 그 공동선조의 분묘를 수호하고 그 시제를 봉행하기 위하여 그 후손들 전부를 구성원으로 형성된 이상, 종중이 그 지역에 거주하는 후손들만의 소종중으로서 그 공동시조를 중시조로 하는 종중이 아니라고 할 수 없다(대법원 1998. 7. 10. 선고 96다488 판결).

라. 종중의 활동

종중의 주된 목적은 분묘수호와 선조에 대한 제사봉행이다. 비법인 사단인 종중은 실질적으로 제사공동체이다. 우리나라 대·소종중은 일반적인 봉제사 및 분묘수호 외에 각 종중은 자신만의 특색을 가지고도 활동하여 왔다.

일반적으로 어느 종중의 공동선조가 사망하고 그 선조가 입향시조 또는 중시조라고 한다면 그 후손은 묘산의 금당터(산의 중심지, 金堂은 사찰에서 부처님을 모신 본당을 의미한다)나 양지 바른 곳에 매장을 하고 망인에 대한 제사는 돌아가신 날에 지내는 기제사를 지낸다. 이러한 기제사는 본인을 기준으로 부, 조부, 증조부, 고조부의 4대를 지내게 되는데(사대봉사), 사대봉사(四代奉祀)를 마친 5대조 할아버지는 천위하여 1년 가을에 한번 지내는 시향[15]이라고 하는 봉제사를 지낸다.[16] 고조부의 기일에 모인 고조부의 후손들은 모두 8촌 이내의 같은 집안의 가까운 친척이다.

그러다가, 한 세대를 넘기면 고조부는 천위하여 가을 1년에 한 번 지내는 시제일의 시제차림을 받게 되며, 다시 증조부 기일에 증조부 이하의 종원들이 모여 기제사를 지내게 되는 것이다. 한세대, 다시 한세대를 지나가면 묘산에 모시는 공동선조 이하 선조들의 시제차림의 규모가 늘어나게 되고 공동선조가 누구냐에 따라 대·소종중, 지파종중으로 갈리게 될 것이다.

---

15) 5대 이상의 조상에 대해서는 신위(神位)를 묘소 앞으로 옮겨(遷位) 땅에 묻고, 돌아가신 날이 아닌 정해진 날에 묘제(墓祭)를 지내는데 이를 시향(時享), 시제(時祭) 또는 세일사(歲一祀)라고 한다.
16) 최창렬, "종중의 구성과 본질에 관한 법리 소고", 성균관법학, 21권 3호, 성균관대학교 비교법연구소, 2009. 12., 375면 이하.

　　적어도 1970년 이전에 종중의 활동은 분묘관리 및 묘산의 정비, 봉제사, 이를 위한 시제차림이 주된 목적으로 한정되었기에 그 활동은 문장이나 종장, 유사 등 일부 명망 있는 종원들이 직책을 맡아 종중의 범사를 처리하면 충분하였는데 그 이후 우리나라가 급속히 산업화, 도시화가 되고 종중소유의 부동산에 대한 가치가 증대하게 되자 좋은 일이든 싫은 일이든 종중이 사회에 나서는 일이 많아졌다.

　　종중이 대외적인 행위를 할 때에는 그 대표자를 정할 필요가 있으므로 규약이 있으면 그에 따라 선임하고 규약이 없으면 종장이나 문장이 있으면 그에 의하여, 그렇지 아니하면 연고항존자가 문장이 되어 종중총회를 소집하여 대표자를 선임한다. 종중의 내부관계에 대하여는 사적 자치의 원칙에 따라 먼저 종중의 정관이 적용되고, 정관의 규정이 없는 경우에는 민법의 법인격을 전제로 하지 않은 사단법인에 관한 규정이 준용되고, 종중의 대표자가 그 직무에 관련하여 저지른 불법행위로 인하여 타인에게 손해를 입혔다면 종중은 그에 대하여 책임을 지기도 한다(대법원 1994. 4. 12. 선고 92다49300 판결).

마. 종중의 소멸과 해산

(1) 종중의 소멸

　　종중은 공동선조의 사망과 동시에 후손들에 의하여 자연스럽게 성립한다. 그렇다면 종중은 언제 소멸하는가. 법원은, 민법 제77조 제2항에서 사단법인은 사원이 없게 되거나 총회의 결의로 해산한다고 규정하고 있기에 어느 종중에 종원이 1명이라도 남아 있는 경우 종중의 성립요건을 결한다고 볼 수 없다(대법원 2004. 4. 9. 선고 2003다27733 판결)라고 판시하였다. 그렇다면, 그 1명의 종원도 사망하면서 후손이 없게 된다면 그때는 종중이 어떻게 존재하는 것일까. 이 경우 법원은 하위종중의 종원이 모두 사망한 경우에도 하위종중의 재산은 상위종중에 귀속되지 않는다고 판시하고 있다(대법원 1992. 2. 23. 선고 98다56782 판결). 위 법원의 판결에 비추어 보면 종원이 사망하면서 후손이 없게 된 그 종중은 민법의 사단규정을 준용하여 청산의 목적 범위 내에서 존재하고 그 절차가 종료하면 자연스럽게 종중은 소멸하게 될 것이다(대법원 2007. 11. 16. 선고 2006다 41297 판결).

(2) 종중의 해산

사단법인은 사원이 없게 되거나 총회의 결의로 해산한다(민법 제77조 제2항). 해산결의는 사단법인을 해산하는 뜻의 사원총회의 결의로서, 민법 제78조는 사단법인의 정관에 해산결의에 관한 정족수를 별도로 정할 수 있도록 하면서, 정관에 해산결의의 정족수에 관한 정함이 없는 경우에는 총사원의 4분의 3 이상의 동의라는 특별결의가 있는 경우에 해산할 수 있도록 규정하고 있다.

문제는 법인격 없는 사단인 고유의미의 종중의 경우에도 위 사단의 규정을 준용하여 해산을 위한 총회결의를 할 수 있는 가이다.

법원은, 종중은 종중원의 자격을 박탈하거나 종중원이 종중을 탈퇴할 수도 없는 것이어서 공동선조의 후손들은 종중을 양분하는 것과 같은 종중분열을 할 수 없고(대법원 2023. 12. 28. 선고 2023다278829 판결), 같은 혈족이지만 공동선조를 달리 하던 별개의 소종중이 통합한 경우, 통합 후 종중은 고유의미의 종중은 아니지만 단체로서의 실체를 인정할 경우 종중유사단체로서의 성격을 가지고, 통합 전 소종중은 객관적 실체가 없어지는 것이 아니라 그 실체를 유지한다고 한다(대법원 2008. 10. 9. 선고 2008다41567 판결).

민법 제77조 제2항은 "사단법인은 사원이 없게 되거나 총회의 결의로 해산한다."라고 규정하고 있으며, 법원은 법인격 없는 사단의 일종인 종중의 경우에도 종원이 남아 있거나 총회에서 해산결의가 이루어지지 않은 이상 종중이 사실상 운영되고 있지 않다는 이유만으로 종중의 성립요건을 결하였다고 볼 수 없다(대법원 2010. 5. 13. 선고 2009다101251 판결)고 판시하고 있다.

종중분열과 통합종중에 관한 판례에 더하여, 고유의미의 종중은 공동선조의 사망과 동시에 성립하고, 그 후손이면 본인의 의사와 관계없이 성립한 종중의 종원이 되는 것이기에 제사불인멸의 원칙에 의한 고유의미의 종중은 후손이 존재하는 이상 종중의 해산결의는 그 효력이 없다 할 것이다.

그렇지만 종중 현실에서는 종중총회에서 종중의 해산결의가 이루어지고 있으며, 이 경우 통상 종중재산의 분재도 함께 이루어진다. 만일 어느 종중에서 위와 같은 해산결의와 함께 분재결의가 이루어졌다고 한다면 종중재산의 분재 결의는 종중재산의 처분으로 유효할 수 있을 것이지만 종중의 해산은 종중을 해산하는 결의로서 종중의 본질에 반하는 무효의 결의라 할 것이다.

종중총회에서 해산결의가 있다고 하여도 종중성질상 고유의미의 종중을 해산하는 내용의 결의는 그 효력이 없다고 본 하급심판결{창원지방법원 2022. 1. 27. 선고 2021가합50331 판결(항소기각 확정), 대전지방법원 2019. 4. 17. 선고 2018나 104090 판결(대법원 심리불속행기각)}이 있다.

바. 종중의 분파와 통합

(1) 종중의 분파

어느 공동선조의 후손들의 친족집단체인 종중에 있어서 그 종원구성이 3개 지파의 후손들로 이루어져 있을 때, 각 지파별로 분파 및 분재하는 것이 가능한가이다.

이미 성립된 고유의미의 종중이 그 종중을 양분하는 종중분파와 관련하여, 고유의미의 종중이란 공동선조의 후손 중 성년인 사람을 종원으로 하여 구성되는 자연발생적인 종족집단으로서 특별한 조직행위를 필요로 함이 없이 관습상 당연히 성립하는 것이고, 종중이 자연발생적으로 성립한 후에 정관 등 종중규약을 작성함으로서 일부 종원의 자격을 임의로 제한하거나 확장하더라도 그러한 규약은 종중의 본질에 반하여 무효이고, 그로 인하여 성립한 종중의 실재가 부인되는 것은 아니다.

또한 종중이 종중원의 자격을 박탈하거나 종중원이 종중을 탈퇴할 수도 없는 것이어서 공동선조의 후손들은 종중을 양분하는 것과 같은 종중분열을 할 수 없다(대법원 2023. 12. 28. 선고 2023다278829 판결). 따라서 한 개의 종중이 내분으로 인하여 사실상 2개로 분파된 상태에서 별도로 종중총회가 개최되어 종중대표자로 선임된 자는 그 분파의 대표자일 뿐 종중의 대표자로 볼 수는 없다(대법원 1998. 2. 27. 선고 97도1993 판결).

다만, 어느 종중이 분파와 함께 분재에 관한 결의를 함께 하였을 때는 분파는 종중의 분열을 의미하고 이는 종중의 본질에 반하여 그 효력이 없다 할 수 있지만 종중재산을 파별로 분재하는 결의는 종중재산의 처분에 해당하기에 그 총회결의가 유효하면 적법한 분재결의가 될 수 있다.

(2) 종중의 통합

같은 혈족이지만 공동선조를 달리 하던 별개의 소종중이 통합하여 새로운 통합종중을 구성하는 경우 고유한 의미의 종중이 아닌 종중 유사의 법인격 없는 사단으로서의 단체성은 인정할 수 있을 것인바 이 경우에도 자연발생적으로 성립하는 고유한 의미의 종중인 통합 전 소종중은 그 객관적 실체가 없어지는 것은 아니다(대법원 2008. 10. 9. 선고 2008다41567 판결).

그리고 이러한 종중 유사의 법인격 없는 단체인 통합종중이 적법하게 설립되기 위해서는 그에 속하는 개별종중이 각각 적법한 종중총회를 소집하여 통합종중의 설립을 결의하고, 또한 종중의 조직행위에 준하여 통합종중이 구성원이 되는 종중원들에 대한 개별적으로 소집통지를 하고 각자의 회의와 토의 및 의결에 참가할 수 있는 기회를 부여한 창립총회를 거쳐 대표자의 선출 및 규약을 제정하여야 할 것이다(수원지방법원 2009. 6. 25. 선고 2008가단10316 판결. 상고기각 확정).

간혹, 종중이 원고가 되는 사건에 있어서 그 상대방으로부터 원고 종중은 다른 종중에 통합되어 그 실체가 사라졌으므로 당사자능력이 없다는 주장을 하게 된다(대법원 2019. 4. 23. 선고 2018다40105 판결). 이러한 주장에 대하여 법원은, 공동선조를 달리하는 소종중 사이의 종중 통합을 하여도 종전의 소종중이 실체는 없어지지는 아니한다 또는 통합종중이 존재한다고 하더라도 원고 종중은 통합종중과 별도로 존재하는 것이고 통합종중에 흡수되어 당사자능력을 상실하였다고 볼 수 없다는 취지의 판시를 하였다(위 대법원 판결의 1심법원, 수원지방법원 평택지원 2017. 6. 28. 선고 2016가합976 판결).

PART

/

II

종중소송에서의
쟁점

01 공동선조

가. 의의

고유의미의 종중에서 종원들이 봉제사의 대상으로 삼고 있는 선조들 중에서 정점에 있는 선조를 공동선조라고 한다. 어느 집안이나 본관과 성씨가 있기 마련인데 시조는 해당 성씨를 최초 시작한 사람을 의미하고, 중시조는 시조 이후 그 집안을 중흥시킨 인물을 뜻하지만 중시조를 공동선조로 한 종중이 있을 수 있고, 광의로는 중시조를 공동선조와 같은 의미로 사용하기도 한다.

어느 종중에 서면화된 규약이나 정관이 있으면 통상 공동선조 또는 중시조를 특정하여 종원의 범위를 확정한다. 그렇지만, 서면화된 규약에 공동선조를 특정하여 기재하지 않았다고 하여 곧바로 이러한 종중을 종중유사단체라고 단정 지어서도 아니 된다.

종중이 당사자인 소송에 있어서 종중의 공동선조를 변경하거나 또는 원고의 주장이 이미 고유의 의미의 종중인 것으로 확정된 원고 종중의 성격을 종중원의 자격을 특정지역 거주자로 제한하는 종중유사단체로 변경하는 것은 당사자를 임의로 변경하는 것에 해당하여 허용될 수 없다(대법원 1999. 4. 13. 선고 98다50722 판결).

나. 종중의 특정기준

고유의미의 종중에서 공동선조가 누구인가에 따라 종중이 특정된다. 같은 명칭을 사용하고 있는 종중이라고 하더라도 모시는 공동선조가 다르면 실체를 달리하는 별개의 다른 종중이며, 종중 명칭이 다르더라도 공동선조를 같이 하면 동일한 종중이 될 수 있다(동일한 종중이 될 수 있다고 한 것은 동일한 공동선조를 같이 하여도 고유의미의 종중과 종중유사단체가 있을 수 있기 때문이다).

따라서 종중과 관련한 소송 도중 종중인 원고가 당초 주장하던 공동선조를 변경하는 것은 당사자 변경의 결과를 가져 오는 것이 되어 허용할 수 없다(대법원 2002. 8. 23. 선고 2001다58870 판결, 대법원 2011. 5. 13. 선고 2009다101251 판결).

우리나라에 있어서의 관습상의 종중은 공동선조를 정점으로 하여 그 후손 중 성년의 사람을 종중원으로 구성되는 것이므로 그 공동선조를 정하기에 따라 상대적으로 대·소종중으로 나뉘어 지는 것이기 때문에 이미 성립된 종중의 공동선조의 후손 중의 한 사람을 공동선조로 하여 또 하나의 종중(소종중)이 성립될 수도 있다(대법원 1980. 9. 24. 선고 80다640 판결). 반대로 이미 성립된 종중의 한 사람을 공동선조로 하는 다른 종중(대종중)이 성립될 수도 있는 것이며, 그 결과 대종중의 공동선조의 후손들을 공동선조로 하여 여러 개의 소종중이 수직으로 존재할 수 있다(대법원 1991. 8. 27. 선고 91다16525 판결).

다. 2인의 공동선조

어느 종중에서 종원들의 선조들 중에 정점에 있는 선조가 1인이 아니라 2인 이상일 수 있는가. 즉, 공동선조가 1인이 아니라 2명 이상의 종중은 없는 것인가. 친족집단인 종중에서 형제의 후손들이 모인 종중과 같이 공동선조가 1인이 아니라 두 형제를 공동선조로 하는 종중이 있다고 한다면 위와 같은 종중은 고유의미의 종중인지 아니면 종중유사단체에 해당하는 것인지 의문이 든다.

원고 종중은 입향조 할아버지의 2남, 3남, 6남, 7남을 공동선조로 하는 문중이라고 주장하면서 이러한 원고 종중이 자신은 고유의미의 종중이고 종중유사단체가 아니라고 주장하는 사안에 대하여 법원은, 원고 종중의 실체는 2남, 3남, 6남, 7남을 공동선조로 하는 문중이고 이러한 원고는 고유의미의 종중으로 평가되어야 한다는 법률적 견해를 표현한 것에 불과하다고 하면서 위와 같은 종중의 실체는 입향조의 아들 중 일부를 공동선조로 하고 나머지 아들들의 후손들은 배제하는 종중유사단체이기에 그 후 원고 종중이 그 공동선조를 입향조로 변경하는 것은 임의적 당사자변경으로 허용될 수 없다(대법원 2016. 1. 14. 선고 2014다72241 판결)고 판시하였다.

또한 원고 종중이 형제 2인의 공동선조의 후손이라고 주장함에 대하여 이는 형제중 1인을 공동선조로 하는 종중과 나머지 형제를 공동선조로 하는 종중의 결합체인 종중유사단체에 해당하는 것으로 볼 수 있음은 별론으로 하더라도, 고유한 의미의 종중이라고 할 수 없다고 판시하였으며(대구지방법원 2014. 12. 4. 선고 2014나10548 판결. 상고포기 확정),

공동선조인 아버지와 동인의 사망 이후 외아들로 이어져 내려왔을 때 소송과정에서 원고인 종중이 공동선조를 아버지라고 주장하였다가 그 후 그 공동선조를 아들로 변경한 사안에서 법원은 공동선조를 아버지에서 아들로 변경하였다고 하더라도 그 구성원이 달라지거나 별개의 실체를 가진 종중이 된다고 할 수 없어 당사자변경의 결과를 가져온다고 할 수 없다고 판시하였다(청주지방법원 2021. 7. 15. 선고 2019나12689 판결. 대법원 심리불속행기각 확정).

종중의 실체가 2인 이상의 공동선조의 후손들이 모인 종족집단이 어느 부동산에 관하여 수탁인을 상대로 명의신탁해지를 원인으로 한 소송을 함에 있어 위 종중의 성격을 종중유사단체로 보게 된다면 부동산실등기명의에관한법률에 따라 종중이 주장하는 명의신탁은 주장 자체에서 무효이기에 그 해지를 통한 이전등기청구는 이유가 없다 할 것이고, 명의신탁무효의 일반 법리에 따라 해결하여야 한다. 궁극적으로 이러한 종중으로서는 명의신탁해지 소송의 방법으로 청구를 인용받기에는 어려울 것이다.

그러나 어느 부동산이 입향조 할아버지 명칭으로 한 종중명의로 등기가 되어 있는 토지가 있고 입향조 할아버지의 차남의 후손들은 이미 수십 년 전 분재와 분파로 고향을 떠나 버리고 종중 활동은 입향조 할아버지의 장남과 3남의 후손들의 친족모임으로 활동하여 왔다고 한다면 위 두 형제를 공동선조로 하는 종중이 되었든, 아니면 공동선조의 후손 중 일정범위 후손들의 친족집단체인 종중유사단체라고 하더라도 그 부동산이 종중명의로 되었기에 문제는 없을 것이다.

오히려 종중 명칭이나 혹여 종중정관을 제정하면서 공동시조를 입향조 할아버지의 후손이라는 종원의 범위를 확대하여 놓은 경우, 원래 종중의 실체는 입향조 할아버지의 일부자손들을 공동선조로 하는 종중유사단체임에도 그 후손의 범위를 확대하여 궁극적으로 종중유사단체의 총유재산을 입향조 할아버지의 전체 후손으로 한 고유의미의 종중으로 종원의 범위를 확대하여 놓아 다툼의 여지를 만들어 놓기도 한다.

라. 공동선조의 후손 중 특정지역의 종원

종중은 공동선조의 분묘수호와 제사, 후손 상호 간의 친목을 목적으로 하여 형성되는 자연발생적인 종족단체로서 그 선조의 사망과 동시에 그 자손에 의하여 관습상 당연히 성립하는 것이므로 후손 중 특정지역 거주자들로만 구성된 종중이란 있을 수 없다. 마찬가지로 공동선조의 후손 중 특정범위 내의 종원만으로 조직체를 구성하여 활동하는 단체 역시 본래 의미의 종중이 아니라 종중유사단체가 될 수 있다(대법원 2020. 10. 15. 선고 2020다232846 판결).

마. 타가에 출계한 양자의 공동선조

타가에 출계한 자의 후손들의 공동선조는 양부라 할 것이다. 종중이 공동선조의 제사봉행을 주목적으로 하는 것과 구 관습상 양자제도의 목적에 비추어 보면 타가에 출계한 자와 그 자손들은 친가의 생부를 공동선조로 하여 자연발생적으로 형성되는 종중의 구성원이 될 수 없는 것이고, 친가가 무후절가가 되었다고 하여도 마찬가지라고 할 것이다(대법원 1992. 4. 14. 선고 91다28566 판결).

다만, 타가에 출계한 자의 후손들이 친가의 생부 후손들과 가깝게 지내면서 함께 생부의 시제를 지내고 이를 위하여 조직체를 구성하고 활동함으로써 그 단체의 실체를 인정할 수 있을 정도라고 한다면 고유의미의 종중이 아니나 종중유사단체로서의 단체성을 인정할 여지는 있을 것이지만 그 종중은 자연발생적으로 성립하는 종중과 달리 성립에 있어 차이가 있기에 그 성립과 관련한 주장이 논리적이어야 하고 그에 대한 입증이 더욱 더 필요할 것이다(위 대법원 판결).

바. 공동선조의 변경

어느 종중이 기존의 공동선조를 그 공동선조의 아버지나 아들로 변경하는 내용의 정관개정은 종중의 본질에 반한 것으로 그 효력이 없다. 종중이 당사자인 소송에 있어서 공동선조의 변경은 단순한 당사자표시의 변경이라고 볼 수 없고, 이는 당사자를 임의로 변경하는 것에 해당하므로, 원고인 공동선조를 변경하는 것은 허용될 수 없다(대법원 1996. 11. 26. 선고 96다32850 판결).

시조의 27세손을 공동선조로 하는 11명으로 구성된 갑 문중의 당사자표시를 시조의 21세손을 공동선조로 하는 19명의 구성원으로 구성된 문중으로 변경하여 달라는 신청은, 결과적으로 공동선조와 구성원을 서로 달리하는 별개의 실체를 가진 당사자의 변경을 구하는 것으로서 허용될 수 없다(대법원 1995. 11. 7. 선고 94다5649 판결).

원고가 공동선조를 변경하는 경우 법원으로서는 원고가 당초 주장하는 바와 같은 종중이 실재하는지, 그 대표자에게 원고 종중의 대표 자격이 있는지 여부를 심리하여 만일 그와 같은 종중이 실재하지 아니하거나 대표자의 자격이 인정되지 아니하면 소는 부적법한 것으로 각하하여야 하고, 반대로 그와 같은 종중의 실재와 대표자의 자격이 인정되는 경우에는 본안에 들어가 판단하여야 할 것이며, 이와 달리 변경된 주장에 따른 종중이 실재한다고 하여 이를 원고로 인정하여서는 아니 될 것이며 이와 같은 법리는 그 각 종중의 명칭과 대표자가 동일한 경우에도 마찬가지로 적용된다(대법원 2002. 8. 23. 선고 2001다58870 판결).

종중정관

가. 의의

종중정관은 종중의 조직, 운영에 관한 사항을 정한 것으로 전체 종원을 구속하는 자치법규에 해당한다. 사단법인의 정관에 준하는 것으로 종중정관은 통상 종규, 종약, 종중회칙, 종친회회칙 등으로 불리기도 한다. 다만, 고유의미의 종중에 반드시 서면화된 정관이 있어야 하는 것은 아니다.

실재하고 있는 고유의미의 종중이 정관의 필요성을 갖지 못하였다가 정관을 제정하는 경우가 많이 있다. 이와 관련하여 법원은, 공동선조의 자손들이 일정한 지역에 근거를 두고 살아 왔고, 그 일대에 거주하는 세대주인 성년 남자들이 조상들의 분묘를 수호하고 별다른 소집절차 없이 매년 시향일에 공동선조의 묘소에 모여 중요사항을 결정하여 왔으며, 이 종중을 죽산안씨 산음공파 종중회 또는 소종중회라고 불러 왔고, 종중의 종토를 종중원들에게 명의신탁하였는데, 종중원들 중 일부가 이 재산을 처분하는 불상사가 발생하자 정식으로 종중을 조직화할 필요성이 있어 임시총회를 열어 명칭을 죽산안씨 산음공파 소종중회로 한 성문의 규약을 작성한 것이라면 원래의 종중의 실체는 고유의미의 종중이었다고 봄이 상당하고, 위와 같은 성문의 규약이 제정되었다고 하여 고유의미의 종중과는 별개의 소종중이 존재해 왔거나 새로이 조직되었다고 볼 수 없으며, 만일 이 종중규약의 제정으로 별도의 소종중이 조직된 것이라 하더라도 고유의미의 종중 소유의 토지가 당연히 소종중의 소유로 귀속된다고 할 수도 없다(대법원 1992. 9. 22. 선고 92다15048 판결)고 한다.

나. 의사결정의 기준

법원은 종중관련 소송에서 대표자 선임, 종중재산의 관리 및 처분, 종중재산의 분배, 종중의 의사결정에 관한 규정 등이 소송에서 쟁점이 되었을 때 서면화된 규약이나 정관이 있으면 위 쟁점된 사항을 판단함에 그 근거를 삼는다.

종중 대표자의 선임과 관련하여 법원은, 종중은 인위적인 조직행위가 필요없는 자연발생적인 단체이기 때문에 종중정관이 반드시 존재할 필요는 없지만 법원은, 종중이 대표자를 선임함에 있어서는 종중규약이나 관례에 따르고 규약이나 종중관례가 없으면 일반관습에 의한다(대법원 1993. 1. 26. 선고 91다44902 판결)고 판시하고 있고,

종중재산의 관리 및 처분과 관련하여 법원은, 종중재산은 종중원의 총유에 속하는 것인바, 그 관리와 처분은 먼저 종중 정관에 정하는 바가 있으면 이에 따르고 정관이 없으면 종중총회의 결의에 의하여야 한다고 판시하고 있다(대법원 2000. 10. 27. 선고 2000다22881 판결, 대법원 2012. 11. 29. 선고 2010다88361 판결).

다. 정관의 작성

(1) 정관의 제정과 개정

고유의미의 종중이 서면화한 정관이나 규약을 구비하고 있지 않다고 하여 종중의 사단으로서의 실체가 없는 것은 아니다. 일정한 어느 시점에 종중의 필요에 의하여 제정할 수도 있고, 새로운 종중회장이 의욕적으로 종사를 시작하면서 이를 제정하기도 한다. 그러나 서면화한 종중의 정관은 종중의 실체를 드러내는 것이기에 그 작성에 신중을 기하여야 한다.

사단법인의 정관 변경에는 총 사원 2/3 이상의 동의가 필요하지만(민법 제42조 제1항) 법원은, 종친회 회칙에 따로 해임사유가 규정되어 있지 아니함에도 임기 중에 있는 회장에 대한 해임을 결의한 것은 실질적으로 회칙의 개정에 해당

하고, 위 회칙에 회칙 개정에 필요한 총회의 의결정족수가 따로 규정되어 있지 아니하므로, 참석회원의 과반수의 의결로서 회칙개정이 가능하다고 봄이 상당하다고 판시하여 정기총회에서 임기만료 전 회장을 해임하는 결의는 실질적으로 정관의 변경이고 이러한 정관변경은 참석한 종원 과반수의 의결로써 가능하다고 판시하고 있다(대법원 1998. 10. 23. 선고 97다4425 판결).

(2) 정관작성

민법 제40조에는 아래와 같은 내용의 사단법인의 정관에 관한 규정이 있다.

제40조(사단법인의 정관) 사단법인의 설립자는 다음 각 호의 사항을 기재한 정관을 작성하여 기명 · 날인하여야 한다.
1. 목적
2. 명칭
3. 사무소의 소재지
4. 자산에 관한 규정
5. 이사의 임면에 관한 규정
6. 사원자격의 득실에 관한 규정
7. 존립시기나 해산사유를 정하는 때에는 그 시기 또는 사유

비법인 사단인 종중은 사단의 실체를 가지고 있기에 정관에 관한 위 민법 규정을 준용하여 사단성의 취지에 따라 규약을 작성하면 될 것이다. 목적, 명칭, 사무소 소재지, 자산에 관한 규정, 이사, 종원의 자격 등 기재사항을 위 민법 사단의 규정에 맞추고, 추가적으로 당해 종중이 강조하여야 할 종중 활동에 관한 사항, 그 종중에서 내려오는 관습이나 관례의 명문화, 종손의 지위, 각 지파 회장들의 역할, 임원회의 구성원, 종중총회와 임원회의 권한과 그 범위, 총회소집권자, 총회소집요구권자, 종중재산의 현황 등을 기재하면 될 것이다.

(3) 정관 작성 시 주의사항

앞서 본 바와 같이 고유의미의 종중은 서면화된 종중규약이 반드시 필요한 것은 아니지만, 종중이 제3자와 법률행위를 하고, 관할 자치단체에 부동산등기용 등록번호의 부여 발급을 위한 절차, 관할 등기소에 종중명의의 등기신청에

교부하거나 제출하여야 할 서류 중 하나가 종중정관이다.

　막상 종중이 정관을 작성하여 외부기관에 제출하게 되면 타인에게 자신의 종중의 성격을 드러내는 것이기에 신중을 기하여야 하고 오해의 소지를 없애는 것이 추후 법적분쟁에 대비하는 것이다. 자신의 종중이 공동선조가 누구인지, 그 공동선조의 후손 모두가 실재하는 종중 활동에 참여하고 있는 것인지 등에 대하여 명확히 그 실체를 파악하여야만 진정한 소유자인 종중원들의 총유재산을 지키는 것이다.

　만일 종중의 활동은 공동선조의 후손 중 일부 종원만이 하여 왔고 다른 후손은 전혀 나타나지도 않았으며 오히려 나타나지 않은 후손은 그 선조가 일찍이 종중재산을 분재하여 나갔음에도 불구하고 남은 후손들이 종중정관을 작성하면서 종중의 공동선조를, 분재하여 나간 후손들을 포함하는 공동시조로 정하여 정관을 작성하고 이러한 정관을 등기신청서나 부동산등기용 등록번호 부여 신청서에 첨부하였다고 한다면 이미 분재하여 나간 공동선조의 다른 후손들이 종중재산에 관하여 참여할 여지를 만들어 주는 것이 아닌가. 종원들 사이에 종중 실체에 관한 다툼이 생기면 이미 작성하여 놓은 종중정관은 종중의 실체에 관한 주요한 증거가 될 수 있기에 종중정관의 작성은 매우 신중하여야 한다.

　종중정관을 작성함에 있어서 그 종중이 가지는 관습이나 관례를 정관규정에 반영하는 경우가 많다. 다만, 종중의 본질을 침해하는 규정은 그 효력이 없고 이러한 내용의 정관은 고유의미의 종중이 아니라 종중유사단체로 공격받을 수도 있음을 염두에 두어야 한다. 법원은, 고유의미의 종중에서 작성한 일부 종원의 자격을 임의로 제한하였거나 확장한 종중 회칙은 종중의 본질에 반하여 무효라고 판시하고 있다(대법원 2023. 12. 28. 선고 2023다278829 판결).

라. 자치법규 및 한계

(1) 종중규약의 자율성

　종중의 성격과 법적 성질에 비추어 보면, 종중에 대하여는 가급적 그 독자성과 자율성을 존중해 주는 것이 바람직하고, 따라서 원칙적으로 종중규약은 그

것이 종원이 가지는 고유하고 기본적인 권리의 본질적인 내용을 침해하는 등 종중의 본질이나 설립 목적에 크게 위배되지 않는 한 그 유효성을 인정하여야 한다.

법원은, '정기 대의원회의가 총회를 갈음한다'고 규정한 종중정관의 규정은 종중의 본질이나 설립목적에 크게 위배한다고 보기 어렵다고 판시한 바 있고 (대법원 2022. 8. 25. 선고 2018다261605 판결), 종중회칙이 종손에게 회장후보 추천권과 종무위원 선출권을 함께 부여하고 있다는 점만으로 종중의 본질이나 설립목적에 반하여 무효라고 볼 수 없다고 한다(대법원 2008. 10. 9. 선고 2005다30566 판결).

(2) 종중규약의 해석

종중규약은 객관적인 기준에 따라 규범적인 의미 내용을 확정하는 법규해석의 방법으로 해석되어야 하고 종원의 다수결이나 작성자의 주관에 따라 자의적으로 해석해서는 안 된다. 전체 종원을 구속하는 자치법규이기 때문이다(대법원 2020. 9. 7. 선고 2020다237100 판결, 대법원 2023. 6. 1. 선고 2023다201966 판결).

(3) 종중정관이 종중의 본질에 반하는 규정

어떤 종중의 규약이 그 본질에 반하는 경우 이미 성립되어 있는 종중의 실재 자체를 부인하거나 종중 유사의 단체에 불과한 것으로 추단할 수는 없다(대법원 2009. 8. 20. 선고 2008다30482, 2008다30499 판결). 즉, 고유의미의 종중이 자연발생적으로 성립한 후에 정관 등 종중규약을 작성하면서 일부 종원의 자격을 임의로 제한하거나 확장한다는 규약을 둔다고 하더라도 그 종중규약은 종중의 본질에 반하여 무효라고 할 것이지 종중의 실재자체가 부인된다거나 고유의미의 종중이 아니라 종중유사단체로 추단할 수 없는 것이다(대법원 2014. 11. 27. 선고 2010다86754 판결, 대법원 2023. 4. 27. 선고 2022다310412 판결).

고유의미의 종중에 관한 규약을 만들면서 일부 구성원의 자격을 임의로 제한하거나 확장할 수 없는 것이며(대법원 2023. 12. 28. 선고 2023다278829 판결), 특정지역 내에 거주하는 일부 종중원에 한하여 의결권을 주고 그 밖의 지역에 거주하는 종중원의 의결권을 박탈할 개연성이 많은 종중규약은 종중의 본질에 반하여 무효이다(대법원 1992. 9. 22. 선고 92다15048 판결).

종중의 성격과 법적 성질에 비추어 종중이 그 구성원인 종원이 가지는 고유하고 기본적인 권리의 본질적인 내용을 침해하는 처분을 하는 것은 허용되지 않는다. 종중이 '종원 중 불미부정(不美不正)한 행위로 종중에 대하여 피해를 끼치거나 명예를 오손하게 한 종원은 이를 변상시키고 이사회의 결의를 거쳐 벌칙을 가하고 총회에 보고한다'는 내용의 종중 규약에 근거하여 종원에 대하여 10년 내지 20년간 종원의 자격(각종 회의에의 참석권·발언권·의결권·피선거권·선거권)을 정지시킨다는 내용의 처분을 한 것은 종원이 가지는 고유하고 기본적인 권리의 본질적인 내용을 침해하므로 그 효력을 인정할 수 없다(대법원 2006. 10. 26. 선고 2004다47024 판결).

종중이 대표자를 선임함에 있어서는 종중규약이나 관례에 따르고 규약이나 종중관례가 없으면 일반관습에 의하되 종장 또는 문장이 그 종족 중 통지 가능한 성년 이상의 남자를 소집하여 출석자의 과반수결의로 선출하는 것이 우리나라의 일반관습이라 할 것인데 이러한 일반관습에 비추어 볼 때 종중총회의 결의에 관하여 종중규약에 종원 과반수의 출석과 그 과반수의 찬성에 의하도록 규정되지 않고 출석종원으로 개의하여 출석인원 과반수의 찬성에 의하도록 규정되어 있다 하여 이러한 종중규약의 규정을 무효라고 볼 수 없다(대법원 1993. 1. 26. 선고 91다44902 판결).

종원 일부만이 참석한 종중회합에서 종중원의 일부를 종원으로 취급하지도 않고 또 일부 종원에 대하여는 영원히 종원으로서의 자격을 박탈하는 것으로 규약을 개정한 것은 종중의 원래의 설립목적과 종중으로서의 본질에 반하는 것으로서 그 규약개정의 한계를 넘어 무효이다(대법원 1978. 9. 26. 선고 78다1435 판결)라고 판시하고 있다.

마. 정관의 일반양식

　　종중정관을 작성함에 있어서 정해진 양식은 없다. 정관이 단순하다고 하여 문제가 있거나 종중운영에 차질이 있는 것은 아니고 그 내용이 세밀하고 많은 내용을 담고 있다고 하여 모든 불상사를 방지할 수는 없다. 결국 종중임원들이 종중을 이끌어 가는 마음가짐과 종중원들이 얼마나 종중 일에 관심을 가지느냐에 따라 그 종중이 가지는 본연의 목적대로 세세만년을 갈 수도 있고, 아니면 선조들의 묘터에 잡초와 가시덩굴로 덮일 수도 있다. 다음의 종중정관의 일반양식은 일응의 기준을 제시하는 것이다.

평산신씨　○○공파 ○○종중 정관

서문

종중의 연혁에 관한 내용을 기재한다. 시조 이후 분파에 관한 종중의 역사, 공동선조의 업적등 종중의 역사와 지나온 종종대표자의 활동을 기재하면서 아울러 종중재산의 취득경위, 종중재산 현황, 종중재산의 수탁명의 등 종중의 발생과 종중의 실재와 종토의 현황에 대한 설명을 함으로써 추후 발생할 종원과 종중사이에 분쟁을 미연에 방지한다.

주의사항

서문에 종중의 공동선조에 대한 관력을 비롯한 업적을 기재하는 것은 종원들의 자부심을 함양할 뿐 아니라, 종중의 유구한 역사를 표현할 수 있다. 본 종중은 이미 오래전에 실재하였다는 것을 함축하여 표현하고, 공동선조의 범위를 명확하게 한다. 종중재산의 취득경위와 관련하여서는 그 표현에 잘못이 있으면 이를 다투는 자에 의하여 왜곡되어 반박당할 수 있기에 그 표현 자체에 신중을 기할 필요는 있다.

제1장 총 칙

제1조(명칭)　: 본 종중은 평산신씨　○○공파 ○○종중이라 칭한다(이하 본종중이라 한다).

제2조(목적)　: 본 종중은 선조의 제사봉향과 분묘관리, 종원들 상호 간의 친목과 종중재산의 유지 관리를 목적으로 한다.

제3조(사무소) : 본 종중의 사무소는 ○○시 ○○동 ○○-○○번지 ○○에 둔다.

제4조(공동선조 및 종원) : 본 종중의 공동선조는 평산신씨 ○○공파 ○세손으로 절충장군 ○○공이다. 종원은 공동선조의 아들 제1자 ○○공, 제2자 ○○공, 제3자 ○○공의 각 후손 중 만 19세 이상의 남녀를 본 종중의 종원으로 한다.

주의사항

종중정관 총칙에 관한 것으로 종중의 명칭, 종중의 특정을 위한 공동선조, 종중주소를 명기한다. 종중의 명칭과 관련하여 지역 명칭을 넣기도 하는데 지명을 사용하였을 때라도 공동선조의 후손의 범위가 지역으로 한정하지 않으면 고유의 미의 종중이라 할 것이지만 종원의 범위에서 지역을 한정하였다고 한다면 종중유사단체로 판단할 근거가 된다. 어느 부동산이 종중명의로 되어 있고 공동선조의 후손의 범위가 전국적으로 흩어져 있고, 흩어져 있는 종원이 종사에 관여하지 않을 경우 그 지역 내의 종원들이 종원의 범위를 축소하는 방법으로 종중유사단체로 정관을 제정하거나 개정하는 사례도 있다. 종중 소유 부동산에 관하여 다른 명칭의 등기가 되어 있다고 한다면 본 종중의 명칭란에 등기부상의 다른 명칭의 종중, 종친회는 모두 같은 종중임을 명기하는 것도 필요하다. 공동시조는 종중의 특정을 위하여 명확한 것이 좋다. 종중주소지와 관련하여 종중의 부동산 등기를 위하여 발급하는 부동산등기용 종중등록번호증명서와 일치할 필요가 있다. 위 부동산등기용등록번호증명서는 중종임원이 기존에 발급된 사실을 모르고 필요에 따라 다시 발급하기도 하기에 같은 종중에서 다소 다른 등록번호증명서가 여러 개가 있을 수 있다. 법원은, 종중등록번호증명서가 여러 개가 현출된 경우 그에 따른 경위를 파악하고 종중의 실체를 판단하는 자료로 삼기도 하니 주의할 필요가 있다(대법원 2015. 8. 27. 선고 2015다207365 판결, 춘천지방법원 강릉지원 2019. 9. 10. 선고 2018가합30910 판결 확정).

제2장 종중의 임원

제5조(임원) : ① 종중의 이사는 ○○명을 둔다. 이사는 각 지파별 ○명으로 구성한다.

② 이사 중에서 회장 1명 부회장 1명 총무 1명을 각 선임한다.

③ 감사는 ○명으로 하고 각 지파에서 각 1명씩 선임한다.

④ 임원이라 함은 이사와 감사를 말하고 임원은 종중총회의 의결로 선임한다.

⑤ 회장, 부회장, 총무, 이사, 감사는 임원회의 구성원으로 한다.

제6조(임기) : ① 임원의 임기는 2년으로 하며 그 임기는 1회 연임할 수 있다.

② 임원의 연임은 총회의 의결로 정하여야 한다.

제7조(업무권한) : ① 회장은 본 종중을 대표하고, 임원회의 의장이 된다.

② 부회장은 회장의 유고 시 회장을 대신하여 종중을 대표한다.

③ 총무는 회장을 보좌하고 종중총회 진행, 회의내용 기록, 종중재산 관리 등의 업무를 수행한다.

④ 감사는 본 종중의 금원집행이 적정하게 지출되었는지, 재산의 수입이 적정하였는지에 대한 회계감사와 종중재산의 관리대장을 만들고 정기총회 시에 위 내용을 포함한 감사보고서를 작성하여 보고한다.

주의사항

종중의 임원에 관한 규정은 종중의 대외적인 활동기관으로 정할 대표자와 대표자의 유고시 그 직무를 대행할 자가 누구인지에 대한 명확한 규정이 필요하다. 임원의 임기규정을 둠으로써 종원들로 하여금 임원의 임기와 연임여부를 명확히 하여 둘 필요가 있으며, 임원인 종중의 총무와 감사의 권한과 업무범위를 명확히 하여 둔다. 간혹, 총무 외에 재무이사라는 직책을 두어 행정과 종중재산관리를 분리하기도 한다. 감사는 이사들을 견제하는 기관이기도 하여 감사에게 총회소집 권한을 명시하여 두는 종중도 있다.

제3장 종중총회 및 임원회의

제8조 : 본 종중은 정기총회, 임시총회와 임원회의를 둔다.

① 정기총회는 매년 음력 ○월 ○○일(시제일) 오전 10:00 종중 선산에 위치한 ○○에서 한다.

② 임시총회는 회장이 필요시, 종원 ○○명이상 요구 또는 이사 ○명이상의 요구에 따라 회장이 소집한다. 다만, 회장에게 총회 소집을 요구하는 경우 회의 목적사항을 기재한 서면으로 요구하여야 한다. 감사는 종중재산의 중요한 변동사항이 있는 경우 회장에게 종중총회의 개최를 요구할 수 있다.

③ 임원회의의 구성원은 회장, 부회장, 총무, 이사, 감사를 포함하여 최소 ○○명으로 한다.

주의사항

종중총회는 매우 중요한 종중의 의사결정기관이다. 법원은 일정한 요건이 충족되면 정기총회시 종원들에 대한 소집통지를 할 필요가 없다고 판시하고 있다. 때문에 이러한 정기총회일은 명확한 일시와 장소를 명기하여 정관에 기재하여 놓는 것이 중요하다. 임시총회와 관련하여 소집권자를 명확히 하여 둘 필요가 있다. 소수 종원들이 회장을 상대로 총회소집요구를 하여 그 회장이 총회소집을 하지 않으면 법원의 허가를 얻거나, 그 소수종원들이 직접총회소집을 할 수 있기에 총회소집을 구할 수 있는 소수종원의 소집요구 권한을 정관에 명기하는 것은 매우 중요하다. 임원회의 구성원을 최소한의 인원으로 명시하여 놓아 적은 수의 임원으로 하여금 종중의사결정을 하는 위험성을 방지하기도 한다.

제4장 종중총회 및 임원회의 권한

제9조(총회) : 본 종중의 종중총회는 다음사항을 의결한다.

① 정관제정과 개정

② 임원의 선출과 연임의 의결, 임원의 징계

③ 중중자산의 취득과 처분 등

④ 종중재산의 분배

⑤ 종중의 개발사업의 승인

⑥ 예산 및 결산의 승인

⑦ 기타 임원회의에서 부의한 안건

제10조(임원회의) : 임원회의는 다음사항을 심의 또는 의결한다.

① 심의사항

   총회에서 의결할 사항

   종중총회에서 사용할 위임장 규격 및 방식

② 의결사항

   종산에 종원의 분묘사용에 대한 가부

   종원의 자녀에 대한 학자금의 지급

   종중회의 참석에 따른 여비, 종원들의 경조의 범위와 금액

주의사항

종중의 의사결정기관인 종중총회, 종중임원회의 결의는 매우 중요하다. 총유재산인 종중재산에 관하여 정관 기타 규약에 정한 바에 따르고 그렇지 아니하면 종중총회 결의에 의하여야 한다. 종중재산의 처분과 관련하여 종중총회에 그 권한을 두지 아니하고 임원회의 결의에 의하도록 하는 정관규정이 있고 이러한 정관 역시 유효하다고 한다면 임원회의결의에 의한 종중재산의 처분이 가능할 수 있다. 종중재산의 처분은 중요한 내용이기에 이사회 결의와 종중총회의 결의를 함께 요한다는 규정을 두기도 하고 총회의 결의 요건을 강화하여 두기도 한다.

제5장 의결

제11조(의결) : ① 종중의 총회는 종원 ○○명 이상이 출석하여야 성립하고, 출석
종원 과반수의 찬성으로 의결한다. 다만, 종중재산의 취득 및 처분 등의 행위는 출석
종원 3분의 2 이상의 찬성으로 의결한다.

② 임원회의는 재적임원 2/3 이상의 출석으로 개회하고 출석임원 2/3의 찬성으로 의
결한다.

③ 총회, 임시총회, 임원회의 의결에 있어 가부동수일 때는 부결된 것으로 본다.

④ 총회결의시 위임장에 의한 결의는 유효하되 서면결의서에 의한 방법은 이를 인정
하지 아니한다. 위임장의 규격과 방식은 이사회에서 정하기로 한다.

주의사항

종중총회 및 임원회의 결의에 있어서 의사정족수와 의결정족수에 관한 규정으로
중요한 부분이다. 종중회의에 대한 참여도가 미미한 경우 의사정족수에 대하여
정함이 없이 참석종원의 과반수 의결로 의사결정을 할 경우에는, 경우에 따라서
수천 명의 종원이 있는 종중의 의사가 소수의 참석종원으로 결정되기에 최소한의
종원의 숫자를 의사정족수로 정하여 그 최소한의 종원의 참여하에 종중회의가 진
행하는 것으로 규정하기도 한다. 반대로 의사정족수를 너무 엄격하게 규정하면,
예를 들면 참석 종원으로 의결하는 것이 아니라, 종원의 과반수 참석 하에 종중
의 의사결정을 하게 되면 앞서 본 종중의 경우 종중의사 결정이 아예 불가능할
수 있다.

어느 종중은 종원의 수가 광범위할 경우 그 소집에 드는 비용이나 회의진행의
어려움으로 인하여 중요한 의사결정을 임원회의 결정으로 하는 경우도 있고, 총
회결의가 아닌 각 지파의 일부 종원을 대의원으로 정하고 총회를 대체하는 대의
원회의제로 운영하는 경우도 있다. 종중재산의 처분과 관련하여 판례는 종중정관
이 있으면 이에 따르도록 하고 있기에 이러한 임원회의 결의만으로도 종중재산의
처분이 가능하면 간혹 종중재산의 처분에 일부 임원진들의 사심이 개입할 위험성
이 있고, 이로 인하여 분쟁이 가열되기에 합리적인 종중의 의사결정 방법을 찾아
정관에 그 절차에 대하여 명확히 알려 줄 필요가 있다. 서면결의서에 의한 의사
결정을 배제하기도 한다. 위임장은 종원의 안건에 대한 결의내용을 확인할 수 있
지만 인감증명서의 인영에 의하지 아니하는 서면결의서는 종중의 의사결정이 왜
곡될 우려가 있기에 이러한 서면결의에 의한 의사결의방법을 배제하는 것도 생각
할 필요가 있다. 그리고, 위와 같은 위임장이나 서면결의서는 임원회의에서 심의
하여 결정한 표준화된 양식으로 그 원본을 작성하고 종원들에게 교부하여 총회결
의 시 위 양식에 맞지 아니한 위임장이나 서면결의서는 그 의사나 의결정족수의
계수에서 배제하여야 할 것이다(서울중앙지방법원 2017. 8. 10. 선고 2016가합
6137 판결)

제6장 재산 및 회계

제12조(재산) ① 본 종중의 재산은 별지목록기재와 같다.

② 종중의 현금은 종중명의로 시중은행에 예치하고 매년 사용할 통상예금통장에 사용하는 도장 및 서명은 회장, 총무명의로 한다.

제13조(재산 및 회계보고) : ① 본 종중 회계년도는 매년 1월 1일부터 12월 31일까지로 한다.

② 재무는 1회계 연도의 회계(지나간 연도의 집행내용과, 당해 연도의 예산, 재산내용)를 자료에 의해 정기총회 시에 보고한다.

주의사항

정관에 첨부하는 서류로 종중재산의 현황을 별지로 첨부하기도 한다. 종중재산의 현황과 관련하여 특히 종중재산의 수탁명의인이 있으면 구체적으로 해당부동산의 수탁명의인을 명확히 하여 둔다. 다른 이름으로 소유하고 있는 종중재산을 명확히 함으로써 만일 다른 명칭의 종중명의의 부동산에 관하여 다툼을 미연에 방지할 필요가 있다.

제7장 장학과 포상 및 징계

제14조 : 본 종중은 임원회의 의결로서 종원 및 종원 자녀에게 장학 사업을 할 수 있고 80세 이상의 종원에게 부조금을 지급할 수 있다.

제15조 : 본 종중의 재산에 경제적 손실을 입힌 종원이 있으면, 회장은 임원회의 또는 종중총회에서 의결을 거쳐 민·형사상의 책임을 물어야 한다.

제16조 : 종중묘산에 안장된 선조들의 묘에 대한 벌초, 시제, 각종회의에 참석한 종원들에 대한 교통비는 임원회의 의결에 의하여 지급할 수 있다.

주의사항

종중재산에 관하여 손해를 입힌 종원이 있다고 한다면 종중이 반드시 그에 대한 민, 형사상의 책임을 물어야 한다는 규정은 종족집단체인 종중에서 필요한 규정이다. 손해를 가한 종원이 종중회장과 가까운 집안이라고 한다면 종중회장을 비롯한 임원진은 그 책임을 묻기가 망설여 질 것이고, 어려울 것이다. 이러한 점을 방지하기 위하여 의무조항을 넣어 피해자가 오히려 임원진에 대한 원망을 불식하게 할 필요가 있다. 그 밖의 종원들의 경조사나 분묘수호에 참여한 종원들에 대한 경조비 및 교통비는 명확히 하여 둘 필요가 있다.

부칙

제1조 : 본 정관은 1990. 1. 20. 제정한다.

제2조 : 2020. 1. 20. 정관을 개정하고 개정 다음날부터 시행한다.

정관이 종중의 적법한 절차에 의하여 개정되었음을 증명하기 위하여 종중회장과 총무 등이 이에 서명 날인한다.

회장   ○○○   (인)

총무   ○○○   (인)

┌─ 주의사항 ─┐

정관의 부칙에 관한 사항이다. 종중정관의 제정일에 그 종중이 성립된 것은 아니다. 자연적으로 성립된 고유의미의 종중에 있어서 언젠가 규약을 서면화하면 그때 종중정관을 제정한 것이 되겠지만 그 날이 종중이 성립한 날은 아니다. 간혹 종중정관을 제정하면서 창립일이라고 표현하였다고 하여 기존 종중이 그 날에 창립 한 것으로 오해를 사기도 하기에 신중한 표현을 사용하여야 한다.

개정에 관한 부칙을 종중정관에 넣을 때 그 개정항목을 넣을 필요가 있다. 예를 들면 종중정관을 공동선조의 후손 중 성인의 남성 종원만을 포함하였는데 대법원 전원합의체판결 이후 여성 종원을 포함하기 위하여 개정하였다고 그 내용을 명확히 하여 현재의 정관이 과거의 정관과 무엇이 다르고 개정된 취지를 설명하여 정관이 가지고 있는 연속성에 대한 신뢰를 줄 수 있다. 간혹, 어느 정관이 유효한 정관인지와 관련하여 다툼이 있는 소송이 있음을 염두에 두었으면 한다.

바. 종중정관무효확인의 소

종중정관, 규약은 비법인 사단인 종중의 조직, 활동 등 단체법적 법률관계를 규율하고 종중의 기관과 구성원에 대하여 구속력을 가지는 법규범에 해당하고, 따라서 정관의 부존재 내지 무효 확인을 구하는 것을 결국 일반적, 추상적 법규의 효력을 다투는 것일 뿐 구체적 권리 또는 법률관계를 대상으로 하는 것이 아님이 명백하므로 이를 독립한 소로서 구할 수는 없다(대법원 2011. 9. 8. 선고 2011다38271 판결).

다만, 종중정관의 개정이나 제정을 마친 총회결의에 있어 그 소집절차에 중대한 하자가 있어 그 총회의 결의의 무효를 구하면서 구체적으로 특정 일자에 개최된 종중정관 개정의 결의는 무효 확인을 구하는 방법으로 종중정관의 효력을 다툴 수 있고 위 개정되거나 제정하는 정관의 기재 내용이 종원의 권리의무에 중대한 영향을 미칠 수 있다면 확인의 소에 있어 권리보호 이익이 있다(의정부지방법원 2021. 8. 27. 선고 2020가합59567 판결. 항소기각 확정).

03 족보

가. 족보의 의의

족보는 종중이 종원의 범위를 명백히 하기 위하여 일족의 시조를 기초로 하여 그 자손 전체의 혈통, 배우자, 관력 등을 기재하여 제작한 서책이다. 족보의 종류로는 보통 대동보(大同譜, 한 성씨의 시조이하 동계 혈족 간에 분파된 파계를 한데 모아 집대성한 족보, 대법원 1990. 2. 27. 선고 89다카12775 판결), 파보(派譜, 특정인을 중시조로 한 지파의 소종중 소속 후손을 모아 만든 족보), 세보(世譜, 분파 시점과 일정 역사적 사실관계를 기록한 파보의 일종), 가승보(家乘譜, 가족 단위에서 직계존속 등을 수록한 족보) 등 수록된 선조의 태양에 의하여 구분되기도 하며 발행연도에 따라 갑자보(1924.발간), 기해보(1959.발간), 임술보(1982.발간), 정축보(1997.발간) 등으로 구분된다.

법원은 족보가 조작된 것이라고 인정할 만한 특별한 사정이 없는 한, 혈통에 관한 족보의 기재 내용은 이를 믿는 것이 경험칙에 맞는다고 한다(대법원 2000. 7. 4.자 2000스2 결정).

책자인 족보는 자손들로부터 단자를 거두어 들이는 방법에 의하여 작성되는 것으로서 반드시 명확한 고증을 거치는 것은 아니므로 편찬 시마다 등재 여부나 세부 기재에 다소의 차이는 있을 수 있고, 일단 족보에 등재된 이상 그 등재 경위에 명백히 의심할 만한 정황이 있지 않은 한 그 이전의 다른 족보의 기재와 차이가 있다 하여 그 기재 내용을 함부로 배척할 것은 아니다(대법원 2003.

11. 13. 선고 2003다34281 판결). 그리고 서로 다른 내용의 상위 종중의 족보와 하위 종중의 족보가 모두 증거로 현출되어 있는 경우에 상위 종중의 족보가 반드시 우월한 증명력을 갖는다고 단정할 수는 없다(대법원 1999. 9. 17. 선고 98다54427 판결).

따라서 종원에 관한 족보가 발간되었다면 그 족보의 기재가 잘못되었다는 등의 특별한 사정이 없는 한 그 족보에 의하여 종중총회의 소집통지 대상이 되는 종원의 범위를 확정하여야 하고, 여기에서 발간된 족보란, 소집통지 대상이 되는 종중원의 범위를 확정하기 위하여 필요한 것이므로 반드시 사건 당사자인 종중이 발간한 것일 필요는 없고 그 종중의 대종중 등이 발간한 것이라도 무방하다(대법원 2009. 10. 29. 선고 2009다45740 판결).

나. 종중소송에서의 족보

(1) 증명력

족보의 증명력에 대하여 문제가 있게 된 이유는 족보제작이 문중에 의하여 발간된 서책이고 필요에 따라 제작되기도 하며, 위 족보제작에 공인된 기관에서 공적인 문서로 확인할 수 있는 것이 아니기 때문이다. 후손들의 호응도에 따라 단자 수집에 적극적인 후손과 그렇지 아니하는 후손이 있게 마련이다. 그리고 선조의 제적에 관한 문서는 계속하여 이어져 내려 오는 문서가 아니기에 증명력의 한계가 있을 수밖에 없다.

구한말에 족보의 제작과 관련하여 간장(間張: 남의 족보 조상 밑에 자신의 이름을 끼워 넣는 행위), 투탁(投託: 남의 절가된 족보에 자신을 후손으로 만드는 행위), 구보불록(舊譜不祿: 붙이는 행위)이 성행한 점을 고려하여 허위 내용으로 작성된 족보로 인하여 혈족 아닌 타인이 당해 종중의 종원으로 행세하면서 종중 역사를 왜곡하고 종중재산을 탈취하는 사례도 있기에 족보의 증명력에 대한 판례의 태도는 소송상 중요한 문제이다.

족보는 종중 또는 문중이 종원의 범위를 명백히 하기 위하여 일족의 시조를 기초로 하여 그 자손 전체의 혈통, 배우자, 관력 등을 기재하여 제작·반포하는 것으로서, 족보가 조작된 것이라고 인정할 만한 특별한 사정이 없는 한 혈통에 관한 족보의 기재 내용은 이를 믿는 것이 경험칙에 맞는다(대법원 2000. 7. 4.자 2000스2 결정). 갑이 그의 부 을의 방계인 병의 사후 양자로 출계한 것으로 족보에 기재되어 있다면, 다른 특별한 사정이 없으면 갑은 당시의 관습에 따라 적법하게 출계하였다고 추정된다(대법원 1987. 4. 14. 선고 84다카750 판결).

　법원은, 가승보 기재 내용을 대동보 등에 등재시키기 위해서는 이른바 '수단'이라는 절차를 거쳐야 하는데, 비용 문제나 지방에 낙향하여 집성촌을 이루는 관계로 그 필요성이 없어 수단을 하지 않는 경우도 상당수에 이르는 것으로 보이므로 가승보의 내용이 대동보 등에 반영되지 않았다고 해서 가승보 자체를 신뢰하기 어렵다고 단정할 수는 없고, 따라서 가승보에 해당하는 세계보는 특별한 사정이 없는 이상 그 자체로 충분한 증명력을 갖는다고 한다(서울서부지방법원 2021. 7. 15. 선고 2019가합32958 판결. 항소기각 확정).

〔2〕 소집통지대상자의 확정

　종원에 관한 족보가 발간되었다면 그 족보의 기재가 잘못되었다는 등의 특별한 사정이 없는 한 그 족보와 소집통지 대상이 되는 종원들의 명단을 대조하여 가능한 합리적 노력을 다하여 소집통지 대상이 되는 종원의 범위를 확정하여야 하고(대법원 1994. 5. 10. 선고 93다51454 판결, 대법원 2000. 2. 25. 선고 99다20155 판결), 여기에서 발간된 족보란, 소집통지 대상이 되는 종중원의 범위를 확정하기 위하여 필요한 것이므로 반드시 사건 당사자인 종중이 발간한 것일 필요는 없고 그 종중의 대종중 등이 발간한 것이라도 무방하다(대법원 1999. 5. 25. 선고 98다60668 판결).

　종원에 관한 새로운 세보가 발간되면 이에 의하여 총회소집통지 종원의 범위를 확정하여야지 종전의 세보에 의하면 부적법하다(대법원 1993. 3. 9. 선고 92다42439 판결).

　한편, 연고항존자인지 여부는 원칙적으로 법원이 제출된 증거를 취사선택하여 자유로운 심증에 따라 인정할 수 있는 것이기는 하나, 소집통지 대상 종중원의 범위 확정을 위하여 족보를 살펴보아야 할 것이라면 소집통지 대상자에 대응하는 소집권자인 연고항존자의 확정도 그 족보를 포함하여 판단하여야 한다.

법원은, 종중이 그 종중 또는 대종중이 족보를 발간한 바 없다거나 그 기재가 잘못되었다는 등의 아무런 사유를 밝히지 않은 채 족보를 제출하지 아니하고, 그 대신 종중 자신이 임의로 작성한 가계보, 종중원 명부를 제출하면서 위 가계보 및 종중원명부상의 연고항존자가 위 가계보 및 종중원명부에 의하여 소집통지 대상이 되는 종중원의 범위를 확정하여 임시총회를 소집하였다고 주장하고 있다면, 원심으로서는 족보의 존재 여부 및 그 내용에 관하여 석명을 구하는 등의 방법으로 종중원명부상의 연고항존자가 적법한 총회 소집권자인지, 소집통지 대상이 되는 종중원의 범위가 적법하게 확정되었는지 등에 관하여 더 심리하였어야 한다고 한다(대법원 2009. 10. 29. 선고 2009다45740 판결).

(3) 종원지위 확인 및 종원지위 부존재확인

종원지위 확인의 소는 원고인 종원이 종원의 지위를 부정하는 종중을 상대로 종원지위확인을 구하는 소이고, 종원지위부존재확인의 소는 종중이 원고가 되어 소송의 상대방인 피고가 종원의 자격이 없다는 내용의 소이다.

모두 확인의 소이기에 제기되는 소는 권리보호이익이 있어야 하고 구체적인 법률관계에 관한 확인이어야 한다. 법원은 종중이 어떤 종중원에 대하여 그 종중원으로서의 지위를 부인하면서 종중원으로서 가지는 권리를 침해하고 있다면, 종중원은 종중에 대하여 종중원이라는 지위의 확인을 받는 것이 권리관계에 대한 불안이나 위험을 제거할 수 있는 유효·적절한 수단이 될 수 있으므로, 종중원이 종중을 상대로 자신의 종중원 지위의 적극적 확인을 구하는 것은 소의 이익이 있다고 한다(대법원 2005. 7. 21. 선고 2002다1178 전원합의체 판결).

마찬가지 이유에서 종중의 종중원이 아닌 사람이 종중원으로서의 지위 및 그에 따른 권리를 주장하면서 이를 다투고 있다면, 종중이 그러한 사람을 상대로 그 종중원 지위의 소극적 확인을 구하는 것 역시 소의 이익이 있다고 한다(대법원 2012. 9. 13. 선고 2012다47180 판결).

그러나 종중이 종중총회에서 종원지위확인을 구하는 원고를 종원으로 인정하지 아니하고 원고들을 배제한 채 이 사건 총회를 개최하였다고 주장하면서 종원지위존재 확인청구와 총회결의 무효 확인을 함께 구하였을 때 총회결의무효확인은 확인의 이익이 없다고 판시하고 있다(광주지방법원 2015. 1. 23. 선고 2014가합6154 판결. 항소기각 확정). 즉, 종원지위확인으로 그 권리관계의 불안이나 위험을 제거할 수 있는 유효적절한 수단이면 충분한 것으로 더 나아가 총회결의 무효 확인을 구할 필요가 없기에 그에 대한 확인의 이익이 없다고 한다.

한편, 종원지위확인의 소에서 종중으로부터 종원으로서의 지위를 부인당하고 있는 경우에 그 당사자가 종중의 족보에 기재된 특정인이 자신의 선대임을 이유로 자신도 종원의 지위에 있음을 인정받기 위해서는 그 당사자가 족보에 기재된 선대가 자신의 선대와 동일인임을 구체적으로 주장·증명하여야 한다(전주지방법원 2020. 11. 26. 선고 2019가합4044, 2019가합4167 판결. 대법원 심리불속행 기각 확정).

(4) 족보내용의 변경·삭제

당사자 사이에 약정에 터 잡음이 없이 단순히 종중의 대동보나 세보에 기재된 사항의 변경이나 삭제를 구하는 청구는 재산상이나 신분상의 어떤 권리관계의 주장에 관한 것이 되지 못하므로 제소할 법률상의 권리보호이익이 없어 허용될 수 없다(대법원 1992. 10. 27. 선고 92다756 판결).

그러나 상위종중이 족보를 편찬하면서 직근 하위 종중 중시조의 서차(序次) 문제와 관련하여 어느 일방이 직근 하위종중에게 새로운 증거가 제출되지 않은 한 그 직근 하위 종중의 중시조를 장자로 기재하고 다른 직근 하위 종중의 중시조를 장자로 기재하지 않겠다고 약정하였다면, 특별한 사정이 없는 한 이는 상위종중이 법적으로 의무를 부담할 의사로 약정을 체결한 것으로 보아야 한다는 이유로 그에 기한 금지 청구에 권리보호이익이 있다고 한다(대법원 1998. 2. 24. 선고 97다48418 판결).

다. 족보의 편찬절차

선조와 친족의 세계의 범위를 밝히어 자신과 친족의 뿌리를 후대에 알리는 족보의 편찬사업은 종중의 중요한 활동이다. 이러한 족보편찬은 자신들의 집안이 명문가임을 자부하는 문중에서 선조의 범위에 따라 대동보(大同譜), 세보(世譜), 파보(派譜), 가승보(家乘譜) 등 여러 종류의 족보를 발간한다.

족보의 편찬은 일반적으로 종중회의를 거쳐 종친회장을 편찬위원장[1]으로 한 족보편찬위원회를 구성하고, 업무 성격에 따라 각 파에서 덕망과 추진력이 있고 보학(譜學)에 조예가 깊은 사람을 편찬위원으로 선출한 후 수단공고, 수단접수, 편집, 교정, 인쇄, 제본, 발송의 과정을 거쳐 족보가 발간된다. 따라서 족보는 비법인 사단인 종중의 기획 하에 종중의 업무에 종사하는 사람들이 작성하고, 종중명의로 공표된 업무상 저작물이므로 저작권법 제9조에 따라 계약 등에 달리 정함이 없는 이상 종중이 그 저작자가 된다.

한편 법원은, 종원인 원고와 피고 종중 사이에 원고를 편찬주간으로 등재한다는 특별한 약정의 존재를 인정할 증거가 없는 사건에서 피고 종중을 상대로 인터넷 을미대동보 수권 편찬위원회 임원명부의 편찬주간 란에 원고를 등재할 것을 구하는 소는 재산상이나 신분상의 권리관계에 관한 주장이 되지 못하므로 제소할 법률상의 권리보호의 이익이 없어 부적법하다고 한다(서울북부지방법원 2017. 7. 20. 선고 2016가합2011 판결. 서울고등법원 확정).

---

1) 종중총회를 통해 별도로 선임·운영할 수도 있다.

또한 종중의 대동보나 세보에 기재된 내용이 조상이나 후손들의 명예를 훼손할 때 이를 이유로 족보폐기처분청구의 소송을 제기할 수 있는지와 관련하여 법원은, 종중의 대동보나 세보에 기재된 사항의 변경이나 삭제를 구하는 청구는 재산상이나 신분상의 어떤 권리관계의 주장에 관한 것이 되지 못하므로 제소할 법률상 권리보호 이익이 없고, 폐기를 구하는 청구 역시 결국에는 기재된 사항의 변경이나 삭제를 구하는 것과 다를 게 없으나, 대동보나 세보에 기재된 내용으로 말미암아 법률상 사람의 명예가 훼손되었다고 한다면, 그것이 변경이나 삭제가 되더라도 당사자의 재산이나 신분상 권리관계에 어떠한 영향도 없다는 이유만으로 그에 기한 청구가 법률상 보호를 받을 자격이 없다고 할 수는 없으므로, 족보로 말미암아 조상 또는 후손들의 명예가 훼손되었다고 주장하면서 그에 대한 손해배상에 갈음하여 명예회복에 적당한 처분의 한 방법으로 족보의 폐기를 구할 수 있다고 한다(서울북부지방법원 2011. 6. 23. 선고 2011가합942 판결. 항소취하 확정).

라. 족보 보는 법

[1] 기초사항

족보에 등재된 본인의 내역을 확인하기 위해서는 먼저 '본인'이 어느 파인지, 각 파의 시조(파조)로부터 본인이 몇 세(世)인지, 항렬자(行列字: 항렬을 나타내기 위해 이름에 공통으로 넣는 글자)[2]와 족보에 기록된 이름(보명: 譜名)을 알아야 한다. 족보는 아래 예시에서 보는 바와 같이 같은 세대(世代)에 속하는 혈손을 같은 칸에 가로로 배열하기 때문에 본인이 해당하는 세(世)의 칸만 보면 쉽게 찾을 수 있는데 만일, 자신이 몇 세(世)인지를 모른다면 항렬자로 세수를 헤아려야 한다. 족보에는 항렬자를 넣은 이름을 기재하는 것이 보통이다.

---

2) 같은 부계혈족의 직계에서 갈라져 나간 계통 사이의 대수(代數) 관계를 표시하는 말로 항렬자 또는 돌림자라고 한다. 각 세대마다 차례로 사용되고 그 순서가 다 되면 다시 되풀이가 되는데 그 세대관계를 쉽게 확인할 수 있도록 하기 위해서 앞으로 사용할 항렬자를 족보의 첫머리에 미리 밝혀두는 경우가 많다.

(2) 세(世)와 대(代)의 구별 및 호칭

세(世)	호칭	대(代)
1세(世)	현조(玄祖): 고조할아버지의 아버지	5대조(代祖)
2세(世)	고조(高祖): 증조할아버지의 아버지	4대조(代祖)
3세(世)	증조(曾祖): 아버지의 할아버지	3대조(代祖)
4세(世)	조부(祖父): 본인의 할아버지	2대조(代祖)
5세(世)	부(父): 아버지	1대조(代祖)
6세(世)	본인	본인의 윗대 ↑ 본인(시조)의 아랫대 ↓
7세(世)	아들(子)	1세손(1世孫=1代孫)
8세(世)	손자(孫子)	2세손(世孫)
9세(世)	증손(曾孫)	3세손(世孫)
10세(世)	현손(玄孫)	4세손(世孫)
11세(世)	래손(來孫)	5세손(世孫)
12세(世)	곤손(昆孫)	6세손(世孫)
13세(世)	잉손(仍孫)	7세손(世孫)
14세(世)	운손(雲孫)	8세손(世孫)

(3) 항렬자[3]

항렬이 높은지 낮은지를 이름만 보고도 알 수 있게 만든 것이 항렬자이다. 같은 대수의 혈족끼리는 이름에 같은 글자가 들어가는 것이 핵심이다.

① 능성 구씨: ○서(書), ○회(會), 자(滋)○, 본(本)○, ○모(謨), 교(敎)○(순서대로 25~30세손)

② 안동 권씨: 영(寧)○, 오(五)○, 혁(赫)○, 순(純)○, 용(容)○, 구(九)○(순서대로 34~39세손)

---

3) 나무위키

〔4〕 족보 예시

六十一世 … ①　　② … ③

六十一世

難文－行壁
周海
五五　見上 … ④

字士元
高宗二九○年一八九三年壬辰十二月十四日生
一九七六年丙辰二月二十一日卒
墓泰安莊作谷先山

配金海金氏
高宗三○年一八九一年癸巳十月十日正
一九七六年丙辰二月七日卒
墓上同

… ⑨

六十二世

子 東亭
字性浩　號南堂 … ⑦　… ⑧
初名泰淳
一九○九年己酉八月一九
一九七四年丙辰八月八日卒
七六年丙辰

龍鎬

配義成金氏
一九四一年辛巳十月二十一日生
一九四一年辛巳十二月二十四日生　父

女 美順
一九二一年辛未八月九日生
婿金政植

熱
莊泰安梨園社倉里後父應
墓上同乾坐
原州金氏
一九一七年丁巳七月一九
八九日卒　已七月七
… ⑩

慶州○氏○○公波　族譜

六十三世

子 鐘薰
初名鍾成
一九三五年乙亥十二月二十一日生
配濟州梁氏智恩
一九四一年乙卯三月十二日生

子 世薰
初名鍾燮
一九三八年戊寅六月十六日生
配清州韓氏奉順
一九四八年戊子三月十六日生

六十四世

子 址哲
一九六九年己酉七月七日生
配濟州梁氏智恩
一九四一年乙卯三月十二日生

子 址錫
一九六九年己酉十月一日生
配韓山李氏洙沈
一九七三年癸丑二月二十三日生　父

六十五世

子系 載鎬
生父址錫 … ⑫
二○○一年辛巳九月八日生

子 載吳
二○○三年生

子 載鎬
出后址哲 … ⑬
二月一日生

子 載哲
初名載懸
二○○三年癸未三月一日生

子 載順
二○○六年明戊八月一日生

六十六世

子 仁浩
六三七　見 … ⑤
无后 … ⑭

子 成浩
之十三　見 … ⑥
无單 … ⑮

[5] 족보용어설명

① 六十一世孫: 始祖(시조)로부터의 世數(세수)를 나타낸다.

② 周海: 行列(항렬)을 사용하여 지은 족보상 이름(譜名)이다.

③ 雄文-行壁: 周海(주해)의 윗대인 아버지(行壁, 행벽)와 할아버지(雄文, 웅문)를 표시한 것이다.

④ 見上 55: 見上(견상) 55는 周海(주해)의 윗대를 보려면 앞의 55페이지를 보라는 뜻이다.

⑤ 見 637: 見(견) 637은 仁浩(인호)의 아랫대를 보려면 뒤의 637페이지를 보라는 뜻이다.

⑥ 見三之十三: 見三之十三(견삼지십삼)은 成浩(성호)의 아랫대를 보려면 3권의 13쪽을 보라는 뜻이다.

⑦ 字 性浩: 字(자)는 호적상 이름을 뜻한다.

⑧ 號 南堂: 號(호)는 본명이나 字(자) 외에 편하게 부를 수 있도록 지은 이름이다.

⑨ 婿 金政植: 婿(서)는 출가한 딸의 남편을 말한다. 즉 사위의 이름이다.

⑩ 配青州韓氏奉順: 配(배)는 배우자를 말한다. 즉 세훈(世薰)의 배우자는 청주한씨 韓奉順(한봉순)임을 표시한 것이다.

⑪ 系子: 系子(계자)는 가계를 이을 자가 없어 들인 양자를 말한다.

⑫ 生父 址錫: 양자를 들인 경우 양자의 生父(생부)를 표시하는데 양자로 들어간 載鎬(재호)의 생부는 址錫(지석)이라는 뜻이다.

⑬ 出后 址哲: 양자로 들어가 그 집안의 대를 이을 때 "출계(出系)" 또는 "출후(出后)"라고 표시한다. 址錫(지석)의 큰아들 載鎬(재호)가 큰아버지 址哲(지철)의 양자로 들어가 그 대를 이은 것을 뜻한다.

⑭ 无后: 无后(=無后, 무후)는 대를 이을 자손이 없고 양자도 없이 절손되었다는 뜻이다.

⑮ 无單: 无單(무단)은 자손은 있는데 족보 편찬 시에 수단을 신청하지 않은 것을 뜻한다.

04 종중의 명칭

가. 의의

평산신씨 문희공파종중이라는 명칭의 종중이 있다고 하여 그 종중이 평산신씨 문희공을 공동선조로 하는 종중이라고 단정할 수는 없다. 비법인 사단인 종중은 반드시 관할관청에 등록이 필요한 것도 아니고 법에서 정한 허가나 등기를 요하는 사단도 아니다. 따라서, 종중의 명칭만으로 그 종중의 실체를 파악하기에는 한계가 있다.

종중의 실체는 명칭 여하에 불구하고 공동선조의 후손들의 종족집단으로 공동선조의 제사, 종중의 재산관리 및 종원의 친목 등을 위하여 자연발생적으로 형성된 비법인 사단이라 할 것이다. 따라서 원래 소종중이나 지파종중의 명칭은 중시조의 관직이나 시호 다음에 지파종중등 시조의 관직이나 시호 등을 붙여 부르는 것이 일반적인 관행 내지는 관습이라고 하여도 그에 반한 명칭을 사용하였다고 하여 지파종중의 실체를 부인할 수 없다(대법원 1989. 12. 26. 선고 89다카14844 판결, 대법원 2015. 5. 28. 선고 2015다1468 판결).

비법인 사단인 종중은 그 종중의 성격이 고유의미의 종중이든 아니면 종중유사단체이든지 간에 부동산에 관하여 종중명의로 등기를 필할 때 종중 명칭이 기재된 정관이나 규약이 있으면 그 명칭으로, 종중정관이 없으면 정관을 작성하여 그 명의로 등기를 필할 것이다. 종중을 이끄는 종중의 집행부가 누구인가에 따라 종중의 명칭을 달리 사용하고, 달리 사용하는 각 명칭에 따라 등기를 필하는 경우가 많이 있다. 이러한 경우 그 명칭에 따라 여러 종중이 각자로 실재하고 있는 것이 아님은 물론이다.

동일한 공동선조를 모시는 종중이 그 명칭을 A종중, B종중, C종친회의 명칭을 사용하여 활동하고, 종중소유 부동산도 그 명의로 각 등기하였다고 하여도 동일한 공동선조의 후손으로 같은 내용의 종중 활동을 하고 있다면 해당 부동산은 동일한 종중의 소유이다(대법원 2015. 8. 27. 선고 2015다207365 판결).

나. 특정지역의 명칭사용

고유의미의 종중은 공동선조의 분묘수호와 제사, 종중원 상호 간의 친목 등을 목적으로 하는 자연발생적인 종족집단체로 특별한 조직행위를 필요로 하는 것이 아니고, 공동선조의 후손 중 성년 이상의 사람은 당연히 구성원이 되는 것이며 임의로 그 구성원을 배제할 수 없다. 이에 반하여 공동선조의 후손이라고 하여도 그 구성원의 범위에 특정지역 내에 거주하는 일부 종원을 구성원으로 하는 단체는 종중유사단체에 불과하고 고유의미의 종중이라고 볼 수는 없다.

따라서 어느 종중이 정관이나 규약에 특정지역을 강조하여 종원의 범위를 확정하고 있다면 위 종중의 실체가 고유의미의 종중인지 아니면 종중유사단체인지 명확하게 확정하여야 할 것이다.

이와 관련하여 법원은, 원고는 □□공파라는 이름을 원고단체의 명칭에 포함시킨 적이 없고, 줄기차게 ○○김씨 이천종친회, ○○김씨 락성군파 이천종친회라고 하면서 특정지역 내에 거주하는 일부 종중원만이 그 구성원임을 나타내고 있어서 원고 단체가 고유의미의 종중이 아니라 종중유사단체임을 쉽게 인식할 수 있고, 그 구성원의 범위가 □□공의 후손에 한정되지 아니한다고 볼 수 있는 명칭을 사용하여 온 점 및 원고 단체의 회원을 이천 근역에 거주하는 락성군 후손으로 명백히 하고 있는 소집통지서 및 종중 규약 등을 제출하고 있는 점에 비추어, 원고가 원고 단체의 성격을 일부 부적절한 주장을 한 일이 있었다 하더라도 원고는 큰 눈으로 보아 처음부터 원고단체의 성격을 실체를 ○○김씨 락성군파 후손들 중 이천 근역에 거주하는 자들로 구성된 종중유사단체로 주장하여 왔다고 봄이 상당하고 그 구성원의 변화가 있었다고 하여 그 실체가 종중유사단체라고 하는 사실관계의 기본적 동일성까지 상실되게 한 것은 아니라고 판시하고 있다(대법원 2002. 4. 12. 선고 2000다16800 판결).

다. 종중의 명칭에 대한 관습

어느 종중의 명칭사용이 비록 명칭사용에 관한 관습에 어긋난다고 하여도 그 점만 가지고 그 종중의 실체를 부인할 수 없으며(대법원 1992. 7. 24. 선고 91다42081 판결), 소제기 당시 종중의 명칭이 마치 종중유사단체인 것처럼 표시하였으나 소장의 청구원인에서 고유한 의미의 종중임을 밝히고 그 후 당사자 표시를 고유한 의미의 종중과 같이 변경한 경우, 그 종중이 고유한 의미의 종중이 아니라 종중유사단체에 불과하다거나, 소제기 시 종중유사단체임을 자인한 것으로 볼 것은 아니다(대법원 2002. 6. 28. 선고 2001다5296 판결, 위 판결에서 원고 종중은 ○○ 오씨 □□파 재파종친회라고 기재하여 특정지역인 파주 일대에 거주하는 사람들로 구성된 종중유사단체인 것처럼 보임)라고 판시하였다.

즉, 종중의 실체는 명칭 여하에 불구하고 공동선조의 제사, 종중의 재산관리 및 종원의 친목 등을 위하여 자연발생적으로 형성된 종족집단체라고 할 것이므로 어느 종중의 명칭사용이 위에서 본 관습에 어긋난다는 점만 가지고 바로 그 실체를 부인할 수는 없는 것이다(대법원 1989. 12. 26. 선고 89다카14844 판결).

라. 소종중, 지파종중의 명칭

소종중이나 지파종중의 명칭은 중시조의 관직이나 시호 다음에 그 소종중 또는 지파종중의 시조의 관직이나 시호 등을 붙여 부르는 것이 일반적인 관행 또는 관습이지만, 종중은 공동시조의 봉제사와 분묘관리 및 그 후손 상호 간의 친목을 위하여 자연발생적으로 형성된 종족집단인 점에 비추어 그 종중이 어떠한 종중인가는 그 명칭 여하에 불구하고 봉제사의 대상인 공동시조와 구성원인 후손의 범위 및 분묘관리의 상황 등 그 실체적 내용에 의하여 판단되어야 한다(대법원 1994. 11. 11. 선고 94다17772 판결).

그럼에도 불구하고 종중의 명칭이 종중의 실체를 밝히는 데 여러 사정 중의 하나로 그 판단의 근거로 사용될 수 있음을 주의하여야 한다.

원고인 여성 종원이 종중을 상대로 종원지위확인을 구한 사안에서 법원은, 고유의미의 종중이라면 그 명칭 자체에서 공동선조가 누구인가를 밝히는 것이 일반적인데도 피고 종중의 명칭은 'A씨 B파 C문중회' 중 'B'는 종중의 중시조를 뜻하는 것이 아니고, 'C'는 지역을 가리키는 지명이어서 명칭 자체에서는 공동선조가 누구인지 알 수 없는 점, 오히려 그 명칭이나 회칙에 의하면, 피고의 구성원은 A씨 B파 종원 중에서 C지역에 거주했던 사람들로서 종계에 출자한 사람들의 후손들로 그 범위가 제한된 점, 중시조의 사실상 종손의 후손들은 탈회한 점 등에 비추어 보면 피고는 고유의미의 종중이 아니라고 판시하였다(대법원 2011. 11. 24. 선고 2011다61349 판결).

마. 명칭변경

(1) 종중 명칭변경

어느 부동산에 관한 소유명의인 종중의 명칭이 변경되었다고 한다면 변경 전 명칭의 종중은 외관상 그 소유권을 잃게 되는 결과를 가져올 것이기에 종중의 명칭변경은 신중을 기하여야 한다.

한편, 종중이 당사자인 소송에서 종중 명칭을 변경할 것인지와 관련하여 법원은, 당사자가 누구인가는 소장에 기재된 표시 및 청구의 내용과 원인 사실 등 소장의 전 취지를 합리적으로 해석하여 확정하여야 한다(대법원 1996. 12. 20. 선고 95다26773 판결)고 판시하고 있다.

(2) 소송 외에서의 명칭변경

등기명의인 표시변경등기는 등기명의인의 동일성이 유지되는 범위 내에서 등기부상의 표시를 실제와 합치시키는 것에 불과하므로 어떠한 권리변동을 가져오는 것은 아니다(대법원 2000. 5. 12. 선고 99다69983 판결). 따라서 종중의 대표자의 변경이나, 등록주소지의 변경과 같은 표시변경이 있다고 하여도 등기명의인의 동일성이 인정되는 한 위 표시변경등기는 유효하다 할 것이다.

어느 종중은 그 종중 명칭과 관련하여 여러 개의 명칭이 존재할 수 있다. 종중이 정관이나 규약을 필요에 따라 작성하기도 하는데 시기를 달리하여 등기를 필할 때 작성된 정관명칭으로 등기를 하여 놓는다든지 아니면 종중의 다른 대표자가 그때마다 다른 종중 명칭으로 등기를 하여 발생하는 것이다. 이러한 종중이 명의를 달리하는 다른 부동산을 소유하고 있을 때 통일된 종중명의로의 변경등기가 가능한가의 문제이다.

그러나 부동산에 관한 소유명의인의 명칭이 바뀌게 되면 종전명의인은 소유권을 잃게 되기에 어떤 부동산에 관하여 등기명의인 변경신청이 접수되면 등기실무관은 위와 같은 위험성 때문에 가급적 명의변경신청을 반려하고 있다.

〔3〕소송에서 명칭변경

소송의 당사자로 지정된 피고 종중이나 원고 종중은 그 종중의 명칭을 변경할 수 있을 것이다. 명칭변경이 가능한 기준과 관련하여 법원은, 종중의 명칭을 변경하더라도 변경 전의 종중과 공동선조가 동일하고 실질적으로 동일한 단체를 가리키는 것으로 보이는 경우에는 당사자표시의 정정에 불과하다(대법원 1999. 4. 13. 선고 98다50722 판결)고 판시하고 있다.

종중의 실체를 그대로 둔 채 그 명칭만 일시적으로 변경한 경우 종중의 동일성이 인정되는지 여부와 관련하여 법원은, 원고 종중(나주정씨 ○○공파종회)이 정기총회에서 충정공파로 개칭하고 종중대표자를 선출하였다가 다시 원고 종중 명칭으로 개칭하고, 충정파로 개칭할 때에도 충정공 후손들만으로 종중회의가 구성되지 아니하고, 종중규약으로 ○○공파로 단일화하면서 종중사무실로 ○○공 묘하의 제각영모제를 그대로 사용하고 종중재산도 종전의 ○○공종중의 위토 등으로 구성하였던 경우에는 원고 종중의 실체를 그대로 둔 채 그 명칭만 일시적으로 변경한 것으로서 그 동일성이 있다고 보아야 한다(대법원 1990. 2. 13. 선고 88다카9401 판결)고 판시하였다.

(4) 등기명의인표시변경등기말소등기

등기명의인의 표시변경(경정)의 등기가 등기명의인의 동일성을 해치는 방법으로 행하여져서 등기가 타인을 표상하는 결과에 이르렀다면 이 경우에는 원래의 등기명의인은 새로운 등기명의인을 상대로 변경(경정)등기의 말소를 구할 수밖에 없다 할 것이다(대법원 1992. 11. 13. 선고 92다39167 판결).

원고 종중의 주장은, 원고 종중은 종중의 공동선조 ○○의 후손이 없자 피고 종중의 공동선조 □□의 둘째 아들을 양자로 들여 그 후손들로 구성된 종중이고, 피고 종중은 출계하지 않은 나머지 큰아들의 후손이 친부 □□을 공동선조로 하는 종중인데, 이러한 피고 종중이 원고 종중 소유토지에 관하여 등기명의인인 원고 종중의 주소를 변경하는 등기를 마침으로서 등기명의인의 동일성을 해치는 방법으로 피고 종중을 표상하는 결과가 되었다고 하면서 피고 종중명의의 등기명의인표시변경등기의 말소를 구하는 사안에서 법원은, 부동산의 종중명의 종중의 실체는 원고 종중이 주장하는 바와 같이 출계한 차남의 후손들이 양부를 공동선조로 하는 종중이 아니라, 출계한 차남과 출계하지 않은 장남이 친부를 공동선조로 하여 성립한 종중유사단체로 봄이 타당하다고 하여 원고의 청구를 받아들이지 아니하였다(대법원 2008. 10. 9. 선고 2007다79107 판결).

한편 대종중이 그 종중소유 부동산에 관한 명칭이 소종중으로 오인되는 것을 막기 위하여 명칭 및 주소표시를 대종중으로 변경한 것에 관한 사안에서, 토지등기부에 표시된 종중 이름을 비록 소종중의 이름으로 쓰고 있다 하더라도 그 소종중에는 속하지 아니한 종원명의로 토지사정을 받은 점, 분묘 및 위토와 재실관리 상황을 보면 등기부상 종중은 애초 대종중을 가리키는 것으로 추단할 수 있다 하여 대종중이 한 종중 명칭과 주소변경을 등기명의인의 동일성이 인정되는 범위 안에서 한 경정등기로 그 유효성을 인정한 판결이 있다(서울고등법원 1995. 4. 13. 선고 94나22455, 22462 판결, 확정).

가. 의의(종중의 구성원)

종원은 비법인 사단인 종중의 구성원으로 종중의 본질적인 요소이다. 고유의 미의 종중에서 공동선조의 후손 중 관습이나 규약에 의하여 어느 일정 시점이 되면 특별한 가입절차 없이 당연히 종중의 구성원이 되는 것이고, 아래 대법원의 전원합의체 판결이 선고되기 전까지 종원은 성년 남자로만 구성되었다.

종원의 자격을 성년 남자로만 제한하고 여성에게는 종원의 자격을 부여하지 않는 종래 관습법의 효력은 변화된 우리의 전체 법질서에 부합하지 아니하여 정당성과 합리성이 있다고 할 수 없으므로 더 이상 법적인 효력을 가질 수 없게 되었다. 종중이란 공동선조의 분묘수호와 제사 및 종원 상호 간의 친목 등을 목적으로 하여 구성되는 자연발생적인 종족집단이므로 종중의 이러한 목적과 본질에 비추어 볼 때 공동선조의 성과 본을 같이하는 후손은 성별의 구별 없이 성년이 되면 당연히 그 구성원이 된다고 봄이 조리에 합당하다(대법원 2005. 7. 21. 선고 2002다1178 전원합의체 판결).

종원은 종중의 본질적인 요소이기에 일정한 사유를 이유로 종원을 제명하는 규정이 있는 종중규약이나, 종중총회결의를 통하여 종원을 제명하는 결의는 모두 무효인 규정이거나 무효인 종중결의이다.

그리고 민법 제781조 제6항에 따라 자녀의 성과 본이 모의 성과 본으로 변경되었을 때 성년인 그 자녀는 모가 속한 종중의 공동선조와 성과 본을 같이 하는 후손으로서 당연히 종중의 구성원이 된다(대법원 2022. 5. 26. 선고 2017다 260940 판결).

나. 미성년 종원, 종원명부에 등재되지 아니한 종원

성년이 되기 전의 성과 본을 같이 하는 공동선조의 미성년 후손은 종중의 구성원인가. 미성년자에 대해서도 출생과 더불어 종원의 자격을 취득한다는 학설도 있지만 법원은, 종중이란 공동선조의 분묘수호와 제사 및 종원 상호 간의 친목 등을 목적으로 하여 구성되는 자연발생적인 종족집단이므로, 종중의 이러한 목적과 본질에 비추어 볼 때 공동선조와 성과 본을 같이 하는 후손은 성별의 구별 없이 성년이 되면 당연히 그 구성원이 된다(대법원 2005. 7. 21. 선고 2002다1178 전원합의체 판결)고 판시하고 있고, 대법원 2010. 9. 30. 선고 2007다74775 판결은 그 이유에서 '성년이 되지 않아 종원은 아니지만'이라고 설시하고 있으며, 춘천지방법원 2021. 12. 9. 선고 2020나52907 판결은 그 이유에서 '○계 □□은 족보 기재상 2001. 3월생이므로 이 사건 총회 당시 미성년인바 종중원에서 제외되어야 하고'라고 설시하여 성년의 후손만을 종원이라고 보고 있다.

그리고 당해 종중의 종원명부가 작성되어 있고 그 종원명부에 등재되지 아니한 종원이나, 연락이 전혀 되지 아니한 종원이라고 하여도 그 종원은 고유의미의 종중의 종원임에는 문제가 없다 할 것이다. 법원은 종중의 규약상 종원명부에 등록된 자만이 종원이 될 수 있다고 규정되어 있는 경우라 하더라도 종원명부에 미등재된 자의 종원자격이 부정되지 아니한다(대법원 1991. 11. 8. 선고 91다 25383 판결)고 한다.

다. 종원의 변화

(1) 여성

현재 종중의 구성원인 종원은 공동선조의 후손 중 성년의 남성과 여성임에 이의가 없다. 그런데, 위와 같이 종원의 지위에 변화가 있게 된 데에는 유명한 여성의 종원 지위확인에 관한 2005. 7. 21. 선고 2002다1178 전원합의체 판결이 있었기 때문이다.

위 판결의 요지는, 종중의 구성원의 자격을 성년 남자로만 제한하는 종래의 관습에 대하여 우리 사회의 구성원들이 가지는 법적 확신은 상당부분 흔들리거나 약화되었고, 헌법을 최상위 규범으로 하는 우리 전체 법질서는 개인의 존엄과 양성의 평등을 기초로 한 가족생활을 보장하고 실질적으로 남녀의 차별을 두지 않으며 모든 영역에서 여성의 차별을 철폐하고 남녀 평등을 실현하는 방향으로 변화되어 왔고, 이러한 남녀평등의 원칙은 앞으로도 더욱 강화될 것이기에 종중의 구성원을 성년 남자로만 제한하는 종래의 관습법은 더 이상 법적 효력을 가질 수 없게 되었으며, 종중에 관한 구성원의 자격을 성년 남자로만 제한하는 종래 규범의 틀은 관습법이었다고 판시하였다.

다만, 위 전원합의체 판결의 소급효는 인정되지 않는다. 어느 종중에서 위 판결 이전에 미혼의 성년 여성에게도 종원자격을 부여하는 종중규약을 제정하였다고 하더라도 이는 이미 고유의미의 종중이 성립한 이후 종원자격을 임의로 확장한 것으로 종중의 본질에 반하여 무효이기에 그 이후 이러한 여성 종원들에 대한 소집통지를 누락하였다 하더라도 그 총회에서의 결의에 하자가 있는 것으로 볼 수는 없다고 판단하였다(대법원 2009. 8. 20. 선고 2008다30482, 2008다30499 판결).

[2] 성과 본의 변경

민법 제781조 제6항에 따라 자녀의 성과 본이 모의 성과 본으로 변경되었을 경우 성년의 그 자녀는 모가 속한 종중의 공동선조와 성과 본을 같이하는 후손으로서 당연히 종중의 구성원이 된다(대법원 2022. 5. 26. 선고 2017다260940 판결).

[3] 타가에 출계한 자

법원은 타가에 출계한 자와 그 자손은 친가의 생부를 공동선조로 하는 종중의 종원이 될 수 없다(대법원 1983. 2. 22. 선고 81다584 판결)고 판시하고 있다. 법원은 종중을 구성하는 종원의 지위에 대하여 성과 본을 같이 하는 종중은 공동선조의 분묘수호와 제사를 주된 목적으로 하는 자연발생적인 종족집단으로 공동선조의 후손 중 일부에 의하여 인위적인 조직행위를 거쳐 성립되는 사적 임의단체와 본질적으로 구별된다는 점에서 성과 본을 같이하더라도 타가에 출계한 자나 그 자손은 친가의 생부를 공동선조로 하는 종중에는 속하지 않는 것으로 보고 있다.

이와 관련하여 대법원과 배치되는 판결이 나오는데 서울고등법원은, 타가에 출계한 자 및 그 후손들도 엄연히 '생가의 공동선조와 성과 본을 같이하는 후손'인 이상 성년이 되면 당연히 그 공동선조의 분묘수호와 제사 및 종원 상호간의 친목 등을 목적으로 하여 구성되는 자연발생적인 종족집단의 구성원이 된다고 보아야 하고, 이와 달리 타가에 출계한 자와 그 자손은 친가의 생부를 공동선조로 하는 종중에는 속하지 않는다는 종래의 관습 내지 관습법은 변화된 우리의 전체 법질서에 부합하지 아니하여 정당성과 합리성이 있다고 할 수 없으므로 더 이상 효력을 가질 수 없다고 판시하고 있다(서울고등법원 2009. 10. 1. 선고 2009나4000 판결. 상고취하 확정).

위 판결은 사회의 거듭된 관행으로 생성된 사회생활규범이 관습법으로 승인되었다고 하더라도, 사회를 지배하는 기본적인 이념이나 사회질서의 변화로 그러한 관습법을 적용하여야 할 시점에 있어서의 전체 법질서에 부합하지 않게 되었다면 그러한 관습법은 규범으로서의 효력이 부정될 수밖에 없다고 보아야 할 것이고(대법원 2005. 7. 21. 선고 2002다13850 전원합의체 판결), 현행 가족법상 입양으로 인하여 양자와 양친 사이에 친족관계가 발생한다 하더라도 그 친생부모와 사이에 여전히 친자관계가 소멸되지 아니할 뿐더러 그 상속인의 지위를 잃지 않는다는 규정 등에 여러 사정을 설시하면서 위 판시를 하고 있고, 이러한 판시는 다른 하급심의 판결에서 볼 수 있다(수원지방법원 성남지원 2015. 12. 23. 선고 2015가합205327 판결, 대법원 심리불속행기각 확정).

[4] 입양무효

입양이 무효인 경우에는 그 입양에 의하여 생부의 선조를 시조로 하는 종중의 종원 자격을 상실하지 않는다고 할 것이고 사실상 양자로 행세한 것만으로 생부의 선조를 시조로 한 종중의 종원 자격을 상실한다고 할 수 없다(대법원 1994. 4. 26. 선고 93다32446 판결).

라. 종원의 권리와 의무

[1] 종중총회의 참여권, 피선거권

종원은 종중에 대하여 종중원의 지위에서 파생되는 제반 권리 예컨대, 종중의 의사결정에 참여할 수 있고, 종중임원의 피선거권이 있다. 종원이 아닌 자가 종중회장으로 선임된 총회결의는 무효이다(대법원 1994. 11. 22. 선고 93다40089 판결).

종원들은 종중재산에 대하여 종중원들의 총유로 소유하고 있고, 공유자나 합유자처럼 종원의 각 지분권이 없기에 종중재산에 관하여 그 사용수익을 할 권리는 없다. 종원이 종산에 분묘를 설치하기 위해서는 종중총회의 결의를 필요로 하고, 종중재산에 관하여는 종중총회 분배결의에 따른 분배청구권이 있을 뿐이다.

[2] 소송의 당사자

종원은 종중총회 결의 및 임원회의 결의가 부당하면 이에 대하여 그 결의의 하자를 총회결의 무효 확인, 임원회의결의 무효확인으로 구할 수 있다. 주체적으로 소송의 당사자가 되어 종중을 상대로 종중총회나 이사회결의 하자를 다툴수 있고, 위와 같은 소송에서 당사자적격을 가지고 있다. 다만, 종원이 그 지위에서 종중을 상대로 그 의사결정기관이 한 총회결의의 존재나 무효확인을 구하는 소송을 제기하였다가 그 소송계속 중에 사망하였다고 한다면 위 종원의 지위는 일신전속권으로서 상속의 대상이 된다고 할 수 없어 소송수계의 여지가 없으므로 소송은 종료된다(대법원 2004. 4. 27. 선고 2003다64381 판결).

종원인 이상 1인이라고 하여도 종중소유의 재산은 종중원의 총유로서 그 처분은 종중규약이 정한 바에 따르고, 만약 종중규약에 그러한 규정이 없을 때에는 종중총회의 결의에 따라야 하므로 종중원은 종중소유 재산의 처분에 관하여 구체적인 법률상 이해관계를 가진다(전주지방법원 2018. 8. 16. 선고 2017가합3504 판결. 대법원 심리불속행기각 확정).

[3] 총회소집청구권

종중의 의사결정기관은 종중총회이다. 종중대표자 선임, 종중재산의 처분과 분배 등 종중의 중요한 의사결정이 종중총회 결의에 의하여 이루어지거나, 일부 사심이 있는 종중임원 등으로 인하여 종중재산이 흐트러질 우려가 있을 때 위 소식을 접한 종원은 시급히 종중총회를 개최하여 사실적, 법적으로 대처하여야 할 필요가 있다. 사단법인의 사원총회와 관련하여 민법 제70조 제2항, 제3항은 총사원의 5분의 1 이상이 회의 목적사항을 제시하여 이사에게 사원총회의 소집을 청구할 권한을 부여하고, 위 요구를 받고서도 총회소집 절차를 밟지 아니하는 경우 청구한 사원은 법원의 허가를 얻어 총회를 소집할 수 있다고 규정하고 있다. 종중 역시 비법인 사단이기에 원칙적으로 위 규정은 준용될 것이다.

그런데, 종중의 구성원은 공동선조의 후손 중 성년인 사람은 당연히 종원이기에 민법의 사단에 관한 사원의 총회소집 청구권을 준용하여 전체 종원의 1/5 이상의 요건을 갖춘 종원을 갖추어 청구권을 행사하는 것은 사실상 어려운 점이 많이 있고, 그 요건의 충족여부에 대하여도 다툼이 많을 것이다. 특히 종중원이 많은 종중에 있어서 5분의 1의 요건을 갖추기에는 물리적으로 가능하지 않기도 하다. 때문에, 종중 정관에 일정 수의 종원에게 종중총회의 소집을 요청할 수 있는 규정을 두고 있는 종중이 많이 있다. 민법 제70조 제2항 후문도 정관에 달리 정함이 있으면 위 요건(총사원의 5분의 1)은 증감할 수 있다고 규정하고 있다. 다만, 종중의 규모에 비하여 소집을 요청하는 종원의 수가 너무 적거나, 전체 종원을 기준으로 비율적으로 종원의 수를 정한다고 한다면 이는 비효율적이고 다툼이 많아 지양할 것이지만 종중규모를 감안하여 예를 들면, 대략적으로 파악한 종중의 종원의 수가 500명 정도라고 한다면 약 30명 내지 50명 정도의 종원의 요청에 의하여 소집권자에게 총회소집 안건을 제시하여 소집을 요청할 수 있는 권한을 주는 내용의 정관규정은 합리적이라 할 것이다.

[4] 종원지위 존재 및 부존재확인의 소

종원지위 확인의 소는 종원이 종중에 대하여 종중원으로서의 지위에서 발생하는 현실적인 위험·불안을 제거하는 유효·적절한 수단이라고 인정되어야 그 확인의 이익이 있다고 할 수 있고, 반대로 어느 종원들이 종중의 구성원인 아님에도 불구하고 이를 다투고 있다면 종중이 그러한 종원들을 상대로 종원지위 부존재확인을 구하는 것이 가장 유효·적절한 수단이라고 한다면 이 역시 그 확인의 이익이 있다 할 것이다(대법원 2012. 9. 13. 선고 2012다47180 판결).

종원지위 부존재확인의 소송에서 간혹 부계혈연관계 확인을 위한 유전자검사를 실시하는 경우도 있지만, 법원은 관련 당사자 사이의 동일부계에 의한 혈연관계의 검사만으로 부족하고 공동선조의 유전자 검체에 대한 검사가 이루어지지 않은 이상 곧바로 동일부계에 의한 혈연관계가 배제된다고 단정할 수 없다고 판시하였다(서울고등법원 2011. 10. 25. 선고 2011나55629 판결, 대법원 상고기각 확정).

마. 종손

종원 중에 종손은 특별한 지위를 가지고 있었다. 종손이란 종가의 대를 이을 적장자손을 말한다. 과거 종법시대의 전통사회에서 종손, 종가집은 종중의 주요 행사나 업무의 결정권을 갖고 있었으나 현재 종손의 역할에 대한 관습은 변하였다.

그렇지만, 아직 일부 종중에 있어 종손인 종원에게 특별한 권한을 부여하는 경우가 있는데, 종중회칙에 종손에게 회장후보 추천권과 종무원 선출권을 함께 부여하고 있다는 점만으로 종중의 본질이나 설립목적에 반하여 무효라고 볼 수 없고(대법원 2008. 10. 9. 선고 2005다30566 판결), 어느 종중에 있어서 종중의 대표자는 관례대로 종손으로 이어져 내려오는 종중도 있다.

분묘의 수호관리나 봉제사에 대하여 현실적으로 또는 관습상 호주상속인인 종손이 그 권리를 가지고 있다면 그 권리는 종손에게 전속되는 것이나, 공동선조의 후손들로 구성된 종중이 선조 분묘를 수호·관리하여 왔다면 분묘의 수호

관리권 내지 분묘 기지권은 종손이 아닌 종중에 귀속된다(대법원 2015. 1. 15. 선고 2013다39650 판결).

임야의 소유권에 터 잡아 분묘의 철거를 청구하려면 분묘의 설치를 누가 하였건 그 분묘의 관리처분권을 가진 자를 상대로 하여야 하고, 종손이 있는 경우라면 그가 제사를 주재하는 자의 지위를 유지할 수 없는 특별한 사정이 있는 경우를 제외하고는 일반적으로 선조의 분묘를 수호·관리하는 권리는 그 종손에게 있다고 봄이 상당하다. 따라서, 종손이 아닌 자가 제사주재자로서 분묘에 대한 관리처분권을 가지고 있다고 하기 위하여는 우선 종손에게 제사주재자의 지위를 유지할 수 없는 특별한 사정이 있음이 인정되어야 한다(대법원 2009. 5. 14. 선고 2009다1092 판결).

공동선조에 대한 제사를 지내는 종중 내에서 단순한 제사주재자의 자격에 관한 시비 또는 제사 절차를 진행할 때에 종중의 종원 중 누가 제사를 주재할 것인지 등과 관련하여 제사주재자 지위의 확인을 구하는 것은 그 확인을 구할 법률상 이익이 없다고 한다(대법원 2012. 9. 13. 선고 2010다88699 판결).

판례는 종중 소유의 위토가 종손에게 상속된다는 관습도 이를 부정하고 있으며(대법원 1991. 3. 27. 선고 91다3741 판결), 종중소유 토지가 종손에게만 명의신탁하여야 한다는 관습도 존재하지 아니하고 종중재산의 관리권이 종손에게만 있는 것도 아닐 뿐더러 종중재산을 종손 아닌 종원에게 명의신탁함이 관습에 어긋나는 것도 아니다 라고 판시하였다(대법원 1993. 6. 25. 선고 93다9200 판결).

바. 문장(종장)과 유사

문장(종장)은 나이 많은 종원 중에서 학식과 인품이 뛰어난 자를 지정하는 것으로 선출에 의한 것이 아니라 자연적으로 정해진다. 유사는 문장의 지휘감독 아래 종중의 실무를 담당하는 보직이다.

어느 종중에 문장은 항상 선임되어 있지는 않을 것이다. 종중의 대표자를 선임하기 위한 종중총회 당시 문장이 선임되어 있지 아니하고 그 선임에 관한 종중규약이나 특별한 관례가 없으면 생존하는 종중원 중 연고항존자가 문장이 되어 총회를 소집하는 것이 우리나라의 일반관습이다(대법원 1997. 2. 28. 선고 95다44986 판결).

종중의 문장 아닌 자가 소집통지도 없이 종원 9명과 함께 자신을 대표자로 선임한 결의 및 그 후 그가 소집한 종중총회에서 한 결의는 그 효력이 없다(대법원 1990. 11. 13. 선고 90다카11971 판결).

사. 연고항존자

(1) 의의

연고항존자는 종중원 중에서 항렬이 가장 높고 나이가 많은 종원을 의미한다. 앞서 본 종장(문장)이란 종중 내에서 항렬, 나이, 학문, 인품이 높은 종원 중에서 주로 학문이나 덕망이 높아 종중을 이끌어 가는 종원을 말한다. 때문에 종장(문장)이 존재하는 종중은 없을 수도 있지만 어느 종중의 연고항존자는 반드시 존재하며 그 특정이 가능하다.

법원은, 평소 종장이나 문장이 선임되어 있지 아니하고 그 선임에 관한 종중규약이나 관례가 없다면 생존하는 종중원 중에서 항렬이 가장 높고 나이가 많은 연고항존자가 종장 또는 문장이 되는 것이 우리나라 일반 관습이다(대법원 1997. 2. 28. 선고 95다44986 판결)라고 판시한다.

1938. 6. 30. 대구 복심법원이 중추원에 보낸 종중재산관리 대표자 선정과 종중에서 대표자를 선정하는 관습에 관한 사실조회결과에 의하면 종중대표자의 선정 방법에 대한 특별한 규약이 없을 때는 그 종중의 총회에 부의하여 선정하는 것이 일반적인 관습이고, 종회 소집은 특별한 규약이 없을 때는 관습상 종장(통속적으로는 문장, 혹은 도문장이라고도 함)이 행하는 것이 보통이다. 종중재산의 관리 또는 처분에 관해 대표자를 선정하기 위해 행하는 총회소집의 경우에도 다를 바가 없다고 회신하였다.

[2] 연고항존자의 특정

연고항존자는 족보 등의 자료에 의하여 형식적. 객관적으로 정하여지나, 이에 따라 정하여지는 연고항존자의 생사가 불명한 경우나 연락이 되지 아니한 경우도 있으므로 사회통념상 가능하다고 인정되는 방법을 생사 여부나 연락처를 파악하여 연락이 가능한 범위 내에서 종중총회 소집권을 행사할 연고항존자를 특정하면 충분하다(대법원 2015. 8. 27. 선고 2013다93579 판결).

연고항존자를 특정함에 있어 여성을 제외할 이유가 없기에 여성 종원이 연고항존자이어도 그것으로 충분하다(대법원 2010. 12. 9. 선고 2009다26596 판결).

한편, 연고항존자 및 종중총회의 소집대상이 되는 종원의 범위를 확정할 때 족보 등이 발간되었다고 한다면 그 족보의 기재가 잘못되었다는 특별한 사정이 없는 한 그 족보에 의하여 연고항존자 및 소집대상이 되는 종원의 범위를 확정하여야 하고 그 족보는 반드시 사건당사자인 종중이 발간한 것일 필요는 없고 그 종중의 대종중 등이 발간한 것이라도 무방하며, 연고항존자인지 여부는 원칙적으로 법원이 제출된 증거를 취사 선택하여 자유로운 심증에 따라 인정할 수 있는 것이기는 하나 족보를 살펴보아야 할 것이라고 한다면 그 족보를 포함하여 판단함이 상당하다(대법원 2008. 10. 29. 선고 2009다45740 판결).

[3] 종중대표자 선임을 위한 총회소집권

연고항존자는 종중이 일정한 상황에 처한 경우 본인이나 특정인에게 위임하여(대법원 2012. 3. 15. 선고 2011다77054 판결) 종중대표자 선임을 위한 총회소집 권한이 있다. 종중 대표자의 선임과 관련하여 판례는, 종중대표자는 종중규약이나 관례가 있으면 그에 따라 선임하고 그것이 없다면 종장 또는 문장이 종원 중 성년 이상의 사람을 소집하여 선출하며, 평소에 종중에 종장이나 문장이 선임되어 있지 아니하고 선임에 관한 규약이나 관례가 없다면 현존하는 연고항존자가 종장이나 문장이 되어 종원에게 통지하여 종중총회를 소집하고 그 회의에서 종중대표자를 선임하는 것이 일반 관습이다(대법원 2013. 12. 26. 선고 2012다68156 판결)라고 판시하고 있다.

한편, 연고항존자가 소집권한이 있다고 하여 소집권한 없는 자에 의하여 소집된 총회에 연고항존자가 참석하여 총회소집이나 대표자 선임에 관하여 이의하지 아니한 사실만으로 연고항존자의 동의에 의하여 소집된 것이라거나 소집절차상의 하자가 치유되어 적법하게 되지는 아니한다(대법원 1993. 3. 9. 선고 92다42439 판결).

종중의 대표 자격이 있는 연고항존자가 직접 종회를 소집하지 아니하였더라도 그가 다른 종중원의 종회 소집에 동의하여 그 종중원으로 하여금 소집케 하였다면 그와 같은 종회 소집을 전혀 권한 없는 자의 소집이라고 볼 수도 없다(대법원 2018. 12. 28. 선고 2016다260400, 2016다260417판결).

[4] 차석 연고항존자

종중의 규약에 따른 적법한 총회 소집권자 또는 종중의 연고항존자가 정당한 이유 없이 종중원들의 종중총회 소집요구에 응하지 않는 경우, 차석 연고항존자 또는 발기인이 소집권자를 대신하여 총회를 소집할 수 있고, 이 경우 차석 연고항존자의 총회소집 권한은 종중대표자의 선임을 위한 경우에만 국한하지 않는다(대법원 2020. 4. 9. 선고 2019다286304 판결).

06 종중대표자

가. 의의

종중 대표자는 비법인 사단인 종중의 집행기관이다. 고유의미의 종중은 자연 발생적으로 성립하기 때문에 성문화된 정관이 반드시 필요한 것은 아니고, 그 성립을 위해서는 어느 정도 유기적인 조직이 필요한 것이지 반드시 대표자가 선임되어 있어야 하는 것도 아니다. 따라서 종중이 성립되어 존재하는 종중의 실체와 관련하여 종중의 대표자가 반드시 있어야 하는 것은 아니지만, 종중이 대외적으로 법률행위를 하기 위해서는 적법한 대표자가 선임되어 있어야 한다.

종중에 대표자가 계속하여 선임되어 있지 않고 필요할 때마다 이를 선임한 경우라고 하여도 종중의 당사자능력이 없다 할 수 없다. 종중의 대표자는 종중의 규약이 있으면 그에 따라 선임하고, 그것이 없는 때에는 관습에 의하여 선임하는 것으로서 그 대표자가 계속하여 선임되어 있지 않았다 하여 종중의 당사자능력이 없다고 할 수 없다(대법원 1968. 4. 30. 선고 67다2622 판결).

나. 대표자 선임

(1) 대표자 선임방법

종중대표자는 그 선임에 있어서 종중규약이나 일반관례가 있으면 그에 따라 선임하고 선임에 관한 규약 등이 없다면 종장 또는 문장이 그 종중원 중 성년

이상의 자를 소집하여 출석 과반수 결의로 선출하며(대법원 1994. 11. 11. 선고 94
다17772 판결), 평소에 종중의 종장이나 문장이 선임되어 있지 아니하고 선임에
관한 규약이나 일반관례가 없으면 연고항존자가 종장이나 문장이 되어 국내에
거주하고 소재가 분명한 종중원에게 통지하여 종중총회를 소집하고 그 회의에
서 종중대표자를 선임하는 것이 일반관습이다(대법원 1997. 11. 14. 선고 96다
25715 판결).

  종장이나 연고항존자라고 하여도 그것만으로 당연히 종중재산에 대한 대표
권을 갖는 것은 아니고 종중대표자를 선임하여야 한다(대법원 1983. 12. 13. 선고
83다카1463 판결). 그리고 종중의 규약이나 종중의 일반관례는 종중마다 다르기
에 종중회장의 선임에 관한 관례가 있으면 법원은 해당 종중의 관례에 따른 종
중회장의 적법성을 인정한다. 종손이 종중의 대표자는 아니지만 해당 종중의
관례가 종손이 종중대표자로 이어져 내려왔다고 하면 이러한 종중에서 그 대표
자는 종손이 되기도 한다.

  종중 대표자의 선임을 위한 종중총회의 결의가 유효하기 위하여는 총회가 적
법한 소집권자에 의하여 소집되었을 것을 요하므로 종중총회가 종중규약에 따
르지 않고 적법한 소집권자에 의하여 소집되지 아니한 경우에는 위 총회에서의
대표자 선임결의는 효력이 없다(대법원 1992. 11. 27. 선고 92다34124 판결 참조).

(2) 외관상 종중대표자

  부동산등기법은 등기의 명의인이 될 수 있는 정도의 실체를 갖추지 못한 단
체의 명의로 된 등기는 부적법하여 그 효력이 없고(대법원 2012. 3. 15.자 2010마
141 결정), 부동산등기용 등록번호는 부여절차에서 단체의 실체나 대표자의 자
격이 실질적으로 심사되지 않는 점에 비추어 그것만으로 단체의 실체를 갖추고
있거나 대표자로 표시된 자가 적법한 대표자라고 보기 어렵다(대법원 1994. 11.
11. 선고 94다14094 판결, 대법원 1999. 7. 27. 선고 99다9523 판결). 따라서 종중명
의의 부동산등기용등록증명서, 어느 부동산에 대한 등기부등본에 종중의 대표
자로 지정되어 있는 자가 종중의 적법한 대표자로 단정할 수는 없다.

  한편, 종중이 당사자인 사건에 있어서 그 종중의 대표자에게 적법한 대표권

이 있는지 여부는 소송요건에 관한 것으로 법원의 직권조사사항이다(대법원 2002. 5. 14. 선고 2000다42908 판결). 진행되는 소송에서 적법한 대표권이 있는지 여부가 소송의 쟁점이 되는 경우 법원은 당사자인 종중에 이에 관한 석명을 구하지만 더 나아가 사실과 증거를 탐지하여 조사하는 것은 아니기에(대법원 1984. 11. 27. 선고 84누462 판결) 석명의무자인 종중에게 그 입증책임이 있다(대법원 1997. 7. 25. 선고 96다39301 판결).

다. 대표자의 권한과 의무

[1] 총회소집권

적법하게 선출된 대표자는 종중을 대표하여 법률행위를 할 수 있다. 종중의 대표자는 종중재산의 관리·처분에 관한 사무를 처리함에 있어 종중규약 또는 종중총회의 결의에 따라야 함은 물론 선량한 관리자로서의 주의를 다하여야 할 의무가 있다(대법원 2018. 1. 25. 선고 2017다274666 판결). 이에 종중의 대표자는 종중재산의 관리 및 처분행위가 필요한 경우 종중정관의 정하는 바에 의하여 종중총회를 소집할 권한이 있다.

그리고 종중 소유의 재산은 종중원의 총유에 속하는 것이므로 그 관리 및 처분에 관하여 먼저 종중규약에 정하는 바가 있으면 이에 따라야 하고, 그 점에 관한 종중규약이 없으면 종중총회의 결의에 의하여야 하므로 비록 종중대표자에 의한 종중재산의 처분이라고 하더라도 그러한 절차를 거치지 아니한 채 한 행위는 무효이다(대법원 2000. 10. 27. 선고 2000다22881 판결).

법원의 허가로 임시총회가 소집된 경우, 같은 기일에 종중대표자가 다른 임시총회를 소집할 수 있는지와 관련하여 법원은, 종중 정관규정에 따른 소수 대의원이 법원의 허가를 받아 임시총회를 소집한 경우 종중의 기관으로서 소집하는 것으로 보아야 할 것이고 종중의 대표자라도 위 소수의 대의원이 법원의 허가를 받아 소집한 임시총회의 기일과 같은 기일에 다른 임시총회를 소집할 권한은 없게 된다고 보아야 한다(대법원 1993. 10. 12. 선고 92다50799 판결)고 판시하고 있다.

(2) 선량한 관리자의 주의의무

종중과 종중의 임원은 위임에 유사한 계약관계로 종중임원은 종중재산의 관리 처분에 관한 사무를 처리함에 있어 종중규약 또는 종중총회의 결의에 따라야 함은 물론 선량한 관리자로서의 주의의무를 다하여야 할 의무가 있다(대법원 2017. 10. 26. 선고 2017다231249 판결).

라. 대표자의 소송상 지위

비법인 사단이 민사소송에서 당사자능력을 가지려면 일정한 정도로 조직을 갖추고 지속적인 활동을 하는 단체성이 있어야 하고 또한 그 대표자가 있어야 하므로(민사소송법 제52조) 종중이 원고가 되어 적극적 당사자가 되기 위해서는 종중대표자가 선임되어 있어야 한다. 만일 종중이 실재하지 아니하거나 대표자의 자격이 인정되지 아니하면 그 소는 부적법하여 각하된다(대법원 1992. 9. 22. 선고 92다15048 판결).

종중의 대표자에게는 민사소송법 가운데 법정대리와 법정대리인에 관한 규정을 준용하고, 대표권이 있는 사실은 서면으로 증명하여야 하며, 종중 대표자가 대표권을 잃은 때에 소송절차는 중단되고, 이 경우 종중 대표자가 된 사람이 소송절차를 수계하여야 하나, 소송대리인이 있는 경우에는 소송절차가 중단되지 아니한다(대법원 2008. 4. 10. 선고 2007다28598 판결).

종중의 대표자에게 적법한 대표권이 있는지의 여부는 소송요건에 관한 것으로서 법원의 직권조사사항이기에 자백의 대상이 될 수 없다(대법원 1982. 3. 9. 선고 80다3290 판결).

따라서 법원으로서는 이미 제출된 자료들에 의하여 그 대표권의 적법성에 의심이 갈만한 사정이 엿보인다면 상대방이 이를 다투지 않더라도 이에 관하여 심리, 조사할 의무가 있지만(대법원 1991. 10. 11. 선고 91다21039 판결), 종중의 대표자를 자처하면서 소송을 제기한 자에게 적법한 대표권이 없다는 사실이 밝혀지면 법원은 이 사유를 들어 소를 각하하면 족하고 종중에 대표자표시 정정을 촉구할 의무는 없다(대법원 1993. 3. 12. 선고 92다48789 판결).

한편, 당사자는 소장에 기재된 표시 및 청구의 내용과 원인 사실을 종합하여 확정하여야 하며, 당사자표시 변경은 당사자로 표시된 자의 동일성이 인정되는 범위 내에서 그 표시만을 변경하는 경우에 한하여 허용된다(대법원 1986. 9. 23. 선고 85누953 판결, 대법원 1995. 12. 5. 선고 95누1484 판결). 따라서 종중의 대표자로서 소송을 제기한 자가 그 종중 자체로 당사자표시 변경신청을 한 경우 그 당사자표시 정정신청이 허용될 수 있는지 문제가 되는데 이 경우 그 소의 원고는 자연인인 대표자 개인이고 그와 종중 사이에 동일성이 인정된다고 할 수 없어 당사자표시정정은 허용되지 아니한다(대법원 1996. 3. 22. 선고 94다61243 판결).

마. 종중대표자의 임기만료, 사임과 해임

(1) 임기만료

종중대표자는 그 임기가 만료되면 대표자의 지위를 상실한다. 그런데 임기가 만료 되었음에도 불구하고 후임자의 선임이 없거나 또는 그 선임이 있었다고 하더라도 그 선임결의가 무효인 경우 전임회장의 종중 업무수행이 가능한 가와 관련하여 법원은, 전임회장으로 하여금 업무를 수행케 함이 부적당하다고 인정할 만한 특별한 사정이 없는 한 전임회장은 후임자가 선임될 때까지 종전의 직무를 수행할 수 있다 할 것이다. 이러한 경우에는 전임회장은 그 임기만료 이후로도 직무수행의 일환으로서 별도의 회장을 선임한 총회 결의의 하자를 주장하여 그 무효 확인을 구할 법률상의 이익이 있다(대법원 2001. 7. 27. 선고 2000다56037 판결)고 한다.

종중대표자의 임기가 만료하였는데 후임 대표자가 선출되지 않은 경우, 임기만료된 대표자에게 후임 대표자를 선출하기 위한 종중 임시총회를 소집할 권한이 있는지에 관하여, 종중대표자의 임기가 만료하였음에도 불구하고 후임 대표자가 선출되지 않은 경우 임기 만료된 대표자로 하여금 그 업무를 수행케 함이 부적당하다고 인정할 만한 특별한 사정이 없는 한 임기 만료된 대표자에게는 후임 대표자를 선출하기 위한 종중 임시총회를 소집할 권한이 있다(대법원 1992. 9. 14. 선고 91다46830 판결).

(2) 대표자 사임

법인격 없는 사단인 종중과 그 기관인 이사와의 관계는 위임에 유사한 계약 관계로서 수임자인 이사는 언제라도 사임할 수 있고(민법 제689조 제1항), 이 경우 종중규약 등에 특별한 정함이 없는 한 사임의 의사표시는 대표자에게 도달함으로써 효력이 발생한다 할 것이다. 종중의 대표자가 사임하는 경우에는 대표자의 사임으로 그 권한을 대행하게 될 자에게 도달한 때에 사임의 효력이 발생하고 이와 같이 사임의 효력이 발생한 뒤에는 이를 철회할 수 없다. 따라서, 종회 회장이 회장 유고 시 직무대행자인 부회장에게 사임서를 제출한 후 총회에서 그 사임수리 결의를 하였다 하여도 그 결의의 부존재 또는 무효 확인을 구하는 청구는 소의 이익이 없다(대법원 1991. 5. 10. 선고 90다10247 판결).

종중 규약에 종중의 대표자 유고 시의 직무대행자에 관한 규정이 있는 경우에는 사임한 회장은 종중 규약에 정해진 직무대행자의 선출이 아닌, 기존회장을 유임시키거나 새로운 회장을 선출하기 위한 대의원총회를 소집할 권한이 없으며(대법원 2006. 10. 27. 선고 2006다23695 판결), 임기 만료된 대표자에게는 별다른 급박한 사정도 없이 이미 이사회의 결의에 의하여 구성된 새로운 임원진의 구성을 변경하기 위한 임시이사회를 소집할 권한은 없다(대법원 2021. 8. 12. 선고 2021다217578 판결).

종중과 같은 비법인 사단의 대표자인 회장의 사임 등에도 불구하고 후임자 등의 선임이 없거나 또는 그 선임이 있었다고 하더라도 그 선임결의가 무효인 경우, 전임회장으로 하여금 업무를 수행케 함이 부적당하다고 인정할 만한 특별한 사정이 없는 한 전임회장은 후임자 등이 선임될 때까지 종전의 직무를 수행할 수 있다(대법원 2001. 7. 27. 선고 2000다56037 판결 참조).

그러나 권리능력 없는 사단의 임기 만료된 대표자의 사무처리에 대하여 유추 적용되는 민법 제691조는 종전 대표자가 임기만료 후에 수행한 업무를 사후에 개별적·구체적으로 가려 예외적으로 그 효력을 인정케 하는 근거가 될 수 있을 뿐, 그로 하여금 장래를 향하여 대표자로서의 업무수행권을 포괄적으로 행사하게 하는 근거가 될 수는 없는 것이고(대법원 2003. 7. 8. 선고 2002다74817 판결), 사임한 회장의 업무 수행권은 종중과 같은 비법인 사단이 정상적인 활동을 중단하게 되는 처지를 피하기 위하여 보충적으로 인정되는 것임에 비추어 별다른 급박한 사정이 없는 한 종회 규약에서 정하고 있는 직무대행자 선출을 위한 것이 아닌 새로운 회장의 선출 등을 위한 총회를 소집하여 이를 제안하는 것과 같은 일은 사임한 회장에게 수행케 함이 부적당한 임무에 해당한다(대법원 1997. 6. 24. 선고 96다45122 판결).

(3) 대표자 해임

종중대표자의 해임과 관련하여 종중정관에 대표자 해임에 관한 요건과 절차에 관한 규정이 있으면 종중총회 등 정관에서 정한 바에 의하여 해임총회를 개최하여 의결하면 될 것이다. 그리고 적법한 종중총회에서 대표자의 지위가 해임되었음에도 불구하고 이를 부인하면서 대표자의 권한을 행사한다고 한다면 대표자지위 부존재확인청구의 소와 함께 이를 본안으로 한 가처분을 신청할 수 있고, 이러한 가처분은 임시지위를 구하는 가처분으로 허용된다 할 것이다.

한편, 종중 규약에 따로 해임사유가 규정되어 있지 아니함에도 임기 중에 있는 회장에 대한 해임을 결의한 경우, 이는 실질적으로 회칙의 개정에 해당하여 적법하므로, 정관 개정에 필요한 의결정족수가 따로 규정되어 있지 않다면 참석 종원의 과반수 의결로써 회칙개정에 준하는 해임 결의를 할 수 있다고 한다 (대법원 1998. 10. 23. 선고 97다4425 판결).

그런데, 종중대표자의 부정행위가 중대하여 종중의 존립기반을 위태롭게 한다는 이유로 법원에 해임청구의 소를 제기하고 이를 피보전권리로 하여 직무집행정지가처분과 직무대행자선임 가처분을 신청하면 가능한가.

이와 관련하여 법원은, 기존 법률관계의 변경, 형성의 효과를 발생함을 목적으로 하는 형성의 소는 법률에 특별한 규정이 있는 경우에 한하여 허용되는 것이고, 법률상의 근거가 없는 경우에는 허용될 수 없기에(대법원 1997. 10. 27.자 97마2269 결정, 대법원 1993. 9. 14. 선고 92다35462 판결), 종중의 대표자나 임원이 종중업무에 관하여 위법행위 및 정관위배행위 등을 하였다는 이유로 그 해임을 구하는 소송은 형성의 소에 해당하는데, 이를 제기할 수 있는 법적 근거가 없으므로, 대표자나 이사의 직무집행정지 가처분은 허용될 수 없다고 한다(대법원 2001. 1. 16. 선고 2000다45020 판결 참조).

따라서 종중 회장에 대한 해임청구의 소가 종중회장으로서의 개별적인 행위의 금지라는 이른바 부작위의무의 이행을 구하는 것이 아닌 종중 회장의 직무권한의 박탈이라는 형성적 효력을 발생시키는 것을 내용으로 하는 형성의 소에 해당하는 경우에는 해임청구는 부적법하여 각하된다(광주지방법원 2021. 9. 10. 선고 2020가합57498 판결. 항소기각 확정).

바. 대표자의 유고

종중정관이 작성되어 운영되고 있는 종중에 있어서 정관에 종중대표자의 유고 시 대표자의 업무를 대행하는 종원(종중 부회장 또는 총무)을 지정하여 놓는 경우가 있다. 이때 대표자의 '유고'의 해석과 관련하여 문제가 발생하기도 한다.

일반적으로 대표자의 유고란, 대표자가 사망ㆍ질병 등 기타 부득이한 사정(직무집행정지 가처분결정의 확정 등)으로 인하여 그 직무를 집행할 수 없게 된 경우를 말한다(대법원 2008. 12. 11. 선고 2006다57131 판결, 대법원 2010. 5. 13. 선고 2009다101251 판결).

따라서 설령 대표자가 종중과 이해상반 되는 지위에 있다고 하더라도, 법원의 직무집행정지 가처분결정이 확정되는 등의 사정이 없는 이상, 그러한 사유만으로 위 정관 소정의 유고 시에 해당한다고 볼 수는 없고(대법원 2010. 5. 13. 선고 2010다3384 판결), 종중규약(회칙)에 특단의 규정이 없는 한 종중대표자가 외국에 이주(이민)하였다는 사유만으로 대표권을 상실한다 할 수 없다(대법원 1992. 12. 8. 선고 91다23981 판결).

다만, 종중의 대표자로 재임 중 외국으로 이민가서 종중총회의 소집 시는 물론 총회일에도 그곳에서 거주하다가 그 후 비로소 귀국하였다면 위 종중의 대표자로서 직무를 집행하기 곤란하게 되어 종중의 정관에 정해진 유고 시에 해당되어 종중의 부회장에게 총회를 소집할 권한이 있다고 보아야 할 것이다(대법원 1992. 2. 28. 선고 91다30309 판결).

사. 특별대리인

[1] 민법 제64조 특별대리인

비법인 사단과 그 대표자 사이의 이익이 상반되는 사항에 관한 소송행위에 있어서는 위 대표자에게 대표권이 없으므로, 달리 위 대표자를 대신하여 비법인 사단을 대표할 자가 없는 한 이해관계인은 민법 제63조의 규정에 의하여 특별대리인의 선임을 신청할 수 있고 그 관할은 비송사건절차법 제33조 제1항에 의하여야 한다(대법원 2014. 5. 7.자 2014마397 결정).

[2] 민사소송법 제62조 특별대리인

비법인 사단의 대표자가 없거나 대표권을 행사할 수 없는 경우, 대표자가 사실상 또는 법률상 장애로 대표권을 행사할 수 없는 경우, 대표자의 불성실하거나 미숙한 대표권 행사로 소송절차의 진행이 현저하게 방해받는 경우에 구 민사소송법(2016. 2. 3. 법률 제13952호로 개정되기 전의 것) 제64조에 의해 준용되는 법 62조의 규정에 따라 선임된 특별대리인, 즉 소송상 특별대리인은 법인 아닌 사단의 대표자와 동일한 권한을 가져 소송수행에 일체의 소송행위를 할 수 있으므로 위 특별대리인은 특별한 사정이 없는 한 법인을 대표하여 수행하는 소송에 관하여 상소를 제기하거나 이를 취하할 권리를 가지고 있다(대법원 2018. 12. 18. 선고 2016다210849, 210856 판결).

그리고 민사소송법 제62조에 의하여 수소법원이 특별대리인을 선임한 경우, 특별대리인이 본인을 대리하여 소송사건의 판결에 따른 권리를 처분할 수 없다(대법원 2012. 8. 31. 선고 2012다38216 판결). 더 나아가, 이러한 피고 종중의 특별대리인은 이 사건 소송을 위하여 선임된 대리인이고 그 특별대리인은 피고 종중의 대표자에 갈음하여 소송수행과 관련한 소송행위 등을 할 수 있는 권한이 있을 뿐이고 피고 종중의 총회소집과 같은 실체법상의 권한은 여전히 피고 종중의 대표자 또는 연고항존자에게 남아 있다(서울고등법원 2012. 2. 23. 선고 2011나18576 판결).

아. 임시회장

(1) 근거규정

민법 제63조는 이사가 없거나 결원이 있는 경우에 이로 인하여 손해가 발생할 염려가 있는 때에는 법원은 이해관계인이나 검사의 청구에 의하여 임시이사를 선임하여야 한다 라고 규정되어 있다. 이사가 없는 사이에 긴급한 사무를 처리하지 못하거나 의사표시를 수령하지 못하면 법인이나 제3자에게 손해가 생길 염려가 있으므로 법원은 임시이사를 선임하여 임시로 이사의 업무를 처리하도록 함으로써 그 손해를 방지하도록 한 것이다.

이러한 민법의 임시이사 선임 규정이 비법인 사단에도 준용되는가에 관하여 법원은, 민법 제63조는 법인의 조직과 활동에 관한 것으로서 법인격을 전제로 하는 조항은 아니고, 법인 아닌 사단이나 재단의 경우에도 이사가 없으면 결원이 생길 수 있으며, 통상의 절차에 따른 새로운 이사선임이 극히 곤란하고 종전 이사의 긴급처리권도 인정되지 아니하는 경우에는 사단이나 재단에도 유추 적용할 수 있다고 한다(대법원 2009. 11. 19.자 2008마699 전원합의체 결정).

(2) 이해관계인 및 선임요건

임시회장의 선임을 신청할 수 있는 '이해관계인'은 임시회장이 선임되는 것에 관하여 법률상의 이해관계가 있는 자로서 그 법인의 다른 이사, 사원 및 채권자를 포함하고, 선임의 요건으로 정하고 있는 '이사가 없거나 결원이 있는 경우'라 함은 이사가 전혀 없거나 정관에서 정한 인원수의 부족이 있는 경우를 말하고 '이로 인하여 손해가 생길 염려가 있는 때'라 함은 통상의 이사 선임절차에 따라 이사가 선임되기를 기다릴 때에 법인이나 제3자에게 손해가 생길 우려가 있는 것을 의미한다(위 전원합의체 결정).

자. 대표자지위 존부 확인의 소

종중대표자지위 확인의 소는 종중의 대표자라고 주장하는 자가 자신의 대표자의 지위를 부인하고 있는 종중을 상대로 대표자 지위에 대한 불안·위험을 제거하기 위하여 대표자 지위의 확인을 구하는 소이다. 소의 상대방은 종중을 상대로 하여야 한다.

종중 대표자라고 주장하는 자가 종중을 상대로 하지 않고 종중원을 상대로 하여 대표자 지위의 적극적 확인을 구하는 소송은, 만일 그 청구를 인용하는 판결이 선고되더라도 그 판결의 효력은 당해 종중에 미친다고 할 수 없기 때문에 대표자의 지위를 둘러 싼 당사자들 사이의 분쟁을 근본적으로 해결하는 가장 유효적절한 방법이 될 수 없고 따라서 확인의 이익이 없어 부적법하다고 할 것이다(대법원 1998. 11. 27. 선고 97다4104 판결).

반대로, 대표자지위 부존재확인의 소는 법률상 이해관계를 가지는 종원이 종중을 상대로 당해 종중의 종중총회에서 대표자로 선출된 어느 사람이 종중의 대표자지위에 있지 아니함을 구하는 소로 그 소가 원고들의 권리 또는 법률상의 지위의 현존하는 불안·위험을 제거하기 위한 적절한 수단이면 확인의 이익이 있다(창원지방법원 통영지원 2018. 8. 16. 선고 2017가합11762 판결. 대법원 심리불속행기각 확정).

차. 종중대표자의 직무집행정지

[1] 문제의 제기

종중대표자의 선임에 관한 종중총회에 흠이 있어 그 총회결의가 무효라고 한다면 위 총회에서 선임된 종중대표자는 종중회장이 아니기에 동인이 종중부동산을 처분하는 등의 법률행위를 하거나 종중이 당사자로 된 소송에 있어 소송행위는 효력이 없고, 그 피해는 종중뿐만 아니라 상대방에게도 공히 미친다. 이러한 급박한 위험을 방지하기 위하여 종원 등 이해관계인은 임시지위를 정하는 가처분으로 종중대표자의 직무집행의 정지를 신청한다.

종중대표자의 직무집행정지 및 직무대행자 선임을 구하는 가처분신청은 성질상 민사집행법 제300조 제2항에 규정된 임시의 지위를 정하는 가처분에 해당한다. 이 경우 가처분은 다툼 있는 권리관계에 관하여 그것이 본안소송이 확정될 때까지 사이에 가처분권리자가 현재의 현저한 손해를 피하거나 급박한 위험을 방지하기 위하여 또는 기타의 이유가 있는 때에 한하여 허용되는 응급적, 잠정적인 처분이다(대법원 2014. 6. 27.자 2011마1915 결정).

(2) 신청인 및 피신청인

임시의 지위를 정하기 위한 가처분은 가처분의 성질상 그 주장 자체에 의하여 다툼이 있는 권리관계에 관한 정당한 이익이 있는 사람이 신청할 수 있고, 그 경우 그 주장 자체에 의하여 신청인과 저촉되는 지위에 있는 사람을 피신청인으로 하여야 한다(대법원 1997. 7. 25. 선고 96다15916 판결, 대법원 2011. 4. 18.자 2010마1576 결정). 피신청인 적격과 관련하여 법원은 대표자 개인에게 피신청인 적격이 있고, 종중에는 적격이 없다고 한다(대법원 1997. 7. 25. 선고 96다15916 판결).

따라서 가처분의 본안소송이 되는 당해 대표자를 선임한 총회결의 무효 확인소송 등에서는 종중만이 피고 적격이 있고 이 경우 무효 확인의 대상이 된 결의에 의해 선임된 대표자가 종중의 대표가 되며 만일 그 대표자에 대한 가처분상의 직무대행자가 있다면 그 직무대행자가 종중을 대표하게 된다(서울고등법원 2010. 8. 16.자 2010라1056 결정).

비법인 사단의 이해관계인이 임기 만료된 대표자의 직무수행금지를 청구한 경우 후임 대표자 선임시까지 구 대표자의 업무수행권을 인정하는 정관의 규정이나 민법 제691조만을 근거로 위 청구를 배척할 수 있는지와 관련하여 법원은, 종중 대표자의 임기만료나 사임 등의 경우 적법한 후임자가 선임될 때까지 전임 대표자에게 종중규약이나 민법 제691조(위임종료 시의 긴급사무처리)의 규정이 유추 적용되어, 구 대표자로 하여금 비법인 사단의 업무를 수행케 함이 부적당하다고 인정할 만한 특별한 사정이 없고 종전의 직무를 구 대표자로 하여금 처리하게 할 필요가 있는 경우에 한하여 후임 대표자가 선임될 때까지 임기 만료된 구 대표자에게 대표자의 업무를 수행할 수 있는 업무수행권이 인정되는 것이고, 이 때 임기만료된 대표자의 업무수행권은 급박한 사정을 해소하기 위하여 그로 하여금 업무를 수행하게 할 필요가 있는지를 개별적·구체적으로 가려 인정할 수 있는 것이지 임기만료 후 후임자가 아직 선출되지 않았다는 사정만으로 당연히 포괄적으로 부여되는 것이 아니라고 할 것이므로, 비법인 사단의 사원 기타 이해관계인이 임기가 만료된 대표자의 직무수행금지를 소구하여 올 경우 위와 같은 정관의 규정이나 민법 제691조만을 근거로 이를 배척할 수는 없다고 할 것이다고 판시하였다(대법원 2006. 10. 27.자 2005마10 결정).

[3] 피보전권리

종중 대표자의 직무집행을 정지하여 달라는 가처분신청을 하는 경우 대표자 선임결의의 하자를 주장하거나 대표자 지위의 부존재를 그 피보전권리로 한다. 종중대표자 선임에 대한 총회결의나 임원회의 결의에 하자가 있게 되면 위 총회결의, 임원회의 결의의 무효 확인소송이 본안사건이 되고, 대표자를 종중총회에서 적법하게 해임하였음에도 대표자로 행세한다고 하면 종중대표자 지위 부존재확인 청구소송이 본안사건이 될 것이다.

보전처분에 있어서는 신청인은 위와 같은 피보전권리의 소명도 하여야 하지만 뒤에서 보는 보전의 필요성에 관한 소명도 있어야 하는데, 이 두 요건은 서로 별개의 독립된 요건이기 때문에 그 심리에 있어서도 상호 관계없이 독립적으로 심리되어야 한다(대법원 2007. 7. 26.자 2005마972 결정).

그러나 종중의 대표자가 위법행위를 하였다거나 종중규약에 위반된 행위를 하였다는 이유로 대표자에 대한 해임청구권을 피보전권리로 신청한 직무집행정지가처분 신청은 위 해임의 소가 형성의 소에 해당되기에, 이를 제기할 수 있는 법적인 근거가 없으므로 해임청구의 소를 본안으로 하는 직무집행정지가처분은 허용될 수 없다(대법원 2001. 1. 16. 선고 2000다45020 판결).

[4] 보전의 필요성

임시의 지위를 정하는 가처분은 다툼 있는 권리관계에 관하여 그것이 본안소송에 의하여 확정되기까지의 사이에 가처분권리자가 현재의 현저한 손해를 피하거나 급박한 위험을 막기 위하여, 또는 기타 필요한 이유가 있는 때에 한하여 허용되는 응급적·잠정적인 처분이고, 이러한 가처분을 필요로 하는지의 여부는 당해 가처분신청의 인용 여부에 따른 당사자 쌍방의 이해득실관계, 본안소송에 있어서의 장래의 승패의 예상, 기타의 제반 사정을 고려하여 법원의 재량에 따라 합목적적으로 결정하여야 할 것이고, 단체의 대표자 선임 결의의 하자를 원인으로 하는 가처분신청에 있어서는 장차 신청인이 본안에 승소하여 적법한 선임 결의가 있을 경우 피신청인이 다시 대표자로 선임될 개연성이 있는지 여부도 가처분의 필요성 여부 판단에 참작하여야 한다(대법원 1997. 10. 14. 자 97마1473 결정, 대법원 2022. 2. 8.자 2021마6668 결정),

따라서, 단체의 대표자 선임결의의 하자를 원인으로 하는 가처분 신청에 있어서는 장차 피신청인이 다시 대표자로 선임될 개연성이 있는지의 여부도 가처분의 필요성 여부 판단에 참작하여야 하기에 하자 있는 총회의 결의 내용이 그대로 추인될 가능성이 있는 점 등을 참작하여 보전의 필요성이 없다고 판시하기도 한다(대법원 2006. 4. 17.자 2003마1850 결정).

더 나아가, 이른바 만족적 가처분일 경우에 있어서는 그에 대한 보전의 필요성을 판단함에 있어서 위에서 본 바와 같은 제반사정을 참작하여 보다 더 신중하게 결정한다. 본안판결을 통하여 얻고자 하는 내용과 실질적으로 동일한 내용의 권리관계를 형성하는 만족적 가처분의 경우에는 본안판결 전에 신청인의 권리가 종국적으로 만족을 얻는 것과 동일한 결과에 이르게 되는 반면, 피신청인으로서는 본안소송을 다투어 볼 기회를 가져보기도 전에 그러한 결과에 이르게 된다는 점을 고려할 때 통상의 보전처분보다 높은 정도의 소명이 요구되고 위와 같은 법리는 만족적 가처분뿐만 아니라 그에 준하는 가처분에게도 동일하게 적용될 수 있다.

이와 관련하여, 채무자를 상대로 종중회장 선임결의 무효확인의 본안 사건의 판결확정 시까지 종중회장으로서의 직무를 집행하여서는 아니 된다는 취지의 가처분은 가처분 채무자에게 본안 판결에서 명하는 것과 같은 내용의 의무를 부담시키는 이른바 만족적 가처분으로 보고, 본안의 쟁점이 된 총회결의 이후 1년 5개월이 지나 위 신청을 하고, 그동안 채권자들이 가처분을 신청하거나 본안소송을 제기하지 못할 특별한 사정이 없는 점 등을 참작하여 이 사건 가처분을 통하여 채무자의 종중회장으로서의 직무집행 정지 등을 구할 보전의 필요성에 대한 소명이 부족하다고 본 판시가 있다(수원지방법원 여주지원 2023. 12. 18.자 2023카합10048 결정).

[5] 가처분 결정의 효력

비법인 사단의 대표자의 직무집행을 정지하고 그 직무대행자를 선임하는 가처분은 그 성질상 당사자 사이뿐만 아니라 제3자에게도 효력이 미치며 가처분에 반하여 이루어진 행위는 제3자에 대한 관계에 있어서도 무효이다(대법원 2014. 3. 27. 선고 2013다39551 판결). 따라서 비법인 사단의 대표자의 의뢰에 따라 비법인 사단 명의 부동산에 관한 매매계약을 체결하고 그 대표자로부터 중개보수금을 받았는데 위 대표자가 이미 직무집행의 정지 결정을 받았다고 한다면 그 중개계약은 가처분결정에 반하여 적법한 대표권이 없이 이루어진 행위로 무효이고 받은 중개보수금은 비법인 사단이 부당이득금으로 청구할 수 있다(수원지방법원 2023. 4. 12. 선고 2022나62017 판결. 상고기각 확정).

비법인 사단의 대표자를 선출한 결의의 무효 또는 부존재확인을 구하는 소송에서 그 단체를 대표할 자는 의연히 무효 또는 부존재확인 청구의 대상이 된 결의에 의해 선출된 대표자이나, 그 대표자에 대해 직무집행정지 및 직무대행자 선임가처분이 된 경우에는 그 가처분에 특별한 정함이 없는 한 그 대표자는 그 본안소송에서 그 단체를 대표할 권한을 포함한 일체의 직무집행에서 배제되고 직무대행자로 선임된 자가 대표자의 직무를 대행하게 되므로, 그 본안소송에서 그 단체를 대표할 자도 직무집행을 정지당한 대표자가 아니라 직무대행자로 보아야 한다(대법원 1995. 12. 12. 선고 95다31348 판결). 따라서 직무대행자가 선임된 경우 본안소송에서 비법인 사단의 대표자를 직무대행자로 한 당사자표시정정신청을 하여야 할 것이다. 그리고, 본안소송에서 배제된 대표자는 본안사건에 법률상 이해관계인으로 보조참가 신청을 하여 참가인의 권리주장을 할 수 있을 것이다.

또한, 비법인 사단에서 가처분채권자 자신이 단체의 대표자 직무대행자로 선임된 경우에는 본안소송에서는 피고를 대표할 특별대리인을 선임하여야 하는데 이 경우에 판례는 민법 제64조가 아니라 민사소송법 제64조, 제62조의 규정에 의하여 특별대리인을 선임하여야 한다고 한다(대법원 1992. 3. 10. 선고 91다25208 판결). 따라서 수소법원이 특별대리인을 선임한다.

카. 직무대행자

(1) 의의

신청인은 종중회장에 대한 직무집행정지 가처분을 신청하면서 아울러 신청이 받아들일 것을 전제로 특정 종원 또는 수소법원에 적당한 사람을 직무대행자로 선임하여 달라는 직무대행자 선임가처분신청을 함께 하기도 한다. 직무집행을 정지하고 그 대행자를 선임하는 가처분을 하는 경우 어느 특정한 사람을 그 직무대행자로 선임할 것인가는 법원의 자유재량에 속한다 할 것이니 특정인을 직무대행자로 선임하여 달라고 요구하는 권리는 누구에게도 인정되지 아니한다(대법원 1979. 7. 19.자 79마198 결정). 그리고, 신청취지에 의하여 종전대표자의 직무집행을 정지하여도 그 대행자의 선임 및 취소는 추후 가처분 법원에서 결정할 수 있고, 대행자 선임에 대한 보전의 필요성을 소명하지 못하거나, 선임할 필요가 없다면 직무대행자를 별도로 선임하지 않을 수도 있다(서울중앙지방법원 2011. 8. 24.자 2011카합957 결정).

(2) 종중대표자

가처분법원에 의하여 직무대행자가 선임되면 직무대행자만이 적법하게 종중을 대표할 수 있고, 설사 피대행자의 후임자가 적법하게 소집된 총회의 결의에 따라 새로 선출되었다 해도 그 직무대행자의 권한은 위 총회의 결의에 의하여 당연히 소멸하는 것은 아니므로 사정변경 등을 이유로 가처분결정이 취소되지 않는 한 직무대행자만이 적법하게 종중을 대표한다(대법원 2010. 2. 11. 선고 2009다70395 판결).

(3) 통상사무

민법 제60조의2 제1항에 의하면, 이사의 직무대행자는 가처분명령에 다른 정함이 있거나 법원의 허가를 얻은 경우 외에는 법인의 통상사무에 속하지 아니한 행위를 하지 못하게 되어 있다. 여기에서 '통상사무'는 법인을 종전과 같이 그대로 유지하면서 관리하는 한도 내의 것으로 제한되고, 법인의 근간인 정관을 변경하거나 임원의 구성을 변경하기 위한 총회를 소집하는 행위는 법인의 통상사무라고 할 수 없다(대법원 1995. 4. 14. 선고 94다12371 판결, 대법원 2011. 9. 20.자 2011마1438 결정). 이러한 법리는 법원의 가처분결정에 의하여 비법인 사단 대표자의 직무대행자로 선임된 경우에도 마찬가지로 적용된다(대법원 2010. 2. 11. 선고 2009다70395 판결, 대법원 2016. 3. 10. 선고 2015다220054 판결).

그러나, 직무대행자가 법원의 허가를 받지 않고서도 일정한 요건 하에 종중총회를 개최하여 종중대표자를 선임한 것은 직무대행자의 통상사무라고 보아 대표자 선임의 효력을 인정한 법원의 판시가 있다. 법원은, 직무대행자가 피대행자와 원고의 임원 등 분쟁의 당사자들의 합의에 따라 모두 사임한 뒤 연고항존자의 동의를 받아 그 후임을 선출하기 위한 임시총회를 소집한 것은 종중의 통상업무에 속하는 사무라고 봄이 상당하고, 위 총회에서 피대행자의 해임 및 후임자 선출 등의 결의를 한 경우 그 후임자의 권한은 통상사무에 제한되지 아니한다고 판시하였다(대법원 2018. 12. 28. 선고 2016다260400, 2016다260417 판결).

한편, 비법인 사단에 있어서 가처분으로 직무대행자가 선임된 경우 직무대행자의 권한은 특별한 사정이 없는 한 통상의 사무로 제한되더라도 비법인 사단의 총회 자체의 권한마저 통상 사무로 제한되는 것은 아니므로 가처분에 의해 직무집행이 정지된 대표자를 선출한 종전 총회 결의에 대해 무효 확인을 구하는 본안소송이 진행 중이더라도 이후 조합정관에서 정한 요건을 충족한 조합원으로부터 직무집행이 정지된 조합장을 선출한 종전 조합 총회의 추인을 안건으로 하는 임시총회의 소집을 요구받은 직무대행자가 가처분 법원에 총회소집허가를 신청하고 위 법원이 그 허가를 받아들인 것은 정당하다고 판시하였다(대법원 2005. 1. 29.자 2004그113 결정).

그리고, 위와 같은 적법한 절차에 따라 소집된 그 법인 등의 총회에서 피대행자의 해임 및 후임자의 선출 등의 결의는 자유롭게 할 수 있는 것이고, 그와 같이 선임된 후임자의 권한은 직무대행자와 달리 통상의 사무로 제한되지 않는다(대법원 2010. 2. 11. 선고 2009다70395 판결).

(4) 상무 외 허가

종중의 종전대표자에 대한 직무집행정지 가처분이 인용되어 직무대행자가 선임된 경우, 직무대행자는 가처분의 잠정성에 비추어 보면 특별한 사정이 없는 한 통상사무에 속한 행위만을 할 수 있는 것은 당연하고, 통상사무에 속하지 아니한 행위는 법원의 상무 외 허가를 얻어야 이를 할 수 있다.

직무대행자로부터 상무 외 허가신청이 들어오면 직무집행정지 가처분을 발령한 법원은 통상사무를 벗어난 직무대행자의 권리행사를 허용할 것인지를 후견적 입장에서 심사하여 상무 외 행위허가 여부를 결정하게 되는데 이는 직무집행정지 가처분결정이 유효하게 존속하고 있어 직무대행자의 권한행사가 적법하고 유효함을 전제로 한 것이다. 따라서, 본안판결 확정으로 직무대행자가 그 권한을 행사할 수 없게 되는 경우에는 사전에 발령된 상무 외 행위허가를 기초로 하는 직무대행자의 권한행사도 더 이상 허용될 수 없다고 할 것이다(서울고등법원 2010. 8. 16.자 2010라1056 결정).

직무대행자는 통상사무 외에는 상무 외 허가를 받아야 하기에, 종중대표자 직무대행자가 정기총회를 소집하면서 정관 변경과 같이 통상사무에 속하지 아니하는 행위를 안건에 포함시켜 소집을 통지하였다면 그 안건의 범위에서 정기총회의 소집이 통상사무에 속하지 아니한다고 보아야 하고, 그 정기총회에서 그 안건에 관하여 결의가 있었다고 하더라도 이를 안건으로 한 정기총회의 소집에 관하여 직무대행자 선임 가처분명령에 정함이 있거나 법원의 허가를 얻지 아니한 이상, 그 안건에 관한 정기총회의 결의는 권한이 없는 자에 의하여 소집된 총회에서 한 부적법한 결의로서 효력이 없다고 보아야 한다(대법원 2016. 3. 10. 선고 2015다220054 판결).

그밖에 피대행자의 후임자 선출 등 비법인 사단의 근간인 임원진의 구성 자체를 변경하는 것도 통상사무에 해당하지 않기에 직무대행자가 가처분 신청인과 피신청인이 직무대행자 체제에서 대표자를 선임하기로 합의하였다고 하여도 종중임원인 대표자를 선임하는 총회소집은 가처분재판에 다른 정함이 있지 아니한 이상 법원의 허가(상무 외 허가)를 받아야 한다(대법원 2002. 2. 11. 선고 99두2949 판결).

[5] 직무대행자 권한의 존속기한

신청인이 신청한 종중대표자의 직무집행정지 가처분을 가처분 법원이 이를 받아들이면서 동시에 직무대행자를 선정하고 그 대행자를 변호사로 선정할 경우 그 대행자의 보수는 법원에 예납하는 방식으로 지급한다. 때문에 본안소송이 길어지거나 종중의 체제가 직무대행자의 체제로 계속 이어진다고 하면 위 직무대행자에게 지급하는 보수금 또한 부담으로 될 수밖에 없기에 가처분 신청인이나 피신청인은 직무대행자 체제에서 적법한 종중대표자를 선정하고, 선임한 종중대표자로 하여금 종중 현안을 해결하는 방향으로 의사를 모으기도 한다.

가처분 법원의 결정 주문에 직무집행의 정지 및 대행자의 권한을 본안인 총회결의 무효확인의 1심 법원의 판결 선고 시까지 또는 본안판결 확정 시까지로 한정하였다면 직무대행자의 권한은 위 주문에서 정한 기한으로 한정된다 할 것이다.

종중의 직무대행자가 선임되어 있다면 종중의 대표자는 직무대행자라 할 것이기에, 가처분재판에 의하여 법인 등 대표자의 직무대행자가 선임된 상태에서 피대행자의 후임자가 적법하게 소집된 총회의 결의에 따라 새로 선출되었다 하더라도 그 직무대행자의 권한은 위 총회의 결의에 의하여 당연히 소멸하는 것은 아니다. 따라서 사정변경 등을 이유로 가처분결정이 취소되지 않는 한 직무대행자만이 적법하게 위 법인 등을 대표할 수 있고, 총회에서 선임된 후임자는 그 선임결의의 적법 여부에 관계없이 대표권을 가지지 못한다고 판시하고 있다(대법원 1991. 12. 20. 선고 91다4355 판결, 대법원 2014. 3. 27. 선고 2013다39551 판결).

또한, 법원의 가처분에 의하여 선임된 직무대행자의 권한은 직무대행자의 사임신청만으로 소멸되었다고 볼 수 없고, 직무대행자의 권한은 사정변경 등을 이유로 가처분결정이 취소되지 않은 한 직무대행자만이 적법하게 종중을 대표할 수 있고 총회에서 선임된 후임자는 그 선임결의의 적법여부와 관계없이 대표권을 가지지 못 한다(대법원 2010. 2. 11. 선고 2009다70395 판결). 따라서, 직무대행자가 선임되어 있다고 한다면 종중의 구성원들은 직무대행자 체제에서 적법한 종중대표자를 선임하여 분쟁을 조속히 마치는 것이 무엇보다도 중요하다.

앞서 본 대법원 2018. 12. 28. 선고 2016다260400, 2016다260417 판결이유에서 설시한 방법으로 종중대표자 선임을 위한 총회를 개최하든지 아니면 가처분 법원으로부터 대표자선임을 위한 총회결의에 대한 상무 외 허가를 받은 뒤 직무대행자의 주관하에 종중총회를 열어 종중대표자를 선임하여야 한다.

그리고, 신청인과 피신청인 등의 종중구성원들 의사합치를 토대로, 종중의 직무대행자가 법원의 상무 외 허가를 얻어 종중대표자 선임 등을 위한 종중 임시총회를 개최하여 그 총회에서 종중의 대표자를 선임하였다고 한다면 위 임시총회 이후 기존의 직무대행자와 상무 외 허가에 의한 총회에서 선임된 종중의 대표자가 병행하기에 종전 직무대행자의 선임결정의 집행해제를 통하여 직무대행자의 권한을 소멸하게 한 다음 이후 선임된 피대행자의 후임자가 종중의 직무를 수행할 수 있다 할 것이다(수원고등법원 2024. 2. 7. 선고 2022나13267 판결. 확정).

07 종중임원

가. 의의

　일제시대 종중과 종원사이의 종중부동산에 대한 다툼이 소송으로 비화하여 계류 중인 복심법원의 재판부가 중추원에 종중의 활동과 재산관리, 대표자 선임 등에 관한 관례나 관습에 대하여 사실조회를 하여 그 회신을 받은 사안을 살펴보면 당시 종중운영과 관련하여 종중임원들의 직책과 그에 의한 역할에 대하여 추단할 수 있다. 위 사실조회에 의하면 종손이라고 하여도 종중의 재산관리를 할 수 없고, 종중의 문장(종장), 도문장이 종회를 소집하여 대표자를 선임하고 종중은 유사를 임명하여 종회의 소집 등 종중 일반의 일을 맡긴다는 것이다. 종회를 소집하여 재산에 관한 처분결의를 하고 장재유사를 선임하여 재산관리를 맡기는 종중도 있다.

　현재에도 유사, 도유사 등의 명칭으로 그에 따른 직책을 가지고 종중 활동을 하는 종중도 있다. 종중마다 임원을 부르는 호칭도 다양하지만, 그 명칭에서 그 임원이 맡은 직책을 추단할 수 있다. 종장, 유사, 감역, 도문장, 파문장 등은 종중 임원들에 대한 명칭이다.

　과거보다 종중 활동이 빈번하고 종중부동산의 거래도 활발해지면서 현재의 종중은 보다 더 유기적인 조직을 구성하고 임원의 지위와 역할이 세분화되었다.

나. 종중과 임원의 법률관계

종중의 임원은 종중과 위임에 유사한 계약관계에 있다. 따라서 종중의 임원은 종중재산의 관리, 처분에 관한 사무를 처리함에 있어 종중규약 또는 종중총회의 결의에 따라야 함은 물론 선량한 관리자로서의 주의의무를 다하여야 할 의무가 있다(대법원 2017. 10. 26. 선고 2017다231249 판결).

따라서 종중의 임원이 종중 소유 재산의 관리ㆍ처분에 관한 사무로서 타인에게 종중의 자금을 대여함에 있어 충분한 담보를 제공받는 등 상당하고도 합리적인 채권회수조치를 취하지 아니한 채 만연히 대여해 주었다면, 종중규약의 규정 또는 종중총회의 결의 등에 기하여 그와 같은 자금대여가 허용된다고 볼 수 있는 특별한 사정이 없는 한, 이는 타인에게 이익을 얻게 하고 종중에 손해를 가하는 행위로서 종중에 대하여 배임행위가 되고, 이러한 이치는 그 타인이 종원이라 하여 달라지지 않는다(대법원 2000. 3. 14. 선고 99도4923 판결).

법원은, 甲 종중이 乙 등에게 명의신탁되어 있던 토지의 반환을 위하여 소제기 등에 필요한 모든 권한을 회장인 丙에게 위임하였고, 이에 丙이 甲 종중을 대표하여 종토 반환소송을 제기하여 승소판결이 확정되었는데, 그 후 甲 종중이 '종토 환원을 위하여 사비를 출연하고 소송 실무를 대행하여 종토 전부를 종중으로 환원하여 감사의 의미로 환수 종토의 일부를 증여하기로 한다'면서 丙 등에게 종토 일부를 증여하기로 하는 결의를 한 사안에서, 丙 등이 종중재산의 회복에 기여한 부분이 있다고 하더라도 이는 선관주의의무를 부담하는 종중의 임원으로서 당연히 해야 할 업무를 수행한 것에 지나지 않으므로 이들에게 실비를 변상하거나 합리적인 범위에서 보수를 지급하는 외에 이를 벗어나 회복한 종중재산의 상당 부분을 丙 등에게 분배하는 위 증여결의는 내용이 현저하게 불공정하거나 사회적 타당성을 결하여 무효라고 한다(대법원 2017. 10. 26. 선고 2017다231249 판결).

다. 임원의 권한과 의무

종중에서 대표자를 비롯한 임원들의 역할은 어느 법인이나 단체보다 중요하다. 같은 친족, 혈연으로 맺어진 단체이다 보니 자신의 역할을 망각하기 쉽고 이러한 임원들에 대한 제재 역시 소홀하게 된다. 임원들 중 일부는 선조가 물려주신 종중소유 부동산이 바로 자신의 직계선조라고 한다면 종중재산이 마치 자신의 개인재산인 것처럼 망각하기도 할 것이다.

이러한 점을 감안하여 종중정관을 제정하여야 하되 각 임원들의 역할과 견제장치를 마련하여야 할 것이다. 중중대표자의 유고 시에 대표자의 직무를 대행할 자를 두어 종중 활동의 연속성을 보장하고, 종중대표자를 보좌하는 총무, 종중의 회계를 담당하는 감사는 종원들로부터 부여받은 권한을 선량한 관리자의 주의의무를 가지고 행사하여야 한다.

또한 임원은 정관의 정해진 바에 의하여 임원회의에 참여하여 종중의사 결정을 의결할 수 있고, 종중총회의 소집권한을 행사하여 대표자의 소집권한을 견제하기도 한다.

라. 임원의 해임

비법인 사단과 그 대표자 등 임원의 법률관계는 회원들의 선출에 기초한 위임 관계인데, 민법 제689조 제1항에서는 위임계약은 각 당사자가 언제든지 해지할 수 있다고 규정하고 있으므로, 비법인 사단은 민법 제68조에 따라 총회결의 등을 거쳐 임원을 해임할 수 있다. 더욱이 종중은 공동선조의 후손으로 구성된 자연발생적인 관습상 종족집단체인 이상 그 구성원인 종중원들의 신뢰가 더욱 중요하다 할 것이어서 회장 등 임원에 대한 신뢰가 무너져 임원으로서의 의무를 제대로 이행하지 아니하였음을 들어 종중원 결의로 해당 임원을 해임하기로 결의하였다면 그 해임결의에 절차상의 중대한 위법이 없는 한 해임사유의 경중을 불문하고 존중되어야 한다[수원지방법원 2020. 9. 9. 선고 2019가합26321, 2019가합30351(참가) 판결. 확정].

마. 임원선임결의 무효 확인

법원은, 어떤 단체의 임원을 선임한 결의에 하자가 있다는 이유로 그 무효확인이나 부존재확인을 구하는 소송에서, 그 결의에 의하여 임원으로 선임된 자가 임기만료나 사임 등으로 더 이상 그 임원직에 있지 아니하게 되고 그 후 새로운 임원이 선임되었다면, 후임 임원이 선임결의가 절차상 또는 내용상의 하자로 인하여 부존재 또는 무효임이 인정되거나 취소되는 등의 특별한 사정이 없는 이상 그 당초 임원선임 결의의 무효확인이나 부존재확인을 구하는 소는 과거의 법률관계 내지 권리관계의 확인을 구함에 귀착되어 권리보호요건을 결여하는 것이다(대법원 2021. 5. 7. 선고 2021다200112 판결)라고 판시하고 있다.

바. 종중의 감사

종중정관에 감사에 관한 규정을 두고 있다면, 적법하게 선임된 감사는 종중의 재무현황 및 회계를 감사하여 그 재산을 적정하게 유지·관리할 주의의무가 있다. 그리고, 감사 역시 위임계약에 준하는 법률관계이다.

사단에 관한 민법 제66조는 정관이나 총회결의로 감사를 둘 수 있고, 같은 법 제67조는 감사의 직무를 열거하면서 특히 재산상황 또는 업무집행에 관하여 부정, 불비한 것이 있음을 발견한 때에는 총회에 보고하여야 하고 이를 위하여 총회를 소집할 수 있다고 규정하고 있다. 비법인 사단인 종중에 있어서도 감사라는 직책을 정관에 두어 종중재산 상황을 감사하거나 이사의 업무집행 상황을 감사할 수 있는 권한을 주었다고 한다면 비법인 사단이 종중에 있어서도 위 규정을 준용하여 운용할 수 있을 것이다.

한편 법원은, 종중원들이 종중 재산의 관리 또는 처분 등을 위하여 종중의 규약에 따른 적법한 소집권자 또는 일반 관례에 따른 종중총회의 소집권자인 종중의 연고항존자에게 필요한 종중의 임시총회의 소집을 요구하였으나 그 소집권자가 정당한 이유 없이 이에 응하지 아니하는 경우에 차석 또는 발기인(위 총회의 소집을 요구한 발의자들)이 소집권자를 대신하여 그 총회를 소집할 수 있고, 소집권자가 소집요구에 불응하는 경우 차석인 부회장만이 총회를 소집할 수 있다거나 민법 제70조를 준용하여 감사가 총회를 소집하거나 종원이 법원의 허가를 얻어 총회를 소집하여야 하는 것은 아니다 라고 판시하고 있다(대법원 2006. 1. 26. 선고 2005다45636 판결).

08 종중총회

가. 의의

종중은 특별한 설립절차 없이 공동선조의 사망 이후 공동선조의 제사와 분묘수호, 종원 상호 간의 친목을 위하여 그 후손들로 자연발생적으로 성립하는 단체이고 특별히 대외적인 법률행위를 할 필요성이 없기에 총무 등의 역할을 하는 유사, 종손, 지파회장 등 몇몇 임원들이 선조의 분묘를 관리하고 봉제사를 지내면서 종중 활동을 하여 왔다고 하여도 종중 본래의 목적 활동에는 문제가 발생하지 않는다. 오히려 위와 같은 종중활동은 나머지 종원들로 하여금 경제적, 사회적 활동의 기회를 넓혀 주게 되는 것이다. 그러다가, 종중에 닥친 중요한 법률행위나 소송행위를 위하여 종중대표자를 선임하거나 종중총회를 개최하여 의사결정을 할 필요가 생기게 되면 기존 종중에서 활동을 하고 있는 종중대표자, 종손, 유사, 문장 등은 총회를 개최하여 당면한 문제를 대처하게 된다. 그러한 경우 간혹 누가 정당한 종중총회 소집권자인지, 소집통지 대상이 되는 종원들의 파악은 어떻게 하여야 할 것이며, 소집절차는 어떻게 하여야 하는지 등에 관하여 이를 소홀히 하여 종중총회를 개최하는 경우 쟁송 중인 사건에서 법원에 의하여 적법한 총회결의를 인정할 수 없다는 사유로 그 소가 각하되거나 이해관계인에 의하여 총회결의 무효확인의 소로 그 결의의 효력이 없게 될 수가 있다.

그리고, 적법한 종중총회결의에 의하여 선임된 대표자인지, 종중재산의 처분행위에 대한 종중총회결의가 적법한지는 모두 본안에 앞서 판단할 사항이고 직권 조사사항이기에 종중사건에 있어 의례히 위 본안전 항변사항은 매우 중요한 쟁점이 되기도 한다. 본안전 항변사항을 소홀히 한 채 본안에 대한 다툼을 오랜 기간 다투어 막상 변론을 마치고 판결이 선고되는 경우 법원으로부터 본안전 판단을 넘지 못하고 소 각하 판결을 받게 되면 매우 허망한 결과를 가져올 것이다. 그리고, 1심 판결에 불복하여 항소한 뒤 그 사이에 다시 적법한 종중총회를 개최하여 본안전 항변사항을 넘는다 하더라도 간혹 항소심 법원에서는 본안판단을 하지 아니한 채 소를 각하한 1심법원의 판결을 파기하여 다시 1심으로 환송하는 판결을 선고할 수 있으니 주의하여야 한다(민사소송법 제418조 필수적환송).

따라서, 종중의 의사결정을 위한 종중총회를 개최할 필요가 있는 경우 종중의 정관 및 당해 종중에서 발생하고 있는 유사한 사안과 관련한 법원의 판례 등을 참고하여 가장 유효하고 적절한 종중총회를 개최하는 것이 가열되는 분쟁을 방지하는 지름길이 된다.

나. 종중총회

(1) 소집권자

(가) 의의

종중총회는 종중의 의사결정기관이다. 종중총회는 종원들이 종중재산의 관리, 처분 등에 관한 의사결정을 하는 기관이기에 우선 적법한 총회소집권자에 의한 총회소집이 매우 중요하다. 종중총회의 결의가 현출되어도 소집권자에 의한 총회 결의가 아니면 위 결의내용은 효력이 없기에(대법원 1992. 11. 27. 선고 92다34124 판결) 종중 사건에서 적법한 총회소집권자와 관련한 다툼은 많이 발생한다.

(나) 종중대표자

종중총회의 소집권자는 적법한 종중대표자이다(민법 제69조 통상총회, 제70조

제1항 임시총회). 적법하지 않은 종중대표자에 의한 종중총회 결의는 그 효력이
없다.

〔다〕 종중 규약 및 특별한 관례

그리고, 종중총회의 소집에 관하여는 종중 규약이나 특별한 관례가 있으면
규약 및 특별한 관례에서 정해진 바에 따라야 한다. 종중 대표자의 선임 및 종
회의 소집 등은 종중 규약이나 특별한 관례가 있으면 그 정한 바에 따라야 한다.

법원은 종중 규약에 회장이 종중총회를 소집할 수 있고, 회장의 유고 시 직
무대행자는 부회장이며, 부회장의 유고 시 이사회에서 직무대행자를 선임하기
로 되어 있음에도 부회장이 유고 되었을 때 이사회에서 회장 직무대행자를 선
임하여 종중총회를 소집하지 아니하고 막바로 이사회 구성원도 아닌 연고항존
자가 종중 임시총회를 소집할 권한을 가진다고 볼 수는 없다(대법원 1999. 1. 26.
선고 98다33437 판결)고 판시하고 있다.

〔라〕 종장, 연고항존자

적법한 종중 대표자, 종중의 규약이나 관례가 없다고 한다면, 법원은 종장
또는 문장이 그 종원 중 성년 이상의 종원를 소집하여 출석자의 과반수 결의로
대표자를 선출하며, 평소에 종중에 종장이나 문장이 선임되어 있지 아니하고
선임에 관한 규약이나 일반관례가 없으면 현존하는 연고항존자가 종장이나 문
장이 되어 국내에 거주하고 소재가 분명한 종원에게 통지하여 종중총회를 소집
하고 그 회의에서 종중 대표자를 선임하는 것이 일반관습이라 할 것이다(대법원
1997. 11. 14. 선고 96다25715 판결)고 판시하고 있다. 이는 대표자의 선임뿐 아니
라 종중재산의 보존 및 관리에 관한 종중총회의 의결을 구할 때도 마찬가지이다.

법원은 연고항존자의 동의하에 다른 종원이 한 총회소집과 관련하여, 연고항
존자가 직접 종회를 소집하지 아니하였더라도 그가 다른 종중원의 총회소집에
동의하여 그 종중원으로 하여금 소집케 하였다면 그와 같은 종회 소집을 전혀
권한 없는 자의 소집이라고 볼 수 없다(대법원 1996. 6. 14. 선고 96다2729 판결)
고 판시하였다.

〔마〕 차석 연고항존자

다음으로 종중의 규약에 따른 적법한 소집권자 또는 종중의 연고항존자가 정당한 이유 없이 종중원들의 종중총회 소집요구에 응하지 않는 경우, 차석 연고항존자 또는 발기인(총회의 소집을 요구한 발의자들)이 소집권자를 대신하여 총회를 소집할 수 있고 이 경우 차석 연고항존자 또는 발기인의 총회소집 권한은 종중재산의 관리 또는 처분 등을 위하여 행사할 수 있는 권한인 바, 반드시 종중대표자의 선임을 위한 경우에만 국한하여 행사할 수 있는 것은 아니다(대법원 2020. 4. 9. 선고 2019다286304 판결)라고 판시하고 있다.

〔바〕 종원들 대표〔발기인〕

종중원들이 종중재산의 관리 및 처분 등을 위하여 종중의 규약에 따른 적법한 소집권자 또는 일반관례에 따른 종중총회의 소집권자에게 소집을 요구하였음에도 그 소집권자가 정당한 이유 없이 이에 응하지 아니하는 경우에는 위 총회소집을 요구한 발의자들인 발기인이 소집권자를 대신하여 그 총회를 소집할 수 있는 것이고(대법원 1997. 9. 26. 선고 97다25279 판결), 반드시 민법 제70조를 준용하여 감사가 총회를 소집하거나 종원이 법원의 허가를 얻어 총회를 소집하여야 하는 것은 아니다(대법원 2006. 1. 26. 선고 2005다45636 판결)라고도 판시한다.

특히 대법원 2020. 4. 9. 선고 2019다286304 판결의 내용은, 종중규약에 종중원의 4분의 1 이상의 요구에 따라 수시로 종중총회를 개최한다고 규정되어 있는데, 총회소집권자가 없을 경우 현존하는 연고항존자가 대표자 선임을 위한 총회소집권한을 갖는다고 전제한 원심의 판단은 정당하고, 발기인 1인(종중 규약에 정해진 종원의 정족수에 미치지 못한 종원)이 연고항존자에게 총회소집을 요구하였으나 이를 거절하자 직접 발기인으로서 총회소집을 하고 개최된 총회에서 종중대표자의 선임과 그 밖의 종중재산의 처분에 관련한 결의를 하였을 때도 위 결의의 효력을 인정하고 있다.

〔사〕 법원의 총회소집허가

민법 제70조는 '총사원의 5분의 1 이상으로부터 회의의 목적사항을 제시하여 임시총회를 청구한 때에는 이사는 총회를 소집하여야 하고, 위 청구가 있는 후 2주간 안에 총회소집의 절차를 밟지 아니하면 청구한 사원은 법원에 총회소집허가를 얻어 이를 소집할 수 있다'고 규정하고 있다. 위 총회소집허가와 관련하여 비송사건절차법은 그 관할 법원이 종중주소지 지방법원 합의부에 있고, 신청을 인용한 재판에 관하여는 불복신청을 할 수 없다고 규정한다(위 법 제34조, 대법원 1999. 6. 25.자 98마478 결정). 한편, 법원의 소집허가에 의하여 개최된 종중 임시총회는 법원의 소집허가 결정 및 소집통지서에 기재된 회의목적사항과 이에 관련된 사항에 관하여 결의할 수 있고(대법원 1993. 10. 12. 선고 92다50799 판결), 이러한 비송사건의 재판에 있어서는 법원은 형식적으로 임시총회 소집의 정족수를 충족시키고 있는가 여부를 판단하는 데 그치는 것이 아니라, 법원 스스로 후견적인 입장에서 임시총회 소집의 필요성, 소집을 허가하였을 때와 허가하지 않았을 때 법인 기타 구성원에 미치는 영향 등 실질적 요건까지 심리하여 허가 여부를 판단하여야 한다(서울고등법원 2007. 1. 22.자 2006라952 결정)고 판시한다.

총회소집허가에 관한 정족수의 일반적인 요건은 총사원의 5분의 1 이상을 요하지만 정관에 이를 증감할 수 있다고 하고 있으므로(민법 제70조 제2항) 종중원이 너무 많을 경우나 종원 파악이 되지 아니한 경우, 일정비율로 정한 종원들의 총회소집권자를 규정하면 그 요건에 다툼이 있기에 종중 정관에 정수로 하여 종원의 총회소집 권한을 명시하는 것이 무엇보다도 중요하다. 예를 들면, 어느 종중의 정관에 '종중총회의 소집은 20명 이상의 종원이 종중 대표자에게 그 회의의 목적 사항을 정하여 종중총회의 소집을 요구할 수 있다'고 규정되어 있다고 한다면 종원 20명 이상이 그 의사를 모아 종중회장에게 이에 의한 총회소집 요구권한을 행사하여 그 회장이 이를 거절하면 법원에 총회소집허가를 신청할 수 있을 것이다.

〔아〕 전임대표자

민법상 법인과 그 기관인 이사와의 관계는 위임자와 수임자의 법률관계와 같은 것으로서 이사의 임기가 만료되면 일단 그 위임관계는 종료되는 것이 원칙이나, 그 후임 이사 선임 시까지 이사가 존재하지 않는다면 기관에 의하여 행위를 할 수밖에 없는 법인으로서는 당장 정상적인 활동을 중단하지 않을 수 없는 상태에 처하게 되고, 이는 민법 제691조에 규정된 급박한 사정이 있는 때와 같이 볼 수 있으므로, 임기 만료되거나 사임한 이사라고 할지라도 그 임무를 수행함이 부적당하다고 인정할 만한 특별한 사정이 없는 한 신임이사가 선임될 때까지 이사의 직무를 수행할 수 있다(대법원 1996. 1. 26. 선고 95다40915 판결). 그리고, 이러한 판시는 비법인 사단인 종중에도 유추 적용한다.

다만, 법원은 위임종료시 수임인 등의 위임사무의 긴급처리에 관한 민법 제691조가 비법인 사단의 대표자가 임기만료 후 장래에 대하여 대표자의 업무수행권을 포괄적으로 행사할 수 있는 근거로는 보지 않고 있다(대법원 2006. 10. 27. 선고 2006다23695 판결).

위 판결은, 임기만료가 되었거나 대표자 사임 등에도 불구하고 후임자의 선임이 없거나 또는 그 선임이 있었다고 하더라도 그 선임결의가 무효인 경우, 전임 회장으로 하여금 업무를 수행케 함이 부적당하다고 인정할 만한 특별한 사정이 없는 한 전임회장은 후임자 등이 선임될 때까지 종전의 직무를 수행할 수 있다. 이러한 임기만료 된 종중 대표자의 긴급사무처리권은 민법 제691조에 근거한 것인데 위 권한은 종전 대표자가 임기만료 후에 수행한 업무를 사후에 개별적·구체적으로 가려 예외적으로 그 효력을 인정케 하는 근거가 될 수 있을 뿐, 그로 하여금 장래를 향하여 대표자로서의 업무수행권을 포괄적으로 행사하는 근거가 될 수는 없는 것이고, 사임한 회장의 업무수행권은 종중과 같은 비법인 사단이 정상적인 활동을 중단하게 되는 처지를 피하기 위하여 보충적으로 인정되는 것임에 비추어 급박한 사정이 없는 한 종회규약에서 정하고 있는 직무대행자의 선출을 위한 것이 아닌 새로운 회장의 선출 등을 위한 총회를 소집하여 이를 제안하는 것과 같은 일은 사임한 회장에게 수행케 함이 부적당한 임무에 해당한다고 판시하였다(대법원 1997. 6. 24. 선고 96다45122 판결, 대법원 2006. 10. 27. 선고 2006다23695 판결).

한편, 종전 대표자의 3년의 임기가 만료된 후에도 후임대표자의 선출이 없었고 이에 대하여 종원들로부터 새로운 대표자의 선임을 위한 종중총회의 소집요구도 없었으며, 달리 임기만료된 대표자로 하여금 종중의 업무를 수행하게 함이 부적당하다고 인정할 만한 특별한 사정도 찾아볼 수 없는 사안에서는, 종전 대표자가 적법한 대표자가 선임될 때까지 여전히 종중의 대표자로서의 지위를 보유한다고 봄이 상당하다고 하면서 동인이 한 임시총회 소집권한에 기하여 선출된 새로운 종중의 대표자를 종중의 적법한 대표자로 판단한 원심의 판결은 정당하다고 판시하였다(대법원 1992. 9. 14. 선고 91다46830판결).

[2] 소집권의 제한

종중총회에 그 소집과 관련하여 이사회의 의결이 있어야 총회소집이 가능하다는 종중정관의 규정이 있을 때 만일 총회소집을 요구하는 종원들이 총회소집요구가 정관에서 정한 이사회의결이 없기에 가능하지 않다고 한다면 이러한 제한규정은 유효한가.

법원은, 종중규약이나 종중의 처분이 종원이 가지는 고유하고 기본적인 권리의 본질적인 내용을 침해하는 등 종중의 본질이나 설립목적에 크게 위배된다면 그 유효성을 인정할 수 없다고 한다(대법원 2008. 10. 9. 선고 2005다30566 판결). 이러한 규약은 종중의 중요한 안건을 총회에서 그 총의에 따라 결정할 수 있다는 종중의 본질 및 종원이 기본적인 권리를 침해한다고 할 것이므로 그 유효성을 인정할 수 없을 것이다.

한편, 종중정관의 규정에 따른 소수 대의원이 법원의 허가를 받아 임시총회가 소집된 경우, 종중의 대표자라고 하더라도 위 소수의 대의원이 법원의 허가를 받아 소집한 임시총회의 기일과 다른 임시총회를 소집할 권한은 없게 된다고 한다(대법원 1993. 10. 12. 선고 92다50799 판결).

[3] 소집대상

소집통지의 대상이 되는 종원의 범위와 관련하여 판례는, 종중이 그 총회를 개최함에 있어서는 특별한 사정이 없는 한 세보에 기재된 모든 종원은 물론, 기타 세보에 기재되지 아니한 종원이 있으면 이 역시 포함시켜 총회의 소집통지대상이 되는 종원의 범위를 확정한 후 소재가 분명하여 연락 가능한 종원에게 개별적으로 소집통지를 하여야 한다(대법원 2000. 7. 6. 선고 2000다17582 판결)고 판시한다.

위 판시에 따르면 종원의 범위를 확정하기 위해서는 우선 족보를 기준으로 하고, 족보에 등재되지 않았더라도 기존 총회에 참석하였거나 다른 경유로 종원임을 알고 있는 사람 모두가 소집통보 대상이 되지만, 족보에 등재되어 있더라도 족보에는 주소나 연락처가 없기 때문에 그중에서 연락 가능한 모든 종원에게 소집통보를 하면 된다.

일부 종중원에게 소집통지를 결여한 채 개최된 종중총회 결의는 원칙적으로 그 효력이 없다(대법원 2014. 2. 13. 선고 2012다98843 판결). 종중총회 소집통지를 받지 않은 종중원이 다른 방법에 의하여 이를 알게 된 경우, 그 종중원이 참석하지 않았다고 하여 종중총회가 무효로 되는 것은 아니다(대법원 2018. 7. 24. 선고 2018다10135 판결).

다만 매년 일정한 일시에 일정한 장소에 모여 종중의 대소사를 논의하여 결정하는 내용의 정기총회를 하고 있는 종중의 경우에는 별도의 소집통지가 없어도 문제가 없다.

[4] 소집안건

종중총회를 위하여는 회의 목적사항인 안건을 소집통지서에 기재하여 통보하여야 한다. 그래야만 위 내용의 소집통보서를 받은 종원들이 총회에 참석할지 여부, 총회일에 상정될 안건에 대한 의사결정을 준비하기 때문이다.

위와 같이 소집통지서에 회의 목적사항을 기재하는 이유는 종중원이 결의를 할 사항이 사전에 무엇인가를 알아야 회의에 참석 여부나 결의사항에 대한 찬반의사를 미리 준비하게 하는 데 있으므로 회의 목적사항은 종중원이 의안이 무엇인가를 알기에 족한 정도로 구체적으로 기재하면 족하다(대법원 1993. 10. 12. 선고 92다50799 판결).

총회의 안건은 안건별로 독립하여 존재하기에 안건별로 찬반의사에 대해 결의를 하여야 하고 포괄하여 일괄적으로 할 수는 없다.

(5) 소집통지서에 소집안건에 없는 회의 목적사항 및 기타 안건

종중은 법인격을 전제로 하는 조항을 제외하고는 민법의 사단에 관한 규정을 준용 받는다 할 것이며, 민법 제72조(총회의 결의사항)에 의하면 총회는 위 규정에 의하여 통지한 사항에 관하여서만 결의할 수 있다고 하고 있기에 소집통지서에 기재된 안건 이외의 결의는 소집통지를 받은 종원이나 결의를 위임한 종중원 등이 전혀 예상할 수 없었다 할 것이므로 민법 제72조에 위배되어 그 효력을 인정할 수 없다(대법원 2006. 7. 28. 선고 2005다52511 판결). 회의 소집통지서에 목적사항으로 기재하지 않은 사항에 관하여 결의한 때에는 구성원 전원이 회의에 참석하여 그 사항에 관하여 의결한 경우가 아닌 한 그 결의는 효력이 없다(대법원 2015. 2. 16. 선고 2011다101155 판결).

총회소집통지를 함에 있어서 회의의 목적사항을 열거한 다음 '기타 사항'이라고 기재한 경우, 총회소집통지에는 회의의 목적사항을 기재토록 한 민법 제71조 등 법규정의 입법취지에 비추어 볼 때, '기타 사항'이란 회의의 기본적인 목적사항과 관계가 되는 사항과 일상적인 운영을 위하여 필요한 사항에 국한된다고 보아야 한다(대법원 1996. 10. 25. 선고 95다56866 판결).

(6) 소집통지의 방법

소집통지는 종원들 각자에게 회의의 토의 및 의결을 할 수 있는 기회를 주어야 한다(대법원 2001. 6. 21. 선고 99다32257 판결). 소집통지의 방법은 반드시 서면으로 하여야 하는 것은 아니고 말 또는 전화로 하거나 다른 종원이나 세대원을 통하여 하여도 무방하다. 그러나 지파 또는 거주자별 대표자에게 총회 소집을 알리는 것만으로는 적법한 통지를 하였다고 볼 수는 없다(대법원 2014. 1. 27. 선고 2013다24382 판결).

(7) 소집장소

총회장소 역시 적법한 곳에서 개최되어야 그 장소에서 개최된 총회결의가 유효하다. 매년 1회씩 종중의 규약에 일정한 일시, 일정한 장소에서 정기적으로 회합하여 종중의 대소사를 처리하기로 되어 있는 경우 그 종중총회의 결의는 그 유효성을 인정할 수 있다(대법원 2014. 12. 11. 선고 2014다212230 판결).

법원은 종중의 회칙 제정 전은 물론이고 회칙을 제정한 후에도 시제일에 중시조의 묘소에서 제사가 끝난 뒤 시제 참석자들이 종중의 대소사를 논의하여 온 관행이 있었고 이러한 관행이 계속되는 가운데 종중이 회칙에 '정기총회는 매년 음10월 초정일에 하고 당일 참석 회원으로 성회한다'라는 비교적 단순한 규정을 두게 된 것은 이 관행을 받아들여 시제일 시제장소에서 회의를 정기총회로 한 것이라고 해석될 것이다 라고 판시하였다(대법원 1998. 11. 27. 선고 97다4104 판결).

이에 반하여, 정기총회의 연기를 선언한 종회장의 결정에 반대하는 일부 종원들이 정기총회 장소로 지정된 적도 없는 곳에 가 별도로 개최한 정기총회는 적법한 장소가 아닌 곳에서 개최된 것으로 위법하다(대법원 2001. 10. 12. 선고 2001다24082 판결)고 하였다.

[8] 소집기한

민법 제71조는 총회의 소집은 1주간 전에 그 회의의 목적 사항을 기재한 통지를 발하고 기타 정관에 정한 방법에 의하여야 한다고 규정하고 있는 바, 위와 같은 사단법인의 총회에 관한 규정은 정관에 다른 규정이 없으면 종중의 경우에도 준용된다 할 것이다(대법원 1997. 7. 11. 선고 96다13972 판결). 소집통지서가 종원들에게 총회 1주일 전까지 발송되어야 하는 이유는 총회일 참석기회를 보장하고 안건에 대한 신중한 의사결정을 하게 함에 있다.

총회일 5일 전에 소집통지한 총회결의와 관련하여 법원은, 종중원인 갑을 비롯한 10명의 종원이 1991. 9. 3. 연락 가능한 종원들에게 임시총회 소집통지를 한 다음 1991. 9. 8. 13:00경 종중총회를 개최하여 갑을 종중의 대표자로 선출하였다면, 그 종중총회의 소집절차는 총회의 소집은 1주간 전에 통지를 발하고 기타 정관에 정한 방법에 의하여야 한다고 규정한 민법 제71조의 규정에 위반되어, 특별한 사정이 없는 한 그 종중총회의 결의는 그 효력이 없다(대법원 1995. 11. 7. 선고 94다7669 판결)고 판시하고 있다.

종중총회 결의방법과 관련하여 법원은 서면결의서의 유효성을 인정하고 있다. 어느 종중이 서면결의에 의한 방법도 포함하여 종중의사결정을 하기로 하는 종중총회를 개최하려고 한다면 소집통지서에 회의 목적사항을 안건별 찬반의 의사를 표시할 서면결의서를 동봉하여 종원에게 송부하고 이를 받아 본 종원이 총회에 참석하지 못할 경우 우편으로 서면결의서를 종중 집행부에 반송하기에 이러한 경우 총회소집기간은 찬반의사 내용이 담긴 서면결의서가 반송되어 종중에 도착하는 시간을 감안하여 소집통지기한을 충분한 시간을 두고 할 필요가 있다. 이와 관련하여 법원은, 이 경우 1주일 기한에 반송우편물이 총회 진행자에게 도착하는 기일을 더한 기일을 "충분한 시간"이라고 하고 있다(수원 고등법원 2019. 9. 19. 선고 2019나10596 판결. 상고기각 확정).

(9) 결의방식

종중총회의 결의방법에 있어서 종중규약에 다른 규정이 없는 이상 종원은 서면이나 대리인으로 결의권을 행사할 수 있으므로 일부 종원이 총회에 직접 출석하지 아니하고 다른 출석 종원에 대한 위임장 제출방식에 의하여 종중의 대표자 선임 등에 관한 결의권을 행사하는 것도 허용된다(대법원 2000. 2. 25. 선고 99다20155 판결).

즉, 민법 제73조 제2항은 사단법인의 사원은 서면이나 대리인으로 결의권을 행사할 수 있다고 규정하고, 제75조 제2항은 사원총회의 결의방법에 있어서 제73조 제2항 경우에는 당해사원은 출석한 것으로 본다고 규정하고 있는바, 이러한 사단법인의 총회에 관한 규정은 정관에 다른 규정이 없으면 종중과 같은 권리능력 없는 사단에도 준용된다고 봄이 상당하다고 하는 것이다(대법원 1991. 11. 8. 선고 91다25383 판결).

위임장은 위임인의 의사결정을 수임인이 확인하기에 위임인의 의사가 왜곡될 여지가 크지 않지만, 서면결의의 요건에 관하여 별도로 정하여지지 아니할 경우 그 서면결의인의 의사가 왜곡되거나, 서면결의인의 의사와 무관하게 결의권을 행사하기에 이와 관련하여 작성된 총회결의가 무효인 경우의 사례가 있다. 동일인의 필체에 의한 서면결의서나, 소집통지 도달일 이전에 작성된 것으로 보이는 서면결의서 등은 모두 총회결의 무효의 사유가 된다.

따라서 위와 같은 위험성 때문에 이러한 위임장이나 서면결의서에 의한 결의

방법을 배제하는 종중도 있다. 이와 관련하여 법원은, 종중규약에 위임장에 의한 결의방법을 배제하는 규정이 있다고 한다면 위임장을 제출한 종원은 그 출석을 인정할 수 없다 할 것이다(대법원 2002. 4. 12. 선고 2002다1154 판결)고 판시하여 결의방법과 관련한 종중의 자율성을 보장하고 있다.

한편, 서울고등법원은 서면결의서의 유효성을 인정함에 더 나아가, 종중규약에 총회를 소집하지 않고 서면결의로 총회를 갈음할 수 있도록 정하면서 그 서면결의의 요건에 관하여 별도로 정하여 있지 않다고 하여도 종중총회를 갈음하는 서면결의에도 총회의 정족수 규정이 적용된다고 하였다(서울고등법원 2016. 11. 25. 선고 2015나16790 판결. 확정).

[10] 의결절차

종중총회 당일 회의 진행자는 참석한 종원, 위임장을 제출한 종원, 서면결의서에 의한 종원 등의 성원을 보고하여 의사정족수를 확인하고 참석한 종원들에게 공포하여야 한다. 회의 목적사항이 여러 개의 안건인 경우 이러한 안건을 한 번에 모두 상정하여 찬반의 표결을 할 수는 없다. 안건별로 상정하여 표결에 붙여 의결여부를 결정한다.

종중총회의 결의는 특별한 규정이나 종친회의 관례가 없는 한 과반수의 출석에 출석자의 과반수로 결정하고 이때의 과반수라 함은 1/2을 넘어서는 것을 의미한다(대법원 1994. 11. 22. 선고 93다40089 판결)는 판례도 있지만 다수의 판례는 출석자의 과반수의 찬성으로 결의하는 것이 일반 관습이며, 종중원의 과반수가 출석하여 그 출석자의 과반수가 찬성하여야 유효한 결의로 되는 것은 아니다(대법원 1994. 11. 11. 선고 94다17772 판결)라고 판시한다.

종원의 수가 너무 많은 종종은 종원의 과반수 출석을 의사정족수로 한다면 물리적으로 종중총회가 불가능할 경우가 많을 것이고, 출석자의 과반수로 만 의결정족수로 한다면 종중의 의사결정이 일부 종원에 의하여 쉽게 이루어질 위험성이 있다. 종중에 따라서는 일정한 인원수를 의사정족수로 정하여 운영한다고 하면 (예를 들면 종원 50명 이상 출석하여야 종중총회가 성원되었다는 내용) 상호 단점을 보완하여 운영할 수 있을 것이다.

더 나아가 총회의 결의를 하기 이전에 종중정관이나 규약에 이사회의 심의를 거치는 경우가 있는 경우 위 심의를 거치지 아니한 안건에 대하여 총회에 안건으로 상정하였을 시 그 효력에 대하여 확정된 법원의 판시는, 목적사항인 안건에 대하여 상정된 안건인 종중재산이 취득과 처분, 보존은 종국적으로 총회의 결의사항이기에 그 결의를 무효로 할 정도의 중대한 하자가 있다고 보기 어렵다고 판시하였다(서울지방법원 2017. 8. 10. 선고 2016가합6137 판결. 항소취하 확정).

의결 정족수를 정하는 기준이 되는 출석종원이라 함은 당초 총회에 참석한 모든 종원을 의미하는 것이 아니라 문제가 된 결의 당시 회의장에 남아 있던 종원만을 의미한다고 할 것이므로 회의 도중 스스로 회의장에서 퇴장한 종원들은 이에 포함되지 않는다(대법원 2001. 7. 27. 선고 2000다56037 판결). 그리고 종중총회에서 종중과 어느 종원과의 관계사항을 의결하는 경우, 그 종원에게 의결권은 없고 이때 의결권 없는 종원이 결의를 한 회의에 참가하였다는 사정만으로 결의가 무효로 되지는 아니한다(대법원 2012. 8. 30. 선고 2012다38216 판결).

다. 종중의 의사결정기관(종중총회의 종류)

(1) 의의

종중총회는 종중의 의사결정기관이다. 정기총회와 임시총회로 구분할 수 있다. 그 밖의 종중의 의사결정은 종중정관의 규정에 따라 대의원회의 또는 임원회의에서 결의할 수도 있고, 총회의 내용에 따라 기왕의 하자 있는 총회결의의 효력을 추인하는 추인총회가 있다.

어느 종중의 정기총회는 정해진 일시, 일정한 장소에서 종중의 대소사에 관하여 참석한 종원들의 의사결정을 하는 총회이고 종중원에 대한 소집통지가 필요하지 않기에 종중의 의사결정이 참석한 종원들에 의하여 결정되는 위험성이 있고, 임시총회는 이해관계인에 의하여 소집되기에 총회의 소집권자, 소집대상에게 적법하게 통지하였는지 여부, 결의절차, 결의방법 등에 관한 다툼이 많이 있다.

(2) 정기총회

종중의 규약이나 관례에 의하여 매년 일정한 일시, 일정한 장소에서 정기적으로 종중원들이 집합하여 종중의 대소사를 처리하기로 되어 있는 종중총회의 경우에는 종중총회 소집절차가 필요하지 아니한다(대법원 1995. 6. 16. 선고 94다53563 판결, 대법원 2005. 12. 8. 선고 2005다36298 판결).

정기총회일에 의결할 안건까지 통지하지 아니한 경우에도 당일에 정기적으로 종중의 대소사를 처리하기로 약정이 되어 있는 경우 이루어진 총회결의는 유효하다(대법원 2010. 8. 19. 선고 2010다20235 판결, 대법원 1987. 10. 13. 선고 87다카1194 판결). 위 소집통지와 의결사항을 통지하지 아니하였다고 그 총회결의를 무효로 볼 수 없는 것은 총회의 소집 및 통지에 관한 법리는 종중유사단체에도 마찬가지로 적용된다(대법원 2014. 2. 13. 선고 2012다98843 판결).

종중이 매년 정해진 날짜의 시제에 특별한 소집절차 없이 정기적으로 총회를 열어 종중 재산관리에 관하여 결의를 해 온 종중의 관례가 있다면 원칙적인 종중총회 의결정족수 요건인 과반수 출석에 과반수의 찬성으로 한 의결에 따르지 않았다고 하여도 종중의 관례가 우선한다는 취지로 판시하고 있다(대법원 2011. 9. 8. 선고 2011다34743 판결).

(3) 임시총회

정기총회 외에 종원들이 모여 하는 총회가 임시총회다. 종중의 임시총회는 시급한 현안에 대하여 종원들의 결의를 통하여 종중의 의사결정을 하기 위한 총회이다. 어느 종중이나 임시총회를 소집하는 이유는 급한 종중의 현안을 해결하기 위한 총회이기에 종중의 중요한 현안은 임시총회에서 많이 이루어지기도 한다.

임시총회는 정기총회까지 기다리기에는 시간이 없고, 이미 발생하였거나 발생할 종중의 시급한 문제를 해결을 위하여 적법한 소집권자가 여는 종중총회이다. 법원은 소송행위의 추인과 관련하여, 적법한 대표자 자격이 없는 비법인 사단의 대표자가 한 소송행위를 후에 적법한 대표자가 추인한 경우 그 소송행위는 소급하여 효력이 있으며 이러한 추인은 상고심에서도 할 수 있고, 비법인 사단의 총유재산에 관한 소송이 사원총회의 결의 없이 제기된 경우에도 마찬가지이다(대법원 2018. 7. 24. 선고 2018다227087 판결)라고 판시하고 있다.

종중을 대표할 권한 없는 자가 종중을 대표하여 한 소송행위는 그 효력이 없으나 나중에 종중이 그 총회결의에 따라 위 소송행위를 추인하면 그 행위 시에 소급하여 유효하게 되는 것이다.

(4) 추인총회

임시총회의 일종인 추인총회는 추인총회 이전의 종중의사결정에 하자가 있어 그 의사결정이 효력이 없을 때 이를 추인하기 위한 총회이다. 소집절차에 하자가 있어 그 효력을 인정할 수 없는 종중총회의 결의라도 후에 적법하게 소집된 종중총회에서 이를 추인하면 처음부터 유효로 된다(대법원 1996. 6. 14. 선고 96다2729 판결). 적법한 대표자 자격이 없는 비법인 사단의 대표자가 한 소송행위를 후에 적법한 대표자가 추인한 경우 행위 시에 소급하여 그 효력을 가지고, 이러한 추인은 상고심에서도 할 수 있으며, 이는 비법인 사단의 총유재산에 관한 소송이 사원총회의 결의 없이 제기된 경우에도 마찬가지이다(대법원 2018. 7. 24. 선고 2018다227087 판결).

만일, 어느 종중총회가 개최하지도 않고 허위내용의 의사록만이 작성되어 그 결의의 부존재가 명백하였다면 위 내용의 총회를 추인할 수 있는가. 결의부존재의 원인이 있다는 것이 인정되려면 총회를 개최하지도 않고 허위의 의사록만 작성하거나 구성원 대부분에 대해 소집통지를 하지 않았거나 소집통지를 하였더라도 구성원 대부분이 참석하지 않거나 구성원이 아닌 사람들이 참여하여 결의하는 등 총회소집절차 또는 결의방법에 결의가 존재한다고 볼 수 없을 정도의 중대한 하자가 있어야 한다. 위와 같은 내용의 총회에 대한 추인의 효력에 대하여 법원은, 무효행위를 추인한 때에는 달리 소급효를 인정하는 법률의 규정이 없는 한 새로운 법률행위를 한 것으로 보아야 하고, 이는 무효 또는 부존재하는 결의를 사후에 적법하게 추인하는 경우에도 마찬가지라고 하면서 다시 새롭게 결의한 것으로 볼 수 있다고 판시하여 그 유효성을 인정한다(서울고등법원 2019. 12. 11. 선고 2018나9823 판결, 확정).

〔5〕 대의원총회

〔가〕 종중총회 대체

민법 제68조는 사단법인의 사무는 정관으로 이사 또는 기타 임원에게 위임한 사항 외에는 총회의 결의에 의하도록 규정하고 있다. 종중원들의 의사결정 권한을 종중총회가 아닌 종중원들의 선임한 대의원에 의하여 할 수 있는 것인가.

한 세대를 30년이라고 한다 하고, 어느 종중의 공동선조가 조선시대인 1700년 이전 시대의 인물이라고 한다면 공동선조 후손들의 규모는 파악할 수 없을 정도로 많고, 전국적으로 흩어져 살고 있을 경우가 많이 있다. 이러한 종중이 종중총회를 하려고 한다면 소요되는 비용도 많이 들 것이고 쉽게 종원의 범위를 파악하여 절차를 준수하기에 어려움이 많을 것이다.

특히 종중총회의 결의와 관련하여 특별한 규정이나 관례가 없다면 과반수 출석에 과반수 찬성이라는 대법원 1994. 11. 22. 선고 93다40089 판결의 판시에 맞추어 결의를 통과시킨다고 한다면 대규모 인원의 종원을 보유한 종중은 종중임시총회를 개최하여 상정한 안건에 대한 결의를 통과시키기에는 불가능할 지도 모른다.

어느 종중이든지 간에 처음부터 대규모의 종원이 있었을 것은 아니지만 시간이 지나고, 손이 퍼져 나가면서 종원의 수는 파악할 수도 없게 되었는데 시제일에 찾아와 종사를 논하는 인원은 그 인원이 소수이다 보니 종중의 의사결정을 함에 있어서 종중총회를 대체할 기구로 각 지파의 종원들을 대의원으로 추천받아 이들의 총의로 종중의 의사결정을 운영하는 것이다.

〔나〕 유효성

종중에서 각 지파별로 대의원을 추천받아 대의원회의체를 구성하여 대의원회의가 종중총회와 같은 역할을 부여하기도 하는데 종중의 자율성에 비추어 그러한 대의원결의도 종중의 의사결정으로 유효하다고 보아야 한다.

법원은, 어느 종중의 정관에 '정기 대의원회의가 총회를 갈음한다'고 정한 규약에 따라 대의원회의의 의결을 거쳐 회사 등을 상대로 불법행위에 기한 손해배상을 구하였는데, 항소심에서 위 소가 총유재산의 관리·처분에 관하여 적법한 사원총회의 결의 없이 이루어진 것이고 이는 단시일 안에 보정될 수 없는 것으로 부적법하다고 한 사안에서, 항소심이 직권으로 위 소가 부적법하다고 한 것은 석명의무를 위반하여 필요한 심리를 다하지 아니함으로서 판결에 영향을 미친 잘못이 있고, 위 규약이 종원이 가지는 고유하고 기본적인 권리의 본질적인 내용을 침해하는 등 종중의 본질이나 설립목적에 크게 위배된다고 보기 어렵다고 판시하였다(대법원 2022. 8. 25. 선고 2018다261605 판결).

〔다〕 최소한의 한계

우리나라 대소문중의 의사결정에 있어서 그 종중의 역사와 관례 등에 비추어 일반적이지 않고 각 종중에서 해오던 관례, 종중의 규모, 종중의 역사 등에 맞추어 운영하기에 이러한 내부 결정기관은 종중의 수만큼이나 다양하다. 종중원들의 의사결정을 회피하기 위한 대의원총회는 가급적 지양하여야 한다. 다만, 종원 총의가 반영될 수 있는 일정한 요건 하에 그 결의의 효력을 인정할 수 있을 것이다.

이에 대해 수원고등법원은, 종중총회는 특별한 사정이 없는 한 족보에 의하여 소집통지 대상이 되는 종원의 범위를 확정한 후 국내에 거주하고 소재가 분명하여 통지가 가능한 모든 종원에게 개별적으로 소집통지를 함으로써 각자가 회의와 토의 및 의결에 참가할 수 있는 기회를 주어야 하므로(대법원 2001. 6. 29. 선고 99다32257 판결), 이러한 원칙적인 모습과는 달리 종중 규약에 의하여 각 지파의 종회에서 선출한 대의원들로 구성하는 이른바 대의제를 채택하여 대의원으로 하여금 결의를 하도록 한 경우, 이러한 대의제 형식의 결의를 본래 의미의 총회에 갈음한 것으로서 유효하다고 보기 위해서는 종원 전체의 의사가 대의제를 통하여 구현될 수 있도록 하여야 할 것이므로 대의원회 결의의 유효성이 인정되기 위해서는 그 결의에 참가한 대의원들이 각 파의 종회에서 적법하게 선출된 사람들이어야 한다(수원고등법원 2022. 1. 20. 선고 2021나14560 판결. 대법원 심리불속행 확정)고 판시하고 있다.

라. 총회의사록

의사록은 개최된 종중총회에서 종중 의사의 경과, 요령 및 결과 등이 담긴 문서이고 결의서, 의사록으로 칭한다. 총회 등의 결의와 관련하여 당사자 사이에 의사정족수나 의결정족수 충족 여부가 다투어져 결의의 성립 여부나 절차상이 흠의 유무가 문제되는 경우로서 종중 측에서 의사록을 제출하거나 이러한 의사의 경과 등을 담은 녹음, 녹화자료 또는 녹취록 등을 제출한 때에는, 그러한 의사록 등이 사실과 다른 내용으로 작성되었다거나 부당하게 편집, 왜곡되어 증명력을 인정할 수 없다고 볼 만한 사정이 없는 한 의사정족수 등 절차적 요건의 충족 여부는 의사록 등의 기재에 의하여 판단하여야 한다. 그리고 위와 같은 의사록 등의 증명력을 부인할 만한 특별한 사정에 관하여는 그 결의의 효력을 다투는 측에서 구체적으로 주장 · 입증하여야 한다(대법원 2014. 2. 27. 선고 2011다93834, 2011다93841 판결).

또한 종중총회에서 적법한 결의가 있었다는 점에 관한 입증은 종중총회결의서 등 그러한 사실을 직접적으로 증명할 수 있는 증거에 의하여서만 할 수 있는 것이 아니고 그러한 종중총회의 결의가 있었다는 점 등을 추인할 수 있는 간접사실의 입증에 의하여서도 할 수 있다(대법원 1996. 8. 20. 선고 96다18656 판결).

마. 총회결의무효확인의 소

(1) 의의

종중총회의 결의에 대한 무효확인 청구는 법률상 유효한 결의의 효과가 현재 존재하지 아니함을 구하는 소이고, 총회결의 부존재확인의 소 역시도 법률상 유효한 결의의 효과가 현재 존재하지 아니함을 구하는 내용이기에 소집권자에 의하지 아니하는 총회결의와 같이 총회결의 부존재를 내용으로 한 총회에 대하여 총회결의 무효 확인청구를 하여도 무방하다고 한다(대법원 1983. 3. 22. 선고 82다카1910 전원합의체 판결).

그리고 비법인 사단의 총회에 절차상의 하자가 있으면 원칙적으로 총회결의 무효 사유가 된다고 할 것이고 따로 총회결의취소의 소를 인정할 근거는 없으므로 그 결의의 취소를 구하는 소는 부적법하여 각하된다(대법원 1993. 10. 12. 선고 92다50799 판결).

(2) 당사자적격

원고는 종원을 비롯한 이해관계인이면 족하다. 종중총회 결의는 종중의 내부적 의사결정으로서 그 구성원인 종원에게만 효력이 있고, 결의무효확인 소송의 원고 적격은 원칙적으로 직접 이해관계를 가지는 종중 내부의 자에게 인정되므로 종중의 종원이 아닌 여성 종원의 배우자가 제기한 종중 총회결의 무효 확인의 소는 당사자적격이 없어 부적법하다(수원지방법원 2021. 5. 26. 선고 2020가합19459 판결. 대법원 심리불속행기각 확정).

피고는 당해 종중이다. 만일, 무효인 종중총회에서 대표자가 선임된 경우 그 종중을 대표할 자는 당연히 무효 또는 부존재확인 청구의 대상이 된 결의에 의해 선출된 자를 대표자로 한 종중을 피고로 지정하여야 한다. 다만 그 대표자에 대해 직무집행정지 및 직무대행자선임 가처분이 된 경우에는, 그 가처분에 특별한 정함이 없는 한 그 대표자는 그 본안소송에서 그 단체를 대표할 권한을 포함한 일체의 직무집행에서 배제되고 직무대행자로 선임된 자가 대표자의 직무를 대행하게 되므로, 그 본안소송에서 종중을 대표할 자도 직무집행을 정지당한 대표자가 아니라 대표자 직무대행자로 보아야 한다(대법원 1995. 12. 12. 선고 95다31348 판결).

(3) 확인의 이익

확인의 소에 있어서 확인의 이익은 그 대상인 법률관계에 관하여 당사자 사이에 분쟁이 있고, 그로 인하여 원고의 법적 지위가 불안·위험할 때에 그 불안·위험을 제거함에 확인판결로 판단하는 것이 가장 유효·적절한 수단인 경우에 인정된다(대법원 2010. 2. 25. 선고 2009다93299 판결). 또한, 일반적으로 과거의 법률관계는 확인의 소의 대상이 될 수 없는 것이나, 과거의 법률관계 그 자체의 확인을 구하는 편이 관련된 분쟁을 일거에 해결하는 유효·적절한 수단일 수 있는 경우에는 예외적으로 확인의 이익이 인정된다 할 것이다(대법원

1995. 3. 28. 선고 94므1447 판결).

재심사유에 해당하는 대표권의 흠결여부를 확정짓기 위한 종중결의 부존재 내지 무효 확인의 소는 그 확정판결에 종중대표권의 흠결을 간과한 잘못이 있다면 바로 그 사유를 들어 재심의 소를 제기할 수 있으나 위 내용의 재심사유를 확정짓기 위하여 하는 종중결의 부존재 내지 무효 확인의 소에는 소의 이익이 없다(대법원 1982. 6. 8. 선고 81다636 판결).

종중의 종전결의가 무효라고 하더라도 그 이후 적법한 절차에 따라 소집·개최된 종중총회에서 종전결의를 그대로 추인하였다면, 이는 종전의 결의와 같은 내용의 새로운 결의를 한 것으로 볼 것이므로, 새로운 추인의 결의가 아닌 종전의 결의에 대하여는 그 결의가 무효임의 확인을 구할 법률상의 이익이 없다(대법원 1999. 2. 24. 선고 97다58682 판결 등 참조).

종중총회결의에 의하여 집행기관인 회장 등이 선임되었으나 그 후 사임하였다면 그 선임 결의의 무효 확인을 구하는 것은 과거의 법률관계의 확인을 구하는 것이어서 소의 이익이 없는 것이 원칙이나, 회장 등의 사임에도 불구하고 후임자의 선임이 없거나 그 선임 결의가 무효인 경우, 전임 회장 등으로 하여금 업무를 수행하게 하는 것이 부적당하다고 인정할 만한 특별한 사정이 없는 한 전임 회장 등은 민법 제691조에 따라서 후임자가 선임될 때까지 종전의 직무를 수행할 의무와 권한을 가지는 것인바, 이러한 경우에는 법적으로 그의 직무수행을 배제하기 위하여 당초의 종중총회결의의 무효확인을 구할 소의 이익이 있다고 보아야 한다(대법원 1998. 12. 23. 선고 97다26412 판결, 대법원 2006. 10. 27. 선고 2006다23695 판결).

(4) 총회결의의 하자에 대한 주장방법, 판결의 효력

민법상 법인의 이사회 결의에 하자가 있는 경우에 관하여 법률에 별도의 규정이 없으므로 그 결의에 무효사유가 있는 경우에는 이해관계인은 언제든지 또 어떤 방법에 의하든지 그 무효를 주장할 수 있다고 할 것이지만 결의무효확인소송이 제기되어 승소판결이 난 경우 그 판결의 효력은 당사자 사이에서만 발생하는 것이지 대세적 효력이 있다고 볼 수는 없다(대법원 2000. 1. 28. 선고 98

다26187 판결).

　이사회결의뿐만 아니라 종중의 임시총회결의무효확인의 소에 대하여도 종중총회 무효확인판결의 대세적 효력은 인정되지 아니한다(대법원 2000. 1. 28. 선고 98다26187 판결, 대법원 2016. 4. 12. 선고 2015다14365 판결).

바. 총회결의무효확인의 소를 본안으로 한 가처분

　종중총회결의에 하자가 있어 그 하자를 다투는 경우에는 본안소송에 앞서 총회결의 효력정지 가처분, 그 총회결의를 진행한 종중대표자에 대한 직무집행정지 가처분, 총회결의에 따라 체결된 계약의 진행을 막는 계약효력정지 가처분 등의 보전처분을 함께 신청할 수 있다.

사. 총회개최금지가처분

　종중은 친족단체이고 종중재산은 종중원들의 총유재산이기에 이해관계를 가지는 종원은 누군가가 종중총회를 개최하는 소식을 쉽게 접하게 된다. 위 소식을 접한 종원은 개최하려는 총회가 종중에 필요한 것인지 아니면 또다른 법률적 분쟁을 야기하는 것인지를 파악할 수 있고, 그리고 개최하려고 하는 총회가 후자의 목적이라고 한다면 그 종원은 총회개최를 금지하는 내용의 가처분을 법원에 신청하여 대항할 수 있다.

　이러한 가처분과 관련하여 법원은, 하자 있는 총회결의에 대하여 효력이 없음을 주장하는 당사자는 본안소송에 의하여 그 결의의 효력을 다투는 것이 가능함은 물론 가처분으로 총회결의의 효력정지를 구할 수도 있는 등 사후적인 권리구제 방법이 마련되어 있지만, 총회의 개최 자체를 금지하는 가처분을 발령하는 경우에 총회를 개최하고자 하는 주체는 사실상 그 가처분 결정에 대하여 불복할 기회 자체를 잃을 수도 있다. 따라서 총회개최금지 가처분을 발령하기 위해서는 총회 개최의 위법함이 명백하고 그로 인하여 또 다른 법률적 분쟁이 초래될 염려가 있는 등 피보전권리 및 보전의 필요성에 대한 고도의 소명이 필요하다. 그리고 장래에 이루어질 총회결의에 대하여 미리 효력의 정지를 구

하는 가처분은 사실상 총회의 개최 자체를 무익하게 만들 수 있어 총회의 개최
자체의 금지를 구하는 목적이 대부분 중첩되므로, 장래의 총회결의의 효력 정
지를 구하는 가처분의 피보전권리 필요성 또한 총회의 개최금지를 구하는 가처
분에서 요구되는 소명의 정도에 준하여 판단하여야 한다(의정부법원 2018. 11. 9.
선고 2018카합5376 결정)라고 판시하고 있다.

한편, 종중 정관규정에 따른 소수 대의원이 법원의 허가를 받아 임시총회를
소집한 경우 종중의 기관으로 소집하는 것으로 보아야 하고 종중이 대표자라도
위 소수의 대의원이 법원의 허가를 받아 소집한 임시총회의 기일과 같은 기일
에 다른 임시총회를 소집할 권한은 없게 된다(대법원 1993. 10. 12. 선고 92다
50799 판결). 따라서 위와 같은 사안에서 대표자가 개최하는 임시총회에 대하여
소수의 대의원은 대표자를 상대로 총회금지개최가처분을 신청하여 대항할 수
있을 것이다(대구지방법원 2022. 3. 30.자 2022카합10098 결정).

09   임원회의

가. 의의

민법의 사단법인에 관한 규정에는, 법인의 기관으로 이사를 두어야 하고(민법 제57조), 정관이나 총회의 결의로 감사를 둘 수 있으며(위 법 제66조), 사단법인의 사무는 정관으로 이사 또는 기타 임원에게 위임한 사항 외에는 총회의 결의에 의하여야 한다(위 법 제68조). 사원의 정기총회와 임시총회에 관한 규정은 있지만(위 법 제69조, 제70조), 이사들의 모여 하는 이사회에 관한 규정은 없다.

고유의미의 종중은 필요에 의하여 종중의 정관을 작성하면서 종중의 기관으로 이사 및 감사를 두고, 의사결정기관으로 정기총회와 임시총회에 관한 규정을 두면서 그밖에 이사회 또는 임원회의에 관한 규정을 두기도 한다. 더 나아가 이러한 이사회, 임원회의에 종중재산의 관리 및 처분에 관한 의사결정까지 위임하여 처리하는 경우도 많이 있다. 다만, 위와 같은 회의를 이사회, 임원회의, 대의원회의 등의 명칭으로 규정 짓고, 회의에 참여하는 구성원을 회장, 전임회장, 총무, 각 지파의 이사, 감사 등 구성원의 범위를 확정하는 것은 종중의 자치성에 비추어 허용될 것이다(대법원 2008. 10. 9. 선고 2005다30566 판결).

다만, 임원회의는 종원들의 대의제에 의한 대의원회의와 그 성질은 다르지만 종중의 자율성의 틀 안에서 보면 그 운영에 있어서 큰 차이는 없을 것으로 보인다.

나. 종중총회의 대체성

(1) 자율성

종중재산은 종중원들의 총유이다. 이러한 종중재산의 보존행위, 관리 및 처분행위는 원칙적으로 종중원들의 의사 결정기관인 종중총회의 의결이 있어야 한다. 그런데, 위와 같은 종중총회의 권한을 임원회의의 의결사항을 정할 수 있는 것인가. 법원은, 종중에 대하여는 가급적 그 독자성과 자율성을 존중해 주는 것이 바람직하고, 따라서 종중규약은 그것이 종원이 가지는 고유하고 기본적인 권리의 본질적인 내용을 침해하는 등 종중의 본질이나 설립 목적에 크게 위배되지 않은 한 그 유효성을 인정하여야 한다(대법원 2022. 8. 25. 선고 2018다261605 판결)고 판시하고 있다.

(2) 필요성과 위험성

고유의미의 종중의 종원은 별도의 가입절차가 없어도 당연히 종원이 되는 것이다. 그러나 자신이 속한 종중에 대하여 구체적으로 모르거나, 공동선조를 비롯한 선조들의 분묘관리와 봉제사의 목적활동에 적극적으로 참여하지 않는 종원의 경우에는 종중에게 자신의 주소와 연락처를 알려주지 않기도 한다. 종중으로서는 종중총회를 개최하기 위하여는 많은 비용과 시간이 소요되고 정작 개최된 총회에서는 참석하는 종원의 숫자가 예상외로 적을 수도 있다. 그리고 이러한 종중총회의 소집요건과 그 절차가 엄격하기에 자칫하면 총회결의 무효확인의 소로 종중의 의사결정이 뒤흔들릴 수 있기도 한다. 이러한 단점을 보완하기 위하여 종중의 정관을 제정하거나 개정하면서 종중총회의 결의를 요하여야 할 내용을 임원회의 의결사항으로 넣기도 한다.

그러나 위와 같은 임원회의는 전체 종원의 의사결정을 왜곡하는 수단으로 변질되기도 하고, 종중원들의 총유인 종중재산이 몇몇의 임원들의 결의에 의하여 처분될 수 있는 위험성이 있다. 임원들과 종원들은 모두 같은 혈연집단체의 구성원이기에 임원으로서 주의의무를 해태하게 되면 결국 종중은 송사의 길로 접어들게 되는 것이다.

[3] 임원회의 의결의 한계

종중의 본질적인 내용을 침해하는 규정은 효력이 없다. 종원의 영구제명 처분의 의결 등 종중총회에서도 할 수 없는 의결을 임원회의에서 결의한다고 한다면 더더욱 위와 같은 결의는 그 효력이 없다 할 것이다.

그밖에 최고 의사결정기관인 종중총회에 관하여 임원회의의 의결이 있어야 종중총회를 개최할 수 있다는 규정은 비법인 사단인 종중의 의사결정을 형해화하는 것이기에 그 효력이 없다 할 것이다.

구체적인 사건에서 법원은, 사단법인의 정관 변경은 사원총회의 결의에 의하여야 하고 정관에 사원총회의 결의가 아닌 대의원총회의 결의만으로 정관을 변경하였고 주무관청이 이를 인가하였다고 하더라도 특별한 사정이 없는 한 그러한 정관규정은 강행법규인 민법 제42조 제1항에 위배되어 무효로 볼 여지가 있지만, 문제된 여객자동차운수사업법에 의하여 설립한 개인택시조합은 위 시행령에 총회에 갈음하는 대의원회를 둘 수 있는 규정 외에 주무관청이 감독권을 행하면서 대의원회의에서 정관개정을 용인하고 있는 점 등 여러 사정을 참작하여 예외적으로 그 유효성을 인정하였다(대법원 2010. 7. 15. 선고 2009다100258 판결).

전주지방법원은, 민법 제42조 제1항은 '사단법인의 정관은 총사원 2/3 이상의 동의가 있는 때에 한하여 이를 변경할 수 있고, 다만 정수에 관하여 정관에 다른 규정이 있는 때에는 그 규정에 의한다'고 정하고 있는데, 이는 법인격을 전제로 하지 않는 비법인 사단인 원고 종중에 대하여도 당연히 유추적용 된다. 다만 위 규정은 자주적인 인적 결합체인 사단의 본질을 고려하여 그 근본규범이라고 할 수 있는 정관의 변경을 최고의결기관인 사원총회(또는 종중총회)의 전권사항으로 하되, 그 의결정족수만을 정관으로 달리 정할 수 있도록 한 강행규정에 해당하므로, 단순히 정족수를 달리 정하는 것이 아니라 종회의 결의가 아닌 다른 종중 내부기구나 일부 구성원에 의하여 임의로 정관을 변경할 수 있도록 하는 내용의 정관규정은 다른 법률상의 근거가 없는 한 무효이다(대법원 2010. 7. 15. 선고 2009다100258 판결 등 참조). 따라서 원고 종중이 대의원총회의 결의만으로 정관을 변경할 수 있도록 하는 내용의 제2정관(제11조 제7항, 제19조

제7항 등)과 이에 기초하여 2019. 2. 9.자 대의원총회에서 다시 개정이 이루어진 제3정관은 모두 그 효력을 인정할 수 없다(전주지방법원 2020. 5. 21. 선고 2019가합783 판결. 확정)고 판시하고 있다.

종중 회칙상 종중재산은 종중총회의 결의를 거쳐야만 처분할 수 있음에도 종중재산의 처분에 관한 적법한 총회 결의나 이사회 위임결의 또는 그와 같은 내용의 종중회칙의 변경 없이 종중회장이 종중 이사회를 개최하여 임의로 이사회를 구성하고 종중재산의 처분은 이사회 결의만으로 가능하도록 임의로 정관을 변경하여 이에 따라 개최된 이사회에서 종중재산의 처분을 결의한 후 종중재산을 처분한 경우, 그 종중재산의 처분은 무효이다(대법원 2000. 10. 27. 선고 2000다22881 판결).

다. 임원회의 무효확인

종중의 임원회의 역시 정관의 규정에 의하여 적법한 절차에 따라 소집과 의결하여야 한다. 연고항존자라고 하여도 정관에 달리 규정이 없는 한 동인의 임원회의 소집권한은 없다 할 것이다.

종중의 임원회의 결의에 대하여 종중이 아니라 대표자 개인을 상대로 무효확인을 구할 경우 그 판결의 효력은 당해종중에 미치지 않으므로 당사자들 사이의 분쟁을 근본적으로 해결하는 가장 유효·적절한 방법이 될 수 없어 임원회의 결의 무효확인의 소 역시 종중만이 피고 적격을 가진다(대법원 1998. 11. 27. 선고 97다4104 판결).

한편, 민법상 법인의 이사회의 결의에 하자가 있는 경우에 관하여 별도의 규정이 없으므로 그 결의에 무효사유가 있는 경우에는 이해관계인은 언제든지 또 어떤 방법에 의하든지 그 무효를 주장할 수 있다고 할 것이지만, 이와 같은 무효주장의 방법으로서 이사회결의의 무효확인소송이 제기되어 승소판결이 난 경우, 그 판결의 효력은 위 소송의 당사자 사이에서만 발생하는 것이지 대세적 효력이 있다고 볼 수는 없다(대법원 2000. 1. 28. 선고 98다26187 판결).

10 종중소유농지

가. 문제의 제기

종중소유 부동산 중에는 논과 밭을 포함한 농지법상의 농지가 있다. 일제시대 토지 사정 당시 종중은 종중 소유의 전과 밭에 관하여 종원 등 명의로 사정 받았다. 1930년 조선부동산등기령이 개정되기 전까지 종중명의로 권리를 취득하거나 부동산의 등기를 할 수 없었기에 조선고등법원은 명의신탁의 유효성을 인정하여 대내적 관계에서는 명의신탁자인 종중이 소유권을 보유하되 대외적 관계에서는 명의수탁자가 소유권을 보유한다고 하였다.

이에 따라 명의신탁자인 종중은 명의신탁을 해지하고 명의수탁자에게 그 부동산의 소유권이전등기청구권을 취득하게 된다.

그러나 종중이 종원명의로 되어 있는 전, 답에 대하여 명의신탁해지를 원인으로 한 소유권이전등기 판결을 선고받아 종중명의로의 이전등기를 위해서는 현행 농지법에서는 농지취득자격증명서가, 그 이전에는 농지매매증명서가 필요하였다. 위 매매증명서나 농지취득자격증명서가 없으면 종중명의로의 등기를 필할 수 없고 결국 종중으로서는 명의수탁자를 설득하여 자신의 재산권을 행사하여야 하는데 수탁명의인인 종원에 따라서는 이러한 점을 이용하여 종중에게 이에 대한 보상을 요구하기도 한다.

종중은 그 소유의 농지를 종중명의로 등기를 필할 수 있는 방법은 없는 것인가. 그리고 종중명의로의 등기를 필하지 못하는 경우 그 재산권 행사는 어떠한 방법으로 하여야 하는지가 문제된다.

나. 농지개혁법

농지개혁법의 핵심은 농지의 소유상한은 3정보로 하고, 농가가 아닌 자의 농지와 자작하지 않은 농지는 정부가 이를 매수한다는 내용이다.

농지개혁법 제6조 제1항 제7호의 농지, 분묘를 수호하기 위하여 종전부터 소작료를 징수하지 아니하는 기존의 위토로서 묘매 1위당 2단보(600평) 이내의 농지에 해당하는 경우는 당연히 같은 법 제5조의 정부의 매수나 분배에서 제외되는 것이다(대법원 1964. 6. 16. 선고 63다943 판결).

농지개혁법 시행 당시 종중은 위 법률에 따른 위토의 요건을 갖춘 농지를 적법하게 취득할 수 있으므로 종중이 그러한 요건을 갖춘 위토로 사용하기 위하여 농지를 취득하여 종중 외의 자의 명의로 신탁한 경우, 그 명의신탁은 법령상 제한을 회피하기 위한 것이라고 볼 수 없어 그 이후에 시행된 부동산실명법 제8호 제1호의 규정에 의하여도 유효하다(대법원 2006. 1. 27. 선고 2005다59871 판결).

그리고 농지개혁법 제6조 제1항 제7호 소정의 위토는 그 위토신고가 실질적으로 누구에 의하여 이루어진 것이든, 수호인을 누구로 하였든, 그 위토가 누구의 묘를 수호하기 위한 것이었든지 간에 분배대상 농지가 아니어서 국가에 매수취득 되지 아니하는 것이고, 종중 소유의 위토에 대하여 위토인허를 받지 아니하였다고 하더라도 당연히 그 소유권을 상실하는 것은 아니며(대법원 1991. 3. 27. 선고 91다3741 판결), 또 그 위토의 소유권은 일반 소유권과 아무런 차이가 있을 수 없으므로 위토에 대한 명의신탁의 법률관계는 농지개혁법 시행 이후에도 그대로 유지된다(대법원 1992. 12. 24. 선고 92다8279 판결).

다. 농지법

현행 농지법은 1994. 12. 22. 제정되었다. 그 이전에 농지에 관한 입법은 농지개혁법, 농지보전및이용에관한법률, 농지임대차관리법 등이 시행되었는데, 농지법은 위와 같은 각 목적의 법률들을 각 취지에 맞추어 통합하여 제정한 것이다.

그런데 농지법 제2조 제2, 3, 4호 및 제6조에 의하면 원칙적으로 농업인이나 농업법인이 아니면 농지를 소유할 수 없고 다만 같은 법 제6조 제2항 가호의 농지를 소유할 수 있다고 규정되어 있지만 종중은 위에서 말하는 농업인이 아님은 각종 판결에서 설시하는 내용이다. 따라서 종중이 전답 등 농지법에서 말하는 농지에 관하여 명의신탁해지를 원인으로 한 이전등기판결을 받고 그 판결이 확정되어 종중명의로 이전등기를 마치기 위하여는 농지법에서 정하는 농지취득자격증명을 받아야 한다.

종중이 관할관청에 농지법 제8조 제1항에 정한 농지취득자격증명을 신청하여도 관할관청은 종중은 농지법의 농업인이나 농업법인에 해당하지 않는다고 하면서 위 취득증명서를 발급하여 주지 않고 있다.

한편, 농지법에서 정하는 농지취득자격증명에 대한 법률적 의미와 관련하여 법원은, 이는 농지를 취득하는 자가 그 소유권에 관한 등기를 신청할 때에 첨부하여야 할 서류로서 농지를 취득하는 자에게 농지취득의 자격이 있다는 것을 증명하는 것일 뿐 농지취득의 원인이 되는 법률행위의 효력을 발생시키는 요건은 아니라고 할 것이므로 농지에 관한 소유권이전등기청구소송에서 비록 원고가 사실심 변론종결시까지 농지취득증명을 발급받지 못하였다고 하더라고 피고는 자신의 소유권이전등기의무가 이행불능임을 내세워 원고의 청구를 거부할 수 없다고 한다(대법원 1998. 5. 8. 선고 97다53144 판결).

라. 부동산 실권리자명의 등기에 관한 법률(약칭: 부동산실명법)

위 부동산실명법은 그동안 인정되어 온 명의신탁 약정은 무효이고 다만 고유의미의 종중은 그 예외를 인정하여 종중의 명의신탁은 그 효력을 인정하고 있다(위 법 제8조). 그런데 종중이라고 하여도 위 법 제8조 제1호에 의하면 종중 역시도 법령상 제한을 회피하기 위한 것이라고 한다면 종중 역시도 종중이 종중 외의 자의 명의로 등기한 경우 그 명의신탁 약정이 무효로 된다.

한편, 농지법은 농업인이 아닌 종중은 농지법의 적용을 받아 농지를 소유할 수 없음에도 불구하고 농지법에서 규정하고 있는 농지의 소유 제한을 회피할 목적으로 타인에게 부동산을 명의신탁한 것이라면 이는 부동산실명법 제8조 제1호의 법령상 제한을 회피하기 위한 것으로 명의신탁의 유효성을 인정할 수 없다는 주장이 제기된다.

이와 관련하여 법원은, 구 농지개혁법(법률 제4817호 농지법 부칙 제2조에 의하여 1996. 1. 1.자로 폐지된 법)에 의하면 종중은 원칙적으로 농지를 취득할 수 없지만 위법 제6조 제1항 제7호의 규정취지에 비추어 볼 때 종중이 기존 위토가 없는 분묘를 수호하기 위하여 분묘 1위당 600평의 농지를 위토로서 새로이 취득하고자 하는 경우에는 이러한 취지가 기재된 농지매매증명서를 첨부하여 소유권이전등기를 신청할 수 있다고 할 것이므로 이와 같이 제한된 목적과 규모의 범위 내에서는 종중도 농지를 취득할 수 있으므로 종중의 명의신탁이 법령상 제한을 회피하기 위한 것이라고 볼 수 없으며,

현행 농지법 하에서 농지를 취득할 수 없으므로 원시적인 이행불능이라고 한 점에 대하여는, 원심법원의 판시취지와 같이 원고 종중이 장차 농지취득자격을 갖추어 그에 관한 증명을 받거나 목적 부동산의 현상이 농작물의 경작 또는 다년생 식물재배지로 이용되지 않음이 관할관청에 발급하는 서면에 의하여 증명되는 경우에는 그 부동산을 취득할 수 있는 여지가 있으므로 이 사건 부동산에 관한 소유권 이전등기의무가 이행불능이라던가, 그 등기원인인 원고 종중의 명의신탁해지가 무효라고 단정할 수 없다고 보았다(위 대법원 2006. 1. 27. 선고 2005다59871 판결).

마. 종중재산의 행사방법

[1] 의의

궁극적으로 농지취득자격증명서를 발급 받지 못한다면 종중으로서는 수탁자 명의의 전, 답 등 농지에 관하여 종중명의로의 이전등기를 마칠 수 없어 그 재산권 행사에 애로가 있을 것이다. 종중은 이를 처분하여 그 가액상당을 회수하는 방법과 명의수탁자를 변경하여 관리하는 방안을 모색하려고 한다.

(2) 농지의 매매

〔가〕 수탁인의 협조

계약을 체결하는 행위자가 타인의 이름으로 법률행위를 할 경우에 행위자 또는 명의인 가운데 누구를 계약의 당사자로 볼 것인가에 관하여는 우선 행위자와 상대방의 의사가 일치한 경우에는 그 일치한 의사대로 행위자 또는 명의인을 계약의 당사자로 확정하여야 하고, 행위자와 상대방의 의사가 일치하지 않는 경우에는 그 계약의 성질, 내용, 목적, 체결 경위 등 그 계약 체결 전후의 구체적인 제반 사정을 토대로 상대방이 합리적인 사람이라면 행위자와 명의자 중 누구를 계약의 당사자로 이해할 것인가에 의하여 당사자를 결정하여야 할 것이다(대법원 1999. 6. 25. 선고 99다7183 판결).

종중이 수탁인 명의의 종중소유 토지에 관하여 매도인을 종중과 수탁인명의로 한 매매계약을 체결한 경우, 수탁자로부터 교부받은 인장과 종중의 인장을 매매계약서의 매도인 란에 날인하였다면 위 매매계약의 매도인은 종중과 함께 수탁인이 공동 매도인의 지위에 있다고 봄이 상당하다(대법원 2011. 2. 10. 선고 2010다83199, 2010다83205 판결).

〔나〕 수탁인의 비협조

만일, 종중이 종중소유의 명의신탁부동산에 관하여 수탁인의 동의 없이 수탁인 명의로 계약을 체결하였다고 한다면 위 매매계약의 당사자는 종중과 매수인일 것이다. 종중이 매수인에게 그 이전등기를 마쳐주는 방법과 관련하여 제기된 소송은 다음과 같다.

첫째, 이전등기청구권양도에 의하여 매수인 명의로 소송을 하기도 한다. 종중이 수탁인을 상대로 명의신탁해지를 원인으로 한 이전등기청구소송을 제기하여 승소판결을 받은 뒤 매도인의 지위에서 종중소유 부동산을 매매하고 그 대금을 모두 받았음에도 수탁인의 협조가 되지 않자, 종중이 이전등기청구권을 새로운 매수인에게 양도하여 매수인이 이에 터 잡아 수탁인을 상대로 한 이전등기청구소송을 제기한 사안에서 법원은, 부동산의 양도계약이 전전양도된 경우에 중간생략등기의 합의가 없는 한 최종양수인은 최초 양도인에 대하여 직접

자기명의로 소유권이전등기를 청구할 수 없고, 부동산의 양도계약이 순차 이루어져 최종 양수인이 중간생략등기의 합의를 이유로 최초 양도인에게 직접 소유권이전등기청구권을 행사하기 위하여는 관계당사자 전원의 의사합치, 즉 중간생략등기의 합의를 요구된다. 그러므로 비록 최종 양수인이 중간자로부터 소유권이전등기청구권을 양도 받았다고 하더라도 최초 양도인이 양도에 대하여 동의하지 않고 있다면 최종 양수인은 최초 양도인에 대하여 채권양도를 원인으로 한 이전등기를 청구할 수 없다(대법원 2021. 6. 3. 선고 2018다280316 판결)는 법리는 명의신탁해지에 의한 이전등기청구권의 양도와 같은 위 사건에도 같이 적용된다고 판시하고 있다.

그러나, 위 대법원 판결의 하급심인 수원지방법원은 여러 사유를 들어 소유권이전등기청구권의 양도에 관한 양도제한의 법리가 적용된다고 볼 수 없다고 하면서 종중토지의 매수인이 수탁인을 상대로 양수받은 명의신탁 해지를 원인으로 한 소유권이전등기청구를 인용하였다(수원지방법원 2018. 10. 4. 선고 2018나55227 판결). 위 판결의 판시이유 중에는 농지를 취득할 수 없는 종중이 이를 소유하는 대신 수탁인에 대한 소유권이전등기청구권을 농지를 취득할 수 있는 제3자에게 양도하여 그 재산가치를 회수하는 것이 오히려 농지법의 입법취지에 부합하고, 우리 법원이 점유취득시효 완성에 의한 소유권이전등기청구권은 양도제한의 법리가 적용되지 않음을 인정하고 있는데 위와 같은 사안에 있어서도 명의수탁자로서는 최종 등기 보유자가 누가 되든 명의신탁자의 처분에 따르면 족할 뿐 독자적인 이해관계나 신뢰관계를 갖는다고 볼 수 없다는 점 등에 비추어 점유취득시효 완성에 따른 소유권이전등기청구권의 양도를 예외적으로 허용하는 이유와 같은 논리구조이고 따라서 종중이 종원에게 한 소유권이전등기청구권 역시도 그 양도를 허용하여야 한다는 취지로 종중의 명의신탁 해지에 따른 소유권이전등기청구권의 양도의 유효성을 인정하였지만 대법원에서 받아들이지 않았다.

둘째, 종중은 기존 수탁자의 지위를 종중에게 협조하는 종원명의로 수탁인을 변경하는 내용의 총회결의를 마친 다음 소송을 통하여 수탁자를 변경하려고 하지만 이러한 형태의 소송 또한 그 목적을 달성하기 어렵다. 법원은 종중에 협조하지 않는 기존 수탁인을 상대로 종중이 명의신탁을 해지한 뒤 새로운 명의수탁인과 체결하는 명의신탁 약정은 농지법을 회피하기 위한 것으로 그 명의신탁의 유효성을 인정하지 않는 토대에서 판결하고 있다.

새로운 명의수탁인이 원고가 되어 종중과의 명의신탁에 터잡아 채권자대위에 의한 종전 수탁인을 상대로 종종명의의 이전등기를 구하고 종중을 상대로는 명의신탁약정을 원인으로 한 순차 이전등기를 청구한 사안에서 부동산실명법에 의하여 새로운 명의신탁 약정은 무효이기에 대위하는 피보전권리가 없음을 이유로 그 소가 각하되기도 하고(대전지방법원 서산지원 2019. 10. 31. 선고 2015가합51141 판결. 확정), 종중이 원고가 되어 기존 수탁인을 상대로 새로운 수탁인에게 이전등기를 구하는 사안에 대해서는 위 결의만으로 새로운 수탁인에게 이전등기청구권이 발생하는지에 대한 판단에 앞서 종중과 수탁인 사이에 농지에 관하여 새로운 명의신탁계약을 체결하는 것은 농지법을 회피하기 위한 것으로 그 명의신탁의 유효성을 인정할 수 없다고 판시하였다(춘천지방법원 강릉지원 2016. 6. 1. 선고 2016가단50746 판결. 항소심에서 화해권고결정으로 확정).

바. 새로운 위토 설정을 위한 농지취득이 가능한가

구 농지개혁법 시행 당시 종중이 농지를 매수하여 종원명의로 신탁한 토지에 관하여 추후 종중이 명의신탁 해지를 원인으로 한 소유권 이전등기청구소송을 제기한 사안에서 원심이 종중이 이 사건 부동산을 취득할 수 있으려면 향후 농지법 제6조가 개정되어 종중이 농지취득이 가능하게 되고, 개정 이전에 거래된 농지에 대해서도 종중의 농지취득이 가능하다는 취지의 규정이나 해석론이 마련하는 등의 조치가 있어야 할 것이라는 등의 이유로 원고 종중의 청구를 받아들이지 아니한 사안에서 대법원은, 구 농지개혁법에 취지에 비추어 볼 때 종중은 원칙적으로 농지를 취득할 수 없지만, 위 법 제6조 제1항 제7호의 규정취지에 비추어 볼 때 종중이 기존의 위토가 없는 분묘를 수호하기 위하여 분묘 1위당 600평 이내의 농지를 위토로서 새로이 취득하고자 하는 경우에는 이러한 취지가 기재된 농지매매증명서를 첨부하여 농지에 관한 소유권이전등기신청을 할 수 있다고 할 것이므로 이와 같이 제한된 농지를 취득할 수 있다고 할 것이라고 판시하고 있다(대법원 2011. 6. 10. 선고 2011다14886 판결).

한편, 1996. 1. 1.자로 농지개혁법은 폐지되었다. 그리고 현재까지 위토 설정을 위하여 농지취득을 예정하는 다른 법률은 없으며 현행 농지법은 농업인에 한하여 농지를 취득할 수 있다. 따라서, 현행 농지법상 종중은 이전의 위토 요건을 갖춘 농지를 적법하게 취득하여 보유하는 외에 새롭게 이를 취득, 보유할 수 없다고 해석될 여지가 많기에 만일 종중소유의 위토답이 수용되어 나오는 수용보상금으로 다시 농지를 매수하여 종원 명의로 신탁하였다고 하여도 그 명의신탁은 효력을 인정받기 어려울 것이고 따라서 이러한 방법은 지양하여야 할 것이다.

덧붙이면, 부동산실명법 제8조는 종중에 대하여 조세포탈, 강제집행의 면탈 또는 법령상 제한의 회피를 목적으로 하지 않는 경우에 한하여 명의신탁을 허용하고 있고, 농지법 제6조 제4항은 농지법에서 허용된 경우 외에는 농지 소유에 관한 특례를 정할 수 없다고 규정되어 있다. 따라서, 종중이 농지법의 제한으로 인하여 종중명의로 농지취득자격증명을 받을 수 없음에도 농지를 취득하여 종원명의로 신탁하여 놓는다고 한다면 이는 농지소유를 제한하고 있는 농지법을 회피하기 위한 목적이기에 종중이라고 하여도 명의신탁의 유효성을 인정받기 어렵다고 볼 여지가 많기 때문이다(이러한 문제로 어느 종중에서는 농지취득이 가능한 농업법인을 별도로 설립하기도 한다).

11 종중명의 부동산에 관한 소송

가. 문제의 소재

어느 부동산의 소유권이 종중명의로 되어 있는 토지에 관한 소송이다. 고유 의미의 종중이 종중명의로 보존등기 또는 이전등기를 마친 부동산에 관하여 진 정한 소유자가 종중을 상대로 한 소유권 보존, 이전등기의 말소소송, 진정명의 회복을 원인으로 한 이전등기 소송을 비롯하여 종중명의 부동산이 하자 있는 종중총회의 결의에 터 잡아 타인에게 이전등기가 되었을 때 그 이전등기의 말 소소송, 중중을 상대로 종중명의 부동산에 관한 점유취득시효완성을 원인을 한 이전등기청구 소송, 종중명의 부동산에 관하여 그 소유명의인 종중에 관한 다 툼에 관한 소송은 모두 종중명의의 부동산에 관한 소송이다.

종중이 소송의 당사자가 되는 경우, 적극적 당사자가 되든지, 아니면 소극적 당사자인 피고로 지정되든지 간에 종중의 실체를 정확히 파악하여 소송에 임하 여야 한다. 물론 상대방이 제기한 소에 관한 청구원인과 사실관계의 파악이 무 엇보다도 중요한 것이지만 당사자인 종중의 성격, 그동안 종중이 보관하고 있 는 자료, 종원이 가지고 있는 자료, 쟁점 부동산에 관하여 관리 현황 등이 흩어 져 있을 수 있기에 이를 꿰어 맞추고 이어 붙여 주장을 정비하는 것은 매우 중 요하다.

나. 당사자능력

[1] 소송요건

종중이 소송의 당사자가 되어 소송에 임할 때 법원은 이러한 종중이 사단으로 실체를 가지고 있는 고유의미의 종중인지 아니면 종중유사단체인지, 고유의미의 종중이라고 한다면 그 공동선조는 누구인지, 종중대표자는 적법한 종중의 대표자인지에 관한 소송요건에 대하여 살펴볼 것이다.

종중은 고유의미의 종중이든지 아니면 종중유사단체라고 하여도 그 역사가 오래되어 내려오면서 종중을 이끌어 오는 분들도 본인들의 가정생활에 충실하여 오다가 자녀들이 성장한 뒤에 참여한 분들이 많을 뿐 아니라, 종중을 이끌어 오는 종장이나 대표자는 각자의 방식으로 종중 활동을 하여 오기도 하고, 자신이 작성한 문서가 다음의 집행부에 전달되지 않은 경우도 있기도 하여 막상 종중재산에 관한 소송이 제기되었을 때 소지하고 있는 자료가 빈약하거나 체계적이지 않은 경우가 많다.

[2] 직권조사사항

당사자능력 유무에 관한 사항은 법원의 직권조사사항이므로, 그 당사자능력 판단의 전제가 되는 사실에 관하여는 법원이 당사자의 주장에 구속될 필요가 없이 직권으로 조사하여야 할 것이나, 그 사실에 기하여 당사자의 능력 유무를 판단함에 있어서는 당사자가 내세우는 단체의 목적, 조직, 구성원 등 단체를 사회적 실체로서 규정짓는 요소를 갖춘 단체가 실재하는지 여부만을 가려 그와 같은 단체가 실재한다면 그로써 소송상 당사자능력은 충족되는 것이고, 그렇지 아니하다면 소를 부적법한 것으로 각하하면 족한 것이며, 당사자의 주장과는 전혀 다른 단체의 실체를 인정하여 당사자능력을 인정하는 것은 소송상 무의미할 뿐 아니라 당사자를 변경하는 결과로 되어 허용할 수 없다(대법원 2007. 2. 22. 선고 2005다59741 판결).

(3) 적법한 대표자 및 종중총회

종중이 당사자인 소송에서 그 소송행위는 종중의 적법한 대표자가 하여야 한다. 종중을 대표할 권한 없는 자가 종중을 대표하여 한 소송행위는 그 효력이 없다. 다만 나중에 종중의 총회결의에 따라 위 소송행위를 추인하면 그 행위시에 소급하여 유효하게 되며 이 경우 민법 제133조 단서의 규정은 무권대리행위에 대한 추인의 경우에 있어 배타적 권리를 취득한 제3자에 대하여 그 추인의 소급효를 제한하고 있는 것으로서 위와 같은 하자 있는 추인의 경우에는 적용될 여지가 없다(대법원 1991. 11. 8. 선고 91다25383 판결).

다. 특별조치법에 의한 종중명의등기

(1) 개요

우리나라는 6·25 사변을 겪으면서 전국적으로 많은 지역에서 등기부나 지적공부를 보관하고 있던 관공서나 등기소가 불에 타 보관문서들이 소훼되었고, 전쟁이 끝나고 법원에서는 한시적으로 멸실회복등기를 할 수 있도록 하였지만 그 복구정도는 미미하였다. 과세관청에서는 과세목적을 위한 직권으로 지적을 복구하였지만, 이는 법적 근거 없이 행정 편의상 토지의 표시에 관한 외에 소유자에 관한 사항까지 복구하여 많은 문제를 낳아 위 취지에 의하여 복구된 토지대장에는 권리추정력이 인정되지 않았다(대법원 2010. 7. 8. 선고 2010다21757 판결). 1975. 12. 31. 지적법이 개정되면서 소유자에 관한 사항은 부동산등기부나 법원의 확정판결이 아니고서는 복구등록을 할 수 없도록 규정되었는데 그럼에도 불구하고 여러 가지 사유로 등기를 필하지 아니하는 소유자가 많이 있었기에 국가에서는 간편하고 저렴한 비용으로 미등기부동산의 사실상의 소유자에게 등기를 필할 수 있는 특별조치법을 여러 차례 제정하여 시행하였다.

위와 같은 특별조치법이 시행되면 종중 역시 종중소유 부동산을 종중명의나 종원명의로 보존 및 이전등기하여 놓는 경우가 많이 있다.

(2) 등기의 추정력

〔가〕 각종 특별조치법

그동안 국가에서 시행한 통칭 부동산소유권이전등기등에 관한 특별조치법은 많이 있었다. 그렇지만, 각 특별조치법은 일반적인 모든 미등기부동산에 관한 부동산을 대상으로 하고 있지 아니하고, 각 입법 당시 적용대상 부동산, 적용범위, 시행기간 등을 달리하고 있기에 종중소송에서 특별조치법에 의하여 마쳐진 등기에 대한 소송 시 해당 특별조치법의 위 항목을 면밀히 파악하여야 할 것이다.

〔나〕 추정력

부동산소유권이전등기에 관한 특별조치법에 의한 등기는 같은 법 소정의 적법한 절차에 따라 마쳐진 것으로 실체관계에 부합하는 등기로 추정되므로 그 등기의 말소를 소구하는 자에게 적극적으로 그 추정을 번복시킬 주장 입증책임이 있다. 그러나, 등기의 기초가 된 보증서나 확인서의 실체적 기재 내용이 진실이 아님을 의심할 만큼 증명이 있는 때에는 그 등기의 추정력은 번복된 것으로 보아야 하고 이러한 보증서 등의 허위성의 입증정도가 법관이 확신할 정도가 되어야만 하는 것은 아니다(대법원 1997. 10. 16. 선고 95다57029 전원합의체 판결).

그리고, 특별조치법에 따라 등기를 마친 자가 보증서나 확인서에 기재된 취득원인이 다름을 인정하더라도 그가 다른 취득원인에 따라 권리를 주장하는 때에는, 위 각 특별조치법의 적용을 받을 수 없는 시점의 취득원인 일자를 내세우는 경우와 같이 그 주장 자체에서 각 특별조치법에 다른 등기를 마칠 수 없음이 명백하거나 그 주장하는 하는 내용이 구체성이 전혀 없다던지 그 자체로 허구임이 명백한 경우, 그 밖의 자료에 의하여 새로이 주장된 취득원인 사실에 관하여도 진실이 아님을 의심할 만큼 증명이 되면 그 추정력은 깨어진다(대법원 2003. 2. 14. 선고 2002다64841, 2002다64858 판결, 대법원 2015. 9. 10. 선고 2015다 26061 판결).

특별조치법에 의한 등기의 효력은 '위 법 소정의 적법한 절차에 따라 마쳐진 것으로 실체관계에 부합하는 등기로 추정한다'라는 것이 법원의 일관된 판시내용이다. 그리고, 이에 관한 이론적 근거로는 법률상 권리추정설, 법률상 사실추정설 등에 입각하여 설명하고 있다.

〔다〕 추정력의 복멸

특별조치법에 의한 등기의 추정력을 복멸하기 위한 사유로 법원은, 보증서 또는 확인서가 허위일 것과 그밖에 다른 사유로 그 등기가 부적법하게 경료되었을 것을 요구한다(대법원 1987. 11. 10. 선고 87다카63 판결, 대법원 2001. 11. 22. 선고 2000다71388, 71395 전원합의체 판결).

구 부동산소유권 이전등기 등에 관한 특별조치법(법률 제3094호)에 의한 등기는 같은 법 소정의 적법한 절차에 따라 마쳐진 것으로 실체관계에 부합하는 등기로 추정되므로 같은 법 소정등기의 말소를 소구하는 자에게 적극적으로 추정을 번복시킬 주장·입증책임이 있지만, 등기의 기초가 된 보증서나 확인서의 실체적 기재 내용이 진실이 아님을 의심할 만한 증명이 있는 때에는 등기의 추정력은 번복된 것으로 보아야 하고 이러한 보증서 등의 허위성의 입증정도가 법관이 확신할 정도가 되어야만 하는 것은 아니다(대법원 1997. 10. 16. 선고 95다57029 전원합의체 판결). 위 대법원 판결은 어느 토지가 특정묘의 위토로 되는 경위는 그 위토를 종중이나 개인이 설정할 수 있으므로 위토라는 사실만으로 종중소유나 묘주 소유로 단정할 수는 없다는 내용의 판결을 설시하는 과정에서 나온 특별조치법의 추정력의 복멸에 관한 기준이다.

구 부동산소유권 이전등기 등에 관한 특별조치법(법률 제3094호)에 의하여 할 수 있는 보존등기는 동법 제3조의 취지에 비추어 볼 때, 그 원인행위인 매매, 증여, 교환 등 법률행위가 1974. 12. 31. 이전에 이루어진 것에 한한다고 해석되므로, 그 원인행위 일자가 그 이후로 인정되는 경우에는 위 등기에 그 기재 내용대로의 추정력이 있는 것이라고 할 수 없다(대법원 2010. 1. 14. 선고 2009다71756 판결).

종중이 구 농지개혁사업 정리에 관한 특별조치법(1994. 12. 22. 법률 제4817호)에 기하여 종중명의로 경료한 등기는 위 법에서 말하는 분배농지를 양수 또는 전매할 수 있는 자는 구 농지개혁법 제3조의 규정에 의한 농가이어야 하고 동법에서 말하는 농가는 자연인에 한하는 것으로 해석되므로, 법인격 없는 사단인 종중으로서는 구 농지개혁사업 정리에 관한 특별조치법 소정의 절차에 따른 소유권이전등기를 경료 할 수 없었던 것이 명백하기에 종중명의의 이전등기는 적법한 절차에 의하여 마쳐진 것이라고 볼 수 없으므로 실체법상 권리관계에 부합하는 등기라는 추정력은 깨지는 것으로 보고 있다(대법원 2007. 5. 10. 선고 2007다3612 판결).

특별조치법에 의한 등기에 있어서 보증서의 보증인을 3인으로 하도록 규정하였다면 이러한 취지는 일방적인 신청에 의하여 등기의무자의 의사와 관계없이 경료되는 특별조치법에 의한 등기의 진실성을 담보하는 데 있다는 점에 비추어 보면, 보증인 중 1인의 보증내용이 허위이거나 그 보증인의 보증이 위조된 것으로 판명되면 그 보증서는 허위 내지는 위조된 보증서로서 등기의 적법추정력이 번복된다고 보아야 한다(대법원 1997. 3. 11. 선고 96다49902 판결).

구 부동산소유권 이전등기 등에 관한 특별조치법이 1982. 4. 3. 법률 제3562호로 개정되기 전에는 대장상의 소유명의인으로부터 미등기부동산을 사실상 양수한 자나 상속받은 자만이 소정의 절차에 따라 발급받은 확인서에 의하여 대장상의 소유명의인 변경을 하고 위 변경등록된 토지대장을 첨부하여 소유권보존등기를 신청할 수 있는 것이고, 소유자미복구 부동산을 사실상 소유하는 자는 같은 법에 따른 확인서를 발급받아 소유권보존등기를 할 수는 없는 것이므로 이에 위반하여 경료된 등기는 권리추정력을 부여할 수 없다(대법원 2018. 6. 15. 선고 2016다246145 판결).

부연하면, 1977. 12. 31. 법률 제3094호로 제정된 특별조치법은 그 시행일 현재 토지대장 또는 임야대장에 등록되어 있는 토지와 가옥과세대장에 등록되어 있는 건물로서 1974. 12. 31. 이전에 사실상 양도된 것에 한하여 적용되는 것이므로, 대장상 소유명의인으로부터 미등기부동산을 사실상 양도받은 자가 소정의 보증서를 첨부하여 대장 소관청으로부터 확인서를 발급받아 대장상의 소유명의인의 변경등록을 받은 다음 이에 의하여 자기명의로 소유권보존등기를 신청할 수 있었는데, 그 후 1978. 12. 6. 법률 제3159호로 미등기부동산의 사실상 양수인 외에 미등기부동산을 상속받은 자도 그 적용대상에 포함되도록 개정되었고, 다시 1982. 4. 3. 법률 제3562호의 개정으로 미등기토지 중 6·25 사변으로 멸실된 지적공부를 복구함에 있어서 대장상의 토지의 표시에 관한 사항만 복구되고 소유자는 복구되지 아니한 이른바 소유자미복구 부동산에 대한 사실상의 소유자도 그 적용범위에 포함시키기로 하여 이러한 자도 특별조치법에 의하여 확인서를 발급받아 대장상 소유명의인의 복구등록을 거쳐 소유권보존등기를 신청할 수 있도록 규정 되었는 바 이와 같은 특별조치법의 개정 경위에 비추어 보면 특별조치법이 1982. 4. 3. 법률 제3562호로 개정 되기 전에는 소유자 미복구부동산의 사실상의 소유자는 특별조치법에 의하여 소유권보존등기를 할 수 없다(대법원 1998. 12. 23. 선고 98다40329 판결).

[3] 실체관계에 부합하는 등기

특별조치법의 적법한 절차에 의하여 종중명의로 등기를 필하였지만 특별조치법에 의한 등기의 추정력이 복멸되는 경우라도 그 등기가 실체적권리관계에 부합하는 유효한 등기라고 한다면 위 특별조치법에 의한 등기는 유효하다.

종중명의 등기가 그 원인무효라 하여도 실체에 부합하는 등기이면 그 등기는 실체관계에 부합하는 유효한 등기이다. 법원은 종중이 특별조치법에 의하여 보존등기를 필하였는데 그 명의신탁해지를 원인으로 이전등기를 하여 위 주장에 부합하여 실체관계에 부합하는 등기라고 판시하였고(대법원 2018. 6. 15. 선고 2016다246145 판결), 구 부동산소유권 이전등기 등에 관한 특별조치법(1992. 11. 30. 법률 제4502호)에 의한 소유권보존등기가 취득 일자를 달리한 허위의 보증서에 기하여 경료된 것이라 하더라도 추후 피고 종중이 종중총회를 개최하여 매매계약을 추인하여 실체관계에 부합되는 유효한 등기라고 판시(대법원 2003. 1. 12. 선고 2002다33601 판결)하였다.

또한, 종중대표자의 선임결의에 하자가 있다 하더라도 위 대표자가 신청한 등기가 실체관계에 부합하는 이상 부적합한 대표자의 등기신청에 의하여 이루어 졌다는 이유로 무효의 등기라고 할 수는 없다(대법원 1976. 7. 27. 선고 75다2034, 2035 판결, 대법원 1993. 7. 16. 선고 92다53910 판결)고 판시하였다.

라. 1975. 12. 31. 이전 복구된 토지대장

(1) 추정력 부인

6 · 25 사변으로 인하여 관할등기소가 소훼되고 토지대장이 멸실된 지역이 많이 있다. 전쟁이 끝나고 지적공부가 복구되었지만 1975. 12. 31. 법률 제2801호로 전문 개정된 지적법이 시행되기 이전에 소관청이 아무런 근거 없이 행정의 편의를 위하여 임의로 복구된 토지대장에는 권리추정력을 인정하지 않는다(대법원 2010. 7. 8. 선고 2010다21757 판결, 대법원 2010. 11. 11. 선고 2010다45944 판결). 다만, 6 · 25 사변으로 멸실되기 전의 임야대장에 터 잡아 귀속임야를 기재한 전귀속임야대장에 귀속재산으로 기재되어 있는 임야는 1945. 8. 9. 현재 일본인 소유로 본다(대법원 1998. 7. 24. 선고 96다16505 판결).

따라서 위 지적법이 시행되기 이전에 복구된 토지대장에 기초하여 이루어진 종중명의의 등기는 추정력이 없으며, 소유권보존등기의 추정력은 보존등기 명의인 이외의 자가 당해 토지를 사정받은 것으로 밝혀지면 깨지는 것이어서, 등기명의인이 그 구체적인 승계취득 사실을 주장 · 증명하지 못하는 한 그 등기는 원인무효의 등기이다.

이는 소유권보존등기는 새로운 등기용지를 개설함으로써 그 부동산을 등기부상 확정하고 이후는 그에 대한 권리변동은 모두 보존등기를 시발점으로 하게 되는 까닭에 등기가 실체법상의 권리관계와 합치될 것을 보장하는 관문이며, 따라서 그 외의 다른 보통 등기에 있어서와 같이 당사자 간의 상대적인 사정만을 기초로 이루어질 수 없고 물권의 존재 자체를 확정하는 절차가 필요하고 따라서 소유권보존등기는 소유권이 진실하게 보존되어 있다는 사실에 관해서만 추정력이 있고 소유권보존 이외의 권리변동이 진실하다는 점에 관하여는 추정력이 없다. 이와 같은 보존등기의 본질에 비추어 보존등기명의인이 원시취득자가 아니라는 점이 증명되면 그 보존등기의 추정력은 깨어진다(대법원 1996. 6. 28. 선고 96다16247 판결).

또한, 1982. 4. 3. 법률 제3562호로 개정되기 전에는 대장상의 소유명의인으로부터 미등기부동산을 사실상 양수한 자나 상속받은 자만이 소정의 절차에 따

라 발급받은 확인서에 의하여 대장상의 소유명의인 변경등록을 하고, 위 변경
등록된 토지대장을 첨부하여 소유권보존등기를 신청할 수 있는 것이고, 소유자
미복구부동산을 사실상 소유하는 자는 같은 법에 따른 확인서를 발급받아 소유
권보존등기를 할 수는 없는 것이므로 이에 위반하여 경료된 등기에는 권리 추
정력이 없다(대법원 1997. 4. 11. 선고 96다33501 판결).

(2) 실체적 권리관계부합

따라서, 위 지적법시행일 이전에 작성한 토지대장에 기초하여 종중이 그 보
존등기를 필하였다고 한다면 종중명의의 보존등기는 추정력은 깨어지게 되고
명의인인 종중은 그 등기가 실체적 권리관계에 부합하는 등기라는 주장·입증
을 하여야 할 것이다.

점유취득시효완성, 등기부취득시효완성, 명의신탁해지에 의한 등기라는 주장
은 모두 자신의 등기가 실체적 권리관계에 부합하는 등기이기에 유효라는 것이
고 종중은 이러한 주장과 그에 관한 입증을 하여야 할 것이다.

1971. 12. 20. 종중명의로 보존등기가 마쳐진 토지에 관하여 위 부동산의 사
정명의인이 종중을 상대로 제기한 보존등기말소등기 청구사건에서, 법원은 종
중명의인의 보존등기는 토지조사부에 소유자로 등재되어 있는 자는 재결에 의
하여 사정 내용이 변경되었다는 반증이 없는 이상 토지의 소유자로 사정받아
그 사정이 확정된 것으로 추정되어 그 토지를 원시적으로 취득하게 되고, 소유
권보존등기의 추정력은 그 보존등기 명의인 이외의 자가 당해 토지를 사정받은
것으로 밝혀지면 깨어지는 것이기에(대법원 2009. 8. 20. 선고 2009다6295 판결)
종중명의의 보존등기는 말소되어야 하지만, 종중의 보존등기를 필한 1971. 12.
20.부터 20년이 지난 시점에 종중의 점유취득시효가 완성되어 종중명의의 등
기는 실체적 권리관계에 부합하는 등기로 유효하다고 판시하였다(수원지방법원
2016. 9. 9. 선고 2015가합67294 판결. 대법원 심리불속행기각 확정).

마. 종중명의 부동산에 관한 취득시효

(1) 개요

종중명의 부동산에 관하여도 점유취득 시효의 요건에 해당하는 점유자는 종중을 상대로 취득시효 완성을 원인으로 이전등기청구소송을 제기할 수 있을 것이다. 점유자의 점유는 소유의 의사로 추정되는 것은 법리상 당연한 결과이기는 하지만 종중소유 부동산, 특히 전, 답은 종중의 성질상 타인이 점유·경작하고 그 처분에 있어서 적법한 종중총회 결의가 필요하기에 점유자의 점유권원과 관련된 주장을 잘 살펴보아야 할 것이다.

(2) 자주점유

종중총회의 결의를 거치지 아니한 임야에 관하여 종중원인 매수인이 해당 임야에 관한 매매대금을 지급하고 20년 동안 소유의 의사로 점유한 경우 점유취득시효를 인정할 수 있는지와 관련하여 법원은,

종중 소유의 재산은 종중원의 총유에 속하므로 그 관리 및 처분에 관하여 종중 규약에 정한 내용이 있으면 이에 따라야 하고, 종중 규약에 정한 내용이 없으면 종중총회의 결의에 의하여야 하므로, 종중 대표자에 의한 종중재산의 처분이라고 하더라도 그러한 절차를 거치지 아니한 처분행위는 무효이므로, 만약 피고들의 주장과 같이 피고 종중이 원고에게 이 사건 임야를 매도하는 것과 관련하여 총회 결의를 거치지 않았다면 이 사건 임야의 매매는 무효이고, 원고가 매수 당시 그 사실을 알고 있었다면 원고가 이 사건 임야를 점유하기 시작할 때 소유의 의사가 없었다고 볼 여지가 있으므로 원심으로서는 피고 종중이 이 사건 임야 매매와 관련하여 총회 결의 등의 절차를 거쳤는지, 만약 위 절차를 거치지 않았다면 원고가 그 사실을 알고 있었는지 등을 추가로 심리한 후 원고의 자주점유 추정이 번복되었는지를 판단하였어야 한다는 이유로 파기 환송하였다 {대법원 2019. 2. 28. 선고 2018다274694(본소), 2018다274700(반소) 판결}.

다만, 점유자가 국가나, 산하단체인 경우 국가 등이 종중소유토지에 관하여 점유취득시효를 주장하였을 때 이와 관련하여, 국가 등이 취득시효의 완성을

주장하는 토지의 취득절차에 관한 서류를 제출하지 못하고 있다고 하더라도, 그 점유의 경위와 용도, 국가 등이 점유를 개시한 후에 지적공부에 그 토지의 소유자로 등재된 자가 소유권을 행사하려고 노력하였는지 여부, 함께 분할된 다른 토지의 이용 또는 처분관계 등 여러 가지 사정을 감안할 때 국가 등이 점유 개시 당시 공공용 재산의 취득절차를 거쳐서 소유권을 적법하게 취득하였을 가능성을 배제할 수 없는 경우에는 국가 등의 자주점유의 추정을 부정하여 무단점유로 인정할 것은 아니다(대법원 2023. 6. 29. 선고 2022다241127 판결).

(3) 제3자의 시효취득

종중이 개인에게 명의신탁하여 그 명의로 사정받은 부동산에 관하여 제3자의 취득시효가 완성된 후 명의신탁자인 종중명의로 소유권보존등기가 경료된 경우에는 취득시효 완성당시 시효취득자에게 져야 할 등기의무는 명의수탁자에게만 있을 뿐이므로, 명의신탁자의 등기취득이 등기의무자의 배임행위에 적극 가담한 반사회적 행위에 근거한 등기라든가 또는 기타 다른 이유로 원인무효인 등기인 경우는 별론으로 하고, 제3자는 종중에 대하여 시효취득을 주장할 수 없다(대법원 2001. 10. 26. 선고 2000다8861 판결). 그 명의신탁자는 취득시효 완성 후에 소유권을 취득한 자에 해당되기 때문이다.

바. 등기부취득시효

종중 명의로 등기된 부동산을 매수함에 있어 매도인이 제시한 위조된 종중정관과 매도결의서의 내용을 제대로 살피지 아니한 과실로 매도인에게 처분권한 없음을 알지 못하고 점유한 경우 등기부시효취득을 인정할 수 있는지와 관련하여 법원은,

부동산에 대한 등기부시효취득의 요건인 무과실에 관한 입증책임은 그 시효취득을 주장하는 사람에게 있는 것이고, 부동산을 매수하는 사람으로서는 특별한 사정이 없는 한 매도인에게 그 부동산을 처분할 권한이 있는지 여부를 조사하여야 할 것이고, 그 조사를 하였더라면 매도인에게 처분권이 없음을 알 수

있었을 것임에도 그와 같은 조사를 하지 아니하고 매수하였다면 부동산의 점유에 대하여 과실이 없다고 할 수는 없을 것이다. 종중명의로 등기된 부동산을 매수함에 있어 매도인이 제시한 위조된 종중정관과 매도결의서의 내용을 제대로 살피지 아니한 과실로 매도인에게 처분권한 없음을 알지 못하고 점유하였다고 하여 등기부시효취득시효 주장을 배척하고 있다(대법원 1991. 2. 12. 선고 90다13178 판결).

사. 종중명의 부동산과 종중

어느 부동산이 종중명의로 등기되어 있을 때, 그 부동산을 소유하는 명의인 종중의 실체는 무엇인가. 같은 이름의 종중이라고 하여도 그 공동선조를 달리하면 다른 비법인 사단으로 존재하는 것이고, 같은 공동선조의 후손인 친족집단체인 고유의미의 종중이라고 한다면 명칭을 달리하여도 동일한 비법인 사단인 종중인 것이다. 그리고 종중이라는 명칭을 사용하더라도 그러한 종중이 고유의미의 종중인지, 아니면 종중유사단체인지의 경계가 명확하지 않을 수 있다.

따라서 A종중이 종중소유 부동산을 A종중명의, B종중명의로 소유하고 있는데 A종종의 지파 일원이 B종중 명의의 정관, 총회결의서를 현출하여 타에 이전하였다고 한다면 A종중은 B부동산에 관하여 이전등기의 말소를 구할 수 있다(대법원 2010. 3. 25. 선고 2009다95387 판결).

종중명의로 부동산을 소유하고 있는 종중은 위 부동산을 쉽게 처분하거나 권리행사를 위하여 종중총회를 비교적 쉽게 하는 방법으로 자신의 종중이 종중유사단체인 것처럼 가장하여 그에 따른 정관을 작성하고 총회결의 등을 갖추어 매매계약을 체결하는 등의 종중재산의 처분행위를 하는 경우가 있다.

이와 관련하여 법원은, 어느 부동산이 종중명의로 되어 있고 위 종중이 그 부동산에 관하여 마쳐진 산림조합명의의 근저당권설정등기의 말소를 구하는 사건에서, 원고 종중이 위 소를 제기하는데 필요한 여러 절차를 우회하거나 특정 종중원들을 배제하려는 목적에서 종중 유사의 권리능력 없는 사단임을 표방하여 부동산이 소유명의인과 동일한 단체라고 주장하고 있는 것이 아닌지 의심할 여지가 충분한데도 이를 간과한 판결에 심리를 다하지 않은 잘못이 있다고 하였다. 그리고 종중유사단체는 비록 그 목적이나 기능이 고유의미의 종중과 별다른 차이가 없다 하더라도 공동선조의 후손 중 일부에 의하여 인위적인 조직행위를 거쳐 성립된 경우에는 사적 임의단체라는 점에서 고유의미의 종중과 그 성질을 달리하므로, 그러한 경우에는 사적 자치의 원칙 내지 결사의 자유에 따라 구성원의 자격이나 가입조건을 자유롭게 정할 수 있으나, 어떠한 단체가 고유의미의 종중이 아니라 종중유사단체를 표방하면서 그 단체에 권리가 귀속되어야 한다고 주장하는 경우 우선 권리귀속의 근거가 된 법률행위나 사실관계 등이 발생할 당시 종중유사단체가 성립하여 존재하는 사실을 증명하여야 하고, 다음으로 당해 종중유사단체에 권리의 귀속되는 근거가 되는 법률행위 등 법률요건이 갖추어져 있다는 사실을 증명하여야 한다(대법원 2020. 4. 9. 선고 2019다 216411 판결)고 판시하고 있다.

12 명의신탁해지에 관한 소송

가. 문제의 제기

종중소유의 부동산에 관하여 명의신탁약정에 의한 등기가 많은 이유 중에 하나는 일제가 우리나라를 병탄하면서 1912년 조선부동산등기령을 제정하였지만 위 등기령의 규정에는 종중명의로 등기할 수 있는 규정이 없어 부득이 종중원 명의로 종중소유 부동산에 관하여 권리를 등기한 것이 시초가 되어 당시 조선 고등법원 판결과 그 후 대법원 판례에 의해 유효성이 인정되었다(대법원 2019. 6. 20. 선고 2013다218156 전원합의체 판결 중 대법관 조희대, 박상옥, 김선수, 김상환 의견). 당시 조선의 관습을 조사한 일제는 종중의 실체를 파악하고서도 위 종중의 성격을 친족회 또는 조합으로 보는 법률적 견해가 있어 종중소유 부동산을 종중명의로 사정받을 수도 없었다.

이러한 이유로 일제가 시행한 토지 사정 당시 종중은 종중소유 부동산에 관하여 종손, 종원, 각 지파의 종원 등 명의로 신고하여 종중재산을 관리하여 왔다. 그 후 일제는 부동산등기령을 개정하여 비법인 사단인 경우에도 등기를 할수 있게 개정하였고 종중에 관한 이론도 친족회공유, 조합체에서 그 실체를 비법인 사단으로 보게 되면서 종중명의로 등기할 수 있는 가능성을 열어 두었지만 이미 토지대장이나 등기에 그 소유자를 수탁자 명의로 하여 두었기에 그대로 신탁적 법률관계가 이어져 오게 되었다.

한편, 해방 이후 농지개혁법에 의하여 농지 소유에 대한 제한이 이루어졌고, 6·25 사변으로 인한 토지대장 및 등기문서의 소훼, 전쟁이 끝난 뒤 지적공부의 복구, 각종 소유권이전 등에 관한 특별조치법에 따른 토지소유자의 정비과정과 그에 비례하여 부동산가치의 증가로 인한 종중과 종원, 종중부동산에 관한 다툼이 많아지면서 그에 관한 판례가 집적되어 왔다.

그리고 1995. 7. 1.부터 시행된 부동산 실권리자 명의등기에 관한 법률은 부동산등기제도를 악용하는 탈세, 투기 등을 방지할 목적으로 부동산에 관한 소유권과 그 밖의 물권을 실체적 권리관계와 일치하기 위하여 부동산에 관한 명의신탁약정은 무효임을 규정하고 있다. 위 부동산실명법이 시행되면서 부동산 명의신탁 약정은 무효이고 그에 따른 부동산물권변동도 무효이다. 그러나 종중과 부부간은 예외규정을 두어 그 명의신탁은 유효한데(위 법 제8조), 여기서 종중은 고유의미의 종중이고 종중유사단체인 비법인 사단은 해당되지 아니한다.

위와 같이 종중 소유의 부동산에 관하여는 종중명의로 사정받지 않음으로 인한 종중과 종원 사이의 다툼과 전쟁으로 인한 보유문서의 소실, 지적공부의 소훼 등 증거서류의 멸실에 더하여 그 다툼이 많을 수밖에 없었다.

나. 종중총회결의

어느 부동산에 관하여 종중이 수탁명의인을 상대로 명의신탁해지를 원인으로 한 이전등기소송을 제기하려면 종중을 대표하는 대표자가 있어야 하고, 총유재산의 보존을 위한 종중 총회결의가 있어야 한다. 위 대표자나 종중 총회결의는 소송요건에 해당되어 직권조사사항이다.

따라서 소송에 있어서 종중 총회결의가 없거나 적법한 대표자가 아닌 소송에 대하여는 각하판결을 받게 된다. 종중과 같은 비법인 사단의 소유 형태는 총유이므로 종중재산에 관한 소송은 종중이 그 명의로 적법한 총회의 결의를 거쳐 하거나 또는 그 구성원 전원이 당사자가 되어 필수적 공동소송의 형태로 하여야 하기 때문에 종중재산에 관한 소를 위하여는 적법한 소집권자에 의한 소집통지 및 총회결의 등의 적법한 절차를 거쳐야 한다.

다. 신탁 당시 종중

(1) 신탁자와 수탁자 사이에는 부동산에 관한 명의신탁은 부동산에 관한 명의신탁을 내용으로 하는 약정이기에 대립하는 신탁자와 수탁자가 존재하여야 한다. 수탁명의인인 종원은 비교적 그 특정이 명확하지만 종중은 자연발생적이고 비법인 사단이기에 신탁 당시 과연 종중이 존재하여 그 부동산을 신탁할 수 있었는지에 대한 다툼이 있다.

논리적으로 종원에게 부동산을 신탁할 당시 종중은 성립되어 있어야 한다. 의용민법 제11조는 조선의 관습 및 관습에 의한 제도는 일본 민법 규정을 제외하여 적용한다. 일제가 우리나라를 병탐하기 전 작성한 관습조사보고서에 의하여도 당시 파악한 종중은 자연적으로 성립되어 있었고, 앞서 본 바와 같이 종중명의로 사정받을 수 없었기에 사정 당시인 1910년대 종중이 종중소유의 부동산을 종원 등에게 신탁할 정도의 비법인 사단으로 실재하였는가에 대한 다툼은 종중이 사정명의인의 상속인을 상대로 한 명의신탁해지를 원인으로 한 이전등기청구소송에서 주요한 쟁점이 되기도 한다.

이러한 사정 당시 종중의 실재에 관한 다툼은 사정 이후에 종중이 종중부동산을 신탁하였다고 주장하는 경우에도 마찬가지이다. 특히, 6·25 사변이 끝나고, 그 이후 시행하던 특별조치법이 정한 절차에 의하여 종중이 수탁자인 종원 명의로 보존등기나 이전등기를 필한 토지에 관한 소송에서도 수탁자의 항변으로 이 점을 쟁점화한다.

(2) 이와 관련하여 법원은, 종중과 종중원 등 등기명의인 사이에 어떤 토지에 관하여 명의신탁 여부가 다투어지는 사건에 있어서는 일단 그 토지에 관하여 등기명의인 앞으로 등기가 경료될 당시 어느 정도의 유기적 조직을 가진 종중이 존재한 사실이 증명되어야 하고, 그러한 사실이 증명되지 않는다면 종중이 주장하는 명의신탁 관계를 인정할 수 없는 사정이 된다고 판시하고 있다(대법원 2000. 7. 6. 선고 99다11397 판결).

법원은 종중재산의 명의신탁을 인정하기 위해서는 사정 당시 어느 정도의 유기적 조직을 가진 종중이 존재하였을 것과 사정 이전에 그 토지가 종중의 소유

로 된 과정이나 내용이 증명된 경우는 물론, 사정명의인과 종중과의 관계, 사정
명의인이 여러 사람인 경우에는 그들 상호 간의 관계, 한 사람인 경우에는 그
한 사람 명의로 사정받게 된 연유, 종중 소유의 다른 토지가 있는 경우에는 그
에 대한 사정 또는 등기관계, 사정된 토지의 규모 및 시조를 중심으로 한 종중
분묘의 설치 상태, 분묘수호와 봉제사의 실태, 토지의 관리 상태, 토지에 대한
수익이나 보상금의 수령 및 지출 관계, 제세공과금의 납부 관계, 등기필증의 소
지 관계, 그 밖의 모든 사정을 종합적으로 검토하여, 그 증명이 충분한지 여부
를 판단하여야 한다고 하였다(대법원 1994. 10. 25. 선고 94다29782 판결, 대법원
2009. 10. 29. 선고 2008다37247 판결).

그리고 신탁 당시 어느 정도의 유기적 조직을 가진 종중, 자연발생적으로 성
립한 종중이 특정 시점에 부동산 등에 대한 권리를 취득하여 타인에게 명의신
탁을 할 수 있을 정도의 유기적 조직을 갖추고 있어야 한다는 설시는 신탁 당
시 종중의 실재에 관한 법원의 판단기준이다(대법원 2013. 1. 10. 선고 2011다
64607 판결).

(3) 임야소유권이전등기에관한특별조치법에 의하여 종중이 종원명의로 신탁
할 경우에도 종중이 실재하여야 하는데 이와 관련하여 법원은, 임야에 관한 소
유권 보존등기 당시 종중은 규약도 없었고, 대표자 이외에는 별다른 임원도 없
었으며, 더구나 종중재산의 관리나 처분에 관하여 최종적으로 결정할 수 있는
기회인 시제가 수년째 열리지 않고 있던 상태에서 종중의 대표자가 임야에 관
하여 임야소유권이전등기등에관한특별조치법에 따라 소유권보존등기를 경료하
면서 종중으로부터 임야를 명의수탁받아 임야대장상 소유자로 등재되어 있는
종원들 후손 중에서 각 1인을 선정하여 그들의 명의로 소유권보존등기를 경료
한 경우 이는 객관적으로 종중의 대표자가 명의수탁자를 변경하여 새로운 명의
신탁관계를 설정한 것이라고 한다(대법원 1997. 12. 9. 선고 96다30656 판결).

라. 종중의 당사자능력

비법인 사단인 고유의미의 종중은 공동선조의 사망과 동시에 그 후손들에 의

하여 자연적으로 성립하고, 신탁 당시 어느 정도 유기적인 조직이 있으면 종중으로서 실재하는 것이고 이러한 종중이 명의신탁해지를 원인으로 한 이전등기청구소송의 당사자가 되려면 당사자능력을 가져야만 한다.

종중이 사정 당시 어느 정도의 유기적 조직을 갖추었는지 여부는 권리귀속의 주체와 관련된 본안의 문제로서 소송요건인 당사자능력과 구별되는 별개의 문제이므로 당사자가 종중의 유기적 조직으로의 실재를 주장·증명하여야 하고, 그 입증을 하지 못하면 청구가 기각된다. 그리고 종중이 당사자로서의 능력이 있는지 여부는 사실심의 변론종결 시로 하여 그 존부를 판단하면 되고 신탁당시 종중이 어떠한 활동을 하여 왔는지에 대하여 판단할 문제는 아니다(대법원 2007. 5. 31. 선고 2007다6468 판결). 당사자능력의 유무는 소송요건으로 변론 종결시 이를 소명하지 못하면 그 소를 각하하면 될 것이다.

따라서 종중인 원고가 수탁자를 상대로 명의신탁해지를 원인으로 한 이전등기청구 사건에서 최소한 신탁 당시 종중이 어느 정도 유기적으로 실재하였음을 입증하여야 하고, 위 종중이 현재의 원고 종중이라는 당사자능력을 소명하여야 한다. 현재 당사자능력을 소명하더라도 유기적으로 실재함을 증명하지 못하면 원고의 청구가 기각될 것이고, 당사자능력이 있음을 소명하지 못하면 본안에 앞서 각하 판결을 받을 것이다.

그렇기에, 자신이 종중을 고유의미의 종중에서 종중유사단체로의 당사자를 변경하는 것은 허용되지 아니할 뿐더러 위 주장을 함으로써 오히려 법원에 불필요한 심증만 가져다줄 수 있는 것이니 주의하여야 한다(대구고등법원 2017. 1. 25. 선고 2016나24032 판결. 확정).

마. 종중소유 부동산

(1) 소송목적물인 부동산이 종중의 소유이어야 한다. 어느 부동산이 종중소유인지 아니면 수탁자 개인 소유인지에 관하여는 경계가 모호한 점이 있다. 다만, 어느 재산이 종중재산임을 주장하는 당사자는 그 재산이 종중재산으로 설정된 경위에 관하여 주장 입증을 하여야 할 것이나 이는 반드시 명시적임을 요하지

아니하며 어느 재산이 종중재산이라는 주장·입증 속에 설정경위에 관한 사실이 포함되어 있다고 볼 수 있으면 되고, 설정경위의 입증은 간접사실 등을 주장 입증함으로써 요건사실을 추정할 수 있으면 족하다(대법원 1992. 12. 11. 선고 92다18146 판결) 라고 판시하는 등 종중재산의 소유권귀속은 그 설정경위와 관리·처분의 실태 등을 종합하여 판단할 사실인정의 문제라고 한다.

  (2) 어떤 토지가 종중의 소유인데 사정 당시 종원 또는 타인명의로 신탁하여 사정 받은 것이라고 인정하기 위하여는 사정 당시 어느 정도의 유기적 조직을 가지고 종중이 존재하였을 것과 사정 이전에 그 토지가 종중의 소유로 된 과정이나 내용이 증명되거나 또는 여러 정황에 미루어 사정 이전부터 종중 소유로 인정할 수밖에 없는 많은 간접자료가 있을 때에 한하여 이를 인정할 수 있을 뿐이고, 그와 같은 자료들이 충분히 증명되지 아니하고 오히려 반대되는 사실의 자료가 많을 때에는 이를 인정하여서는 아니 되며, 그 간접자료가 될 만한 정황으로는, 사정명의인과 종중과의 관계, 사정명의인이 여러 사람인 경우에는 그들 상호 간의 관계, 한 사람인 경우에는 그 한 사람이 사정받게 된 연유, 종중 소유의 다른 토지가 있는 경우에는 그에 대한 사정 또는 등기관계, 사정된 토지의 규모 및 시조를 중심으로 한 분묘의 설치 상태, 분묘수호와 봉제사의 실태, 토지의 관리상태, 토지에 대한 수익이나 보상금의 수령 및 지출 관계, 제세공과금의 납부관계, 등기필증의 소지 관계, 그 밖의 모든 사정을 종합적으로 검토하여야 한다(대법원 2014. 6. 12. 선고 2014다15224 판결, 대법원 2013. 9. 12. 선고 2013다29393 판결).

  법원이 제시하는 간접자료를 구체적으로 나열하면 아래와 같다.

  (가) 사정명의인과 종중과의 관계
  (나) 사정명의인이 여러 사람인 경우에는 그들 상호 간의 관계
  (다) 사정명의인이 한 사람인 경우 그 한 사람이 사정받게 된 연유
  (라) 종중소유의 다른 토지가 있는 경우 그에 대한 사정 또는 등기관계
  (마) 사정된 토지의 규모
  (바) 시조를 중심으로 한 분묘의 설치상태

7

(사) 토지에 대한 수익이나 보상금 수령 및 지출 관계

(아) 제세공과금의 납부관계

(자) 등기필증의 소지

(차) 그 밖의 모든 사정

법원은 위 간접자료 등에 터 잡아 어느 부동산이 종중소유인지, 아니면 수탁자 개인 소유인지 여부를 모든 사정을 종합적으로 검토하여 판단한다.

(3) 판례는, 토지조사부, 임야대장에 계쟁의 수필지 토지가 모두 원고 종중원들의 명의로 사정되었고, 그 대부분의 토지에 관한 공부상 소유명의가 계파와 거주지가 서로 다른 종중원들의 공동명의로 되어 있다면 위 증거들은 모두 위 토지가 종중소유라는 주장을 뒷받침하는 자료로 볼 수 있다고 한다(대법원 1986. 9. 9. 선고 85다카1311 판결). 묘산 또는 위토라는 사실만으로 종중소유로 단정할 수 없고(대법원 1994. 2. 25. 선고 93다48847 판결), 계쟁 임야의 주봉에 종중의 공동선조의 분묘가 있다는 사실만으로 종중이 사정명의인에게 명의신탁한 것으로 단정할 수도 없다(대법원 1992. 12. 22. 선고 91다15324 판결).

바. 고유의미의 종중

부동산실명의자등에관한법률에서 명의신탁의 유효성을 인정하는 종중은 고유의미의 종중이지 종중유사단체는 아니다(대법원 2007. 10. 25. 선고 2006다14165 판결). 따라서 종중유사단체가 제기하는 명의신탁해지를 원인으로 한 이전등기를 구할 수 없고 명의신탁의 무효에 따른 일반 법리로 해결하여야 한다.

따라서 명의신탁해지 소송을 하기 전에 먼저 확인하여야 할 부분은 신탁자인 종중의 실체이다. 즉 신탁자인 종중이 고유한 의미의 종중인지, 아니면 종중유사단체인지 구별하여야 한다. 고유한 의미의 종중은 명의신탁약정이 유효하여 명의신탁 해지를 원인으로 한 소유권이전등기 소송을 할 수 있지만 종중유사단체는 부동산실명법 제8조가 적용되지 않으므로 명의신탁약정의 유효를 전제로 그 해지를 원인으로 하는 소유권이전등기를 청구할 수는 없다.

사. 수탁자 명의

(1) 등기추정력

명의신탁은 등기의 추정력을 전제로 하면서 그 등기가 명의신탁계약에 의해 성립된 사실을 주장하는 것이므로, 그 등기에 추정력이 있다고 하더라도 명의신탁자는 명의수탁자에 대하여 등기가 명의신탁에 의한 것임을 주장할 수 있다(대법원 2007. 2. 22. 선고 2006다68506 판결).

구 임야소유권이전등기등에관한특별조치법에 의하여 종원명의로 보존등기를 필하였다면 그 종원은 위 특별조치법에 의한 등기의 추정력을 받는다. 이러한 등기추정력을 가지고 있는 보존등기명의인에 대한 신탁해지를 원인으로 한 이전등기를 구할 수 있는가에 대하여 법원은 그 등기에 추정력이 있다고 하여도 위 등기가 명의신탁에 의한 것임을 주장할 수 있다고 한다(대법원 1998. 3. 13. 선고 97다54253 판결).

구 임야특별조치법 또는 구 부동산특별조치법에 따라 등기를 마친 사람이 보증서나 확인서에 기재된 취득원인이 사실과 다름이 인정되고 그가 다른 취득원인으로 권리를 취득하였음을 주장하는 경우에도 특별한 사정이 없는 한 위 각 특별조치법에 따라 마쳐진 등기의 추정력이 인정되나, 그 새로이 주장하는 취득원인 사실이 자료에 의하여 진실이 아님을 의심할 만큼 증명되면 그 등기의 추정력은 깨지는 것이므로(대법원 2001. 11. 22. 선고 2000다71388, 71395 전원합의체 판결), 이 사건 부동산의 취득원인으로 채무를 자주 보증하던 조부가 재산을 탕진할 것을 염려하여 그 소유의 부동산을 종중에 명의신탁하였는데 아버지가 명의신탁해지를 원인으로 한 특별조치법에 의한 소유권보존등기를 마친 것이라는 주장은 종중 관례와 경험칙상 매우 이례적이다 라고 판시하면서 몇 가지 사실인정에 더하여 추정력이 깨졌다고 판시하였다(대법원 2014. 7. 10. 선고 2012다80958 판결).

(2) 수탁자의 시효취득 여부

명의신탁에 의하여 부동산의 소유자로 등기된 자는 그 점유권원의 성질상 자주점유라 할 수 없고 수탁자의 상속인은 피상속인의 법률상의 지위를 그대로 승계하는 것이므로 상속인이 따로 소유의 의사로서 점유를 개시하였다고 인정할 수 있는 별개의 사유가 존재하지 않은 한 수탁자의 상속인으로서는 시효의 효과로 인하여 신탁물인 소유권을 취득할 수 없다. 부동산의 명의신탁에 있어서 수탁자명의로 등기된 기간이 10년이 경과하였다 하더라도 명의수탁자의 등기를 신탁자의 등기로 볼 수 없을 뿐만 아니라 명의수탁자의 등기를 통하여 그 등기명의를 보유하고 있다고 할 수도 없으므로 신탁자에게 위 부동산의 시효취득은 인정될 수 없다(대법원 1987. 11. 10. 선고 85다카1644 판결)고 한다.

[3] 대장상 명의

종중이 종중소유 부동산에 관하여 수탁자에게 신탁하여 토지대장이나 건축물관리대장에 소유자로 등재되었으나 수탁자명의로 소유권이전등기가 경료되지 않은 상태에서 명의신탁이 해지된 경우 법원은, 부동산소유권의 명의신탁의 결과로 토지대장이나 건축물관리대장에 소유자로 등재되었을 뿐 아직 수탁자 명의로 소유권에 관한 등기를 취득하지 아니한 경우에는 토지대장이나 건축물관리대장의 기재가 소유권의 변동을 공시하는 것이 아니기 때문에 명의신탁이 해지되면 그 효과로 명의신탁관계가 종료되어 수탁자는 바로 그 외부관계에 있어서도 소유권도 상실하는 것이므로, 신탁자가 수탁자에 대하여 명의신탁된 부동산의 소유권이전등기를 구할 수 없다(대법원 1999. 6. 25. 선고 97다52882 판결)라고 판시하고 있다.

아. 수탁인의 태양

[1] 수탁인이 종원인 경우

종중소유 부동산을 명의신탁하려고 할 때 그 수탁인은 종원이 되는 것이 일반적이고 종원이 아닌 타인 명의로 신탁하였다고 한다면 이는 극히 이례적이다. 그런데, 같은 종원이라고 하여도 명의신탁을 하려고 하는 종중의 입장에서 어느 종원을 수탁자로 하여 종중재산을 관리하여 놓을 것인가는 지혜로운 선조들은 잘 판단할 것이고, 판례도 이러한 점에 접근하여 간접자료로 사용하는 것으로 보인다.

어떤 토지가 종중의 소유인데 사정 당시 종원 또는 타인 명의로 사정받은 것이라고 인정하기 위한 간접자료가 될 만한 정황으로 사정명의인과 종중과의 관계, 사정명의인이 여러 사람인 경우에는 그들 상호 간의 관계, 한 사람인 경우에는 그 한 사람 명의로 사정받게 된 연유 등 모든 사정을 종합적으로 검토하여야 한다(대법원 2002. 7. 26. 선고 2001다76731 판결)고 한다.

법원은, 촌수가 가깝지 않은 종중원들로서 서로 다른 각 가계를 대표하는 동항렬의 최연장자들이 공동사정명의인으로 임야를 사정받은 점 등은 그 임야가 종중의 소유라고 인정할 만한 간접자료라고 판시(대법원 2006. 8. 24. 선고 2006다20023 판결)하였고, 조부명의로 사정되고 부친 명의로 소유권보존등기된 임야에 관하여 장남이 개인명의로 등기하지 않고 종원 대표자들과 공동명의로 등기한 취지는 위 임야가 종중의 소유임을 인정하거나 이를 종중에게 증여하였다고 봄이 우리의 전통적 사고방식에 부합한다고 판시(대법원 2001. 2. 13. 선고 2000다14361 판결)하였다.

토지조사부에 수 필지 토지가 거주지가 서로 다른 종중원들의 공동명의로 사정받은 것으로 되어 있다면 이는 당해 토지가 그 종중의 소유라는 주장을 뒷받침하는 자료가 될 수 있다(대법원 1991. 8. 13. 선고 91다1189 판결)는 판시 등이 있다.

(2) 종손에 한 명의신탁

종법시대의 종가, 종손은 가문의 질서를 바로 잡기도 하였지만 1900년경 토지 사정 당시의 명의수탁인의 면면을 보더라도 종손의 위치는 변하였음을 알 수 있다.

법원은, 종중소유의 재산을 종손에게만 명의신탁 하여야 한다는 관습은 존재하지 아니하고 종중재산의 관리권이 종손에게만 있는 것도 아닐 뿐더러 종중재산을 종손 아닌 종원에게 명의신탁함이 관습에 어긋나는 것도 아니다 라고 판시하고 있다(대법원 1993. 6. 25. 선고 93다9200 판결).

(3) 수탁인이 타인인 경우

종중이 종중소유 부동산을 종중원이 아닌 타인에게 명의신탁하였다는 것은 극히 이례적이라고 한다(대법원 2010. 7. 22. 선고 2010다20358, 2020다20365 판결). 위 판결은 부동산소유권이전등기에 관한 특별조치법에 의하여 등기를 필한 종중이 그 소유권보존등기의 등기원인으로 주장하면서 종중이 종중원이 아닌 타인에게 명의신탁을 하였다는 것은 극히 이례적이라고 하면서 특별조치법에 의한 추정력을 번복한 원심의 판단에 추정력에 관한 법리오해의 위법이 없다고 판시한 판결이다.

[4] 수탁인이 허무인인 경우(사정명의인의 인적사항을 모르는 경우)

일제시대 토지조사령, 임야조사령에 의하여 사정명의인은 원시적, 창설적으로 그 토지를 취득하게 된다. 당시 종중이 종원명의로 신탁하여 사정받았지만 수탁자인 사정명의인의 인적사항, 상속인의 존부, 나아가 허무인인지 여부 등을 알 수 없는 경우가 있다.

다만, 법원은 허무인으로부터 등기를 이어받은 소유권이전등기는 원인무효라 할 것이어서 그 등기명의자에 대한 소유권추정은 깨트려진다(대법원 1985. 11. 12. 선고 84다카2494 전원합의체 판결)고 판시하고 있기에 종중이 사정명의인을 곧바로 허무인이라는 위험한 주장은 하지 않아야 할 것이다.

그러나 위와 같이 수탁인에 관한 인적사항이나 상속인의 존부, 심지어 동인이 허무인인지 여부를 모르는 사정명의인을 상대로 신탁해지를 원인으로 한 이전등기청구소송은 가능하지 않다. 위 문제의 부동산에 관하여 취득시효로 이전등기청구권을 행사할 수 있는 것인지에 관하여,

종중 역시도 취득시효완성을 원인으로 소유권을 취득할 수 있고(대법원 1970. 2. 10. 선고 69다2013 판결), 시효취득의 목적물은 타인의 부동산임을 요하지 아니하고 자기 소유의 부동산이라도 시효취득의 목적물이 될 수 있기에(대법원 2001. 7. 13. 선고 2001다17572 판결) 종중은 시효취득완성을 원인으로 한 이전등기청구권을 행사할 수 있다. 다만, 그 상대방을 누구로 정할 것인가에 대하여 점유취득시효완성을 원인으로 한 소유권이전등기청구는 시효완성 당시의 적법한 소유자를 상대로 하여야 하므로 시효취득의 목적물에 관한 소유권보존등기 또는 이전등기가 무효라면 그 등기명의인은 시효취득을 원인으로 한 소유권이

전등기청구의 상대방이 될 수 없고 이 경우 시효취득자는 적법한 소유자를 대위하여 위 무효등기의 말소를 구하고 다시 소유자를 상대로 취득시효 완성을 원인으로 한 소유권이전등기를 구하는 것이 원칙이다.

그런데, 앞서 본 바와 같이 사정명의인 또는 그 상속인을 찾을 수 없어 취득시효완성을 원인으로 하는 소유권이전등기에 의하여 소유권을 취득하는 것이 사실상 불가능하게 된 경우에는 취득시효완성 당시 진정한 소유자는 아니지만, 소유권보존등기명의를 가지고 있는 자에 대하여 직접 취득시효완성을 원인으로 하는 소유권이전등기를 청구할 수 있다(대법원 2005. 5. 26. 선고 2002다43417 판결).

(5) 수인의 명의수탁자

[가] 공유

종중소유 부동산에 관하여 여러 사람 명의로 신탁한 경우 그 수탁인들 상호간에는 형식상 공유관계가 성립한다(대법원 1992. 9. 8. 선고 92다18184 판결). 형식상의 공유관계이기에 일반적인 공유관계와 달리 공유자는 자신의 지분을 넘어 타인의 지분을 점유하더라도 점유취득 시효를 배제하고 있다.

공동명의의 수탁자들 사이의 공유물분할도 허용되지 아니한다. 공동명의수탁을 받은 경우 수탁자들이 수탁받은 부동산에 대하여 공유물분할을 하는 것은 명의신탁의 목적에 반하고 신탁자가 명의신탁을 한 취지에도 어긋나는 것이고, 특히 종중의 재산을 보존하고 함부로 처분하지 못하게 하기 위하여 다수의 종중원에게 공동으로 명의신탁한 경우에는 더욱 그 취지에 반하는 것으로서 허용되지 아니한다(대법원 1993. 2. 9. 선고 92다37482 판결).

그렇지만, 여러 필지의 토지의 각 일부 지분을 명의신탁받은 명의수탁자가 임의로 명의신탁관계가 없는 다른 공유자들과의 공유물분할의 협의에 따라 그 중 특정 토지를 단독으로 소유하고 나머지 토지에 대한 지분을 다른 공유자들에게 이전한 경우, 명의수탁자의 특정 토지를 단독으로 소유하게 된 것은 형식적으로는 다른 공유자들의 지분의 등기명의를 승계취득한 것과 같은 형태를 취하고 있으나 실질적으로는 명의신탁받은 여러 필지의 토지에 분산되어 있는 지분을 분할로 인하여 취득하는 특정 토지에 집중시켜 그에 대한 소유형태를 변경한 것에 불과한 것으로 보아 그 특정 토지 전부에 대하여 명의신탁관계가 존속한다고 본다(대법원 1999. 6. 17. 선고 98다58443 전원합의체 판결).

그리고 형식상 공유관계라고 하더라도 공유자가 사망하면 그의 지분은 상속인이 승계하여 명의수탁인의 지위를 승계한다. 수탁인들 사이에 지분의 이전이 있어 그 명의자가 바뀌더라도 신탁자가 신탁관계를 종료시키는 등의 특별한 사정이 없는 한 새로운 명의자와 신탁자 사이에 여전히 명의신탁관계가 성립한다. 수인의 수탁자 사이의 관계는 공유이나 수탁자는 신탁자에게 수탁부동산의 소유권을 주장하지 못하기 때문이다(대법원 1994. 2. 8. 선고 92다31675 판결).

〔나〕 합유

종중소유 부동산을 수탁자 명의로 신탁하게 되면 대외적으로 부동산의 소유권은 수탁자에 있으므로 그 공동소유의 형태가 공유라고 하더라도 각 지분권자는 자신의 지분을 임의로 처분할 수 있다. 이러한 위험을 회피하기 위하여 종중은 여러명의 명의로 신탁을 하여 놓을 때 그 공동소유의 형태를 명의인들의 합유로 등기하여 놓기도 한다. 합유자의 지분은 공동 목적을 위하여 구속되어 있으므로 지분을 공유에서처럼 자유로이 처분하지 못한다.

다만, 종중부동산이 합유로 등기되어 있는 경우에는 합유자 중 일부가 사망한 경우 합유자 사이에 특별한 약정이 없는 한 사망한 합유자의 상속인은 합유자로서의 지위를 승계하지 못하므로, 해당 부동산은 잔존 합유자가 2인 이상일 경우에는 잔존 합유자의 합유로 귀속되고 잔존 합유자가 1인인 경우에는 잔존 합유자의 단독소유로 귀속된다(대법원 1996. 12. 10. 선고 96다23238 판결).

한편, 부동산의 합유자 중 일부가 사망한 경우에 그 상속인은 특별한 약정이 없는 한 당연히 사망한 합유자의 지위를 승계하는 것은 아니므로 그 상속등기를 할 수는 없고, 이 경우 잔존 합유자는 사망한 합유자의 사망 사실을 증명하는 서면을 첨부하여 합유명의인 변경등기를 신청하여야 한다.

그리고 명의수탁된 등기가 합유일 때 명의신탁해지를 원인으로 한 소유권 이전등기절차의 이행을 구하는 소송은 합유물에 관한 소송으로서 고유필요적 공동소송에 해당하여 합유자 전원을 피고로 하여야 할 뿐 아니라 합유자 전원에 대하여 합일적으로 확정되어야 하므로, 합유자 중 일부의 청구인낙이나 합유자 중 일부에 대한 소의 취하는 허용되지 않는다(대법원 1996. 12. 10. 선고 96다 23238 판결).

자. 보전처분

부동산에 관한 명의신탁은 내부적으로 그 부동산의 소유권인 신탁자에게 있음에 그치고 외부적인 관계에서 그 소유권은 수탁자에게 있기에 종중이 신탁해지를 원인으로 한 이전등기를 하기 위한 소송에 앞서 계쟁물에 대한 부동산처분금지가처분을 통한 보전조치가 필요하다. 종중이 입을 수 있는 불측의 손해를 예방하기 위한 보전조치는 매우 중요하다 할 것이다. 그런데, 종중이 본안소송에서 종중의 당사자능력이 인정되지 않는다는 이유로 본안에 관한 소에 대한 각하 판결을 받았을 때는 가처분결정의 피보전권리를 행사할 수 없다고 할 것이어서 가처분결정을 취소하므로 주의하여야 한다(대전지방법원 2017. 7. 19.자 2017라10116 결정).

차. 취득시효완성을 원인으로 한 소유권이전등기청구의 소

종중은 비법인 사단이지만 어느 부동산에 관하여 점유취득시효 요건에 해당되면 취득시효 완성을 원인으로 이전등기를 청구할 수 있다.

법원은, 종중이 종중소유의 부동산을 사정명의인에게 신탁하여 종중의 관리하에 종원들이 이를 번갈아 가면서 토지를 경작하여 종중의 시제비용으로 사용하여 왔다면 종중의 점유취득시효를 원인으로 한 소유권이전등기 청구권을 인정할 수 있고, 위 사안에서 종중으로부터 점유를 위임받은 당사자가 대부료를 납부하였다는 사정만으로 취득시효완성의 이익을 주장할 수 있는 종중의 시효완성 이익의 포기로 볼 수 없다고 판시하고 있다(대법원 1998. 2. 27. 선고 97다 53366 판결).

13 종중재산의 보존, 관리 및 처분 행위

가. 종중재산의 보존행위

총유물의 보존행위는 총유물의 멸실·훼손을 방지하고 그 현상을 유지하기 위하여 하는 법률적·사실적 행위를 의미한다. 총유물의 보존행위와 관련하여 민법은 공유나 합유의 경우인 경우 그 보존행위는 구성원이 각자가 할 수 있다는 민법 제265조 단서 또는 민법 제272조 단서와 같은 규정을 두고 있지 않다. 위와 같은 보존행위에 대한 규정이 없는 것은 법인 아닌 사단의 소유 형태인 총유가 공유나 합유에 비하여 단체성이 강하고 구성원 개인들의 총유재산에 대한 지분권이 인정되지 아니하는 데에서 나온 당연한 귀결이다.

총유물의 보존에 있어서는 공유물의 보존에 관한 민법 제265조의 규정이 적용될 수 없고 민법 제276조 제1항의 규정에 따른 사원총회 결의를 거치거나 정관이 정하는 바에 따른 절차를 거쳐야 하므로, 비법인 사단이 총유재산에 대한 보존행위로서 소송을 하는 경우에도 총회의 결의를 거치거나 정관이 정하는 바에 따른 절차를 거쳐야 한다(대법원 2014. 2. 13. 선고 2012다112299, 112305 판결). 즉, 보존행위와 보전행위로서 소송을 하는 경우에도 특별한 사정이 없는 한 종중총회의 결의를 거쳐야 하고 사원총회의 결의 없이 제기한 소송은 소제기에 관한 특별수권을 결하여서 부적법하다(대법원 2007. 12. 27. 선고 2007다17062 판결).

그리고 총유재산의 보존행위에 관한 소송은 총회의 결의를 거치거나 종중 구성원 전원이 당사자가 되어 필수적공동소송의 형태로 할 수 있을 뿐 그 사단의 구성원은 설령 그가 사단의 대표자라거나 종중총회를 거쳤다 하더라도 그 소송의 당사자가 될 수 없다(대법원 2005. 9. 15. 선고 2004다44971 전원합의체 판결).

종원이 원고가 되어 종중명의 부동산에 관하여 수용재결의 취소를 구하는 소와 관련하여 법원은, 원고는 종원에 불과하여 독자적으로 종중을 위해 종중 재산에 관하여 소를 제기할 수 없고, 원고가 보유한 종중재산과 관련된 권리는 종중총회에서의 의결권에 불과하고 재산에 관한 직접적인 이해관계가 있다고 볼 수 없는 점, 원고가 직접 공탁된 보상금을 수령할 자격도 없는 점, 그러므로 원고는 토지보상법에서 규정하고 있는 '재산에 관한 소유권 외의 권리를 가진 자'의 범주에 포함되는 관계인으로 볼 수 없는 점 등을 종합하면, 원고는 이 사건 지장물에 관한 소유권 또는 그 밖의 권리를 가진 자에 해당하지 아니하므로, 원고가 이 사건 종중소유의 물건에 관한 이 사건 수용재결의 취소를 구할 원고적격이 없다(창원지방법원 2018. 9. 19. 선고 2018구단10713 판결. 대법원 심리불속행기각 확정)고 판시한다.

나. 종중재산의 관리 및 처분행위

(1) 의의

민법 제275조, 제276조 제1항에서 말하는 총유물의 관리 및 처분이라 함은 총유물 그 자체에 관한 이용ㆍ개량행위나 법률적ㆍ사실적 처분행위를 의미한다(대법원 2007. 4. 19. 선고 2004다60072, 2004다60089 전원합의체 판결).

종중 소유의 재산은 종중원의 총유에 속하는 것이므로 그 관리 및 처분에 관하여 먼저 종중규약에 정하는 바가 있으면 이에 따라야 하고, 그 점에 관한 종중규약이 없으면 종중총회의 결의에 의하여야 하므로, 비록 종중 대표자에 의한 종중 재산의 처분이라고 하더라도 그러한 절차를 거치지 아니한 채 한 행위는 무효이고, 이러한 법리는 종중이 타인에게 속하는 권리를 처분하는 경우에도 적용된다(대법원 1996. 8. 20. 선고 96다18656 판결). 따라서 종중재산의 보존 및 관리, 처분행위는 먼저 종중규약에 따르고, 종중규약이 없는 경우에는 반드시 총회결의를 거쳐야만 한다.

(2) 관리 및 처분행위

총유물의 관리 및 처분이라고 할 때 총유물의 처분행위는 총유물을 양도하거나 그 위에 물권을 설정하는 등의 행위를 말하고 그에 이르지 않은 단순히 총유물의 사용권을 타인에게 부여하거나 임대하는 행위는 원칙적으로 총유물의 관리행위로 보아야 한다(대법원 2012. 10. 25. 선고 2010다56586 판결).

총유물의 처분행위의 전형적인 행위는 총유물에 관한 매매와 근저당권의 설정행위를 들 수가 있다. 그 밖에, 총유물인 임야에 대한 분묘설치행위는 총유물의 처분행위로 특별한 규약이나 관례가 없으면 종중총회의 결의가 필요하다(대법원 2007. 6. 28. 선고 2007다16885 판결).

총유물의 관리행위에 관하여 법원은, 종중소유 부동산에 관한 임대차계약은 총유물의 관리행위에 해당하고(수원지방법원 2017. 4. 25. 선고 2016나13991 판결. 대법원 심리불속행기각 확정), 총유물의 관리행위인 총유물의 개량행위는 총유물의 사용가치 내지 교환가치를 증대시키는 것을 의미하는바 종중이 종중소유토지에 식재된 수목의 보상금을 지급하고 취득하는 행위는 총유물의 사용가치 내지 교환가치를 증대시키는 개량행위로 총유물의 관리행위에 해당한다(창원지방법원 2017. 11. 15. 선고 2016나59451 판결. 확정)고 한다.

종중이 부동산에 관하여 명의신탁해지를 원인으로 한 소유권이전등기 청구소송을 제기하여 승소의 1심 판결을 선고받은 후 그 소를 취하하는 행위는 종중재산의 관리 및 처분행위에 해당한다고 할 것이므로, 종중의 대표자라 하더라도 위와 같은 상황에서 소를 취하하기 위해서는 종중규약에 다른 정함이 없는 한 종중총회의 결의가 있어야 하고, 그 결의 없이 한 소 취하는 부적법하다 할 것이다(대법원 2008. 11. 27. 선고 2008다20898 판결).

다. 관리 및 처분행위가 아닌 행위

(1) 채무부담행위

법원은, 총유물 그 자체의 관리 및 처분이 따르지 아니하는 단순한 채무부담행위는 총유물의 관리·처분행위가 아니라고 판시하고 있다(대법원 2007. 4. 19.

선고 2004다60072, 60089 전원합의체 판결).

예를 들어, 종중이 종중토지를 처분하면서 중개수수료를 지급하기로 약정한 경우, 중개수수료 지급 약정은 총유물 그 자체의 관리·처분이 따르지 아니하는 단순한 채무부담행위에 불과하여(대법원 2012. 4. 12. 선고 2011다107900 판결), 총유물의 관리 및 처분행위에도 해당하지 아니하므로 총회결의가 없더라도 유효하고, 따라서 종중은 총회결의 여부와 관계없이 중개수수료를 지급하여야 한다.

설계용역계약을 체결하는 것은 단순한 채무부담행위에 불과하여 총유물 그 자체에 대한 관리 및 처분행위 라고 볼 수 없다(대법원 2003. 7. 22. 선고 2002다64780 판결).

종중이 종중부동산을 매도하는 과정에서 매수인이 종중에게 금원을 대여한 위 금전차용행위는 총유물 그 자체의 관리처분이 따르지 아니하는 채무부담행위이고 이를 총유물의 관리 처분이라고 볼 수 없어 종중총회결의가 필요한 민법 제276조 제1항에서 정한 총유물의 관리처분이라고 할 수 없으며, 종중정관이 규정한 종중총회의 의결사항에도 해당되지 아니하기에 상대방이 알고 있었거나 알지 못한데 과실이 있었다고 볼 여지도 없다고 판시하였다(대법원 2012. 5. 10. 선고 2011다19522 판결).

(2) 보증행위

비법인 사단이 타인 간의 금전채무를 보증하는 행위는 총유물 그 자체의 관리·처분이 따르지 아니하는 단순한 채무부담행위에 불과하여 이를 총유물의 관리·처분행위라고 볼 수 없다. 비법인 사단인 재건축조합의 조합장이 채무보증계약을 체결하면서 조합규약에서 정한 조합 임원회의 결의 등 절차를 거치지 않은 경우 그 보증계약은 유효하다고 보았다(대법원 2007. 4. 19. 선고 2004다60072, 2004다60089 전원합의체 판결).

위 전원합의체 판결에서 반대의견도 있는데(대법관 이홍훈, 전수안), 비법인 사단이 부담하는 채무가 총유물 그 자체에 해당하지 않는다고 해서 곧바로 비법인 사단이 타인 간의 금전채무를 보증하는 행위가 민법 제276조 제1항에서 말하는 총유물의 관리·처분에 해당하지 않는다고 단정하기 어렵다. 왜냐하면 비법인 사단이 부담하는 보증행위가 자연채무가 아닌 한, 그러한 보증채무 부담 행위는 그 채무 변제를 위한 책임재산과 별도로 생각할 수 없기 때문이다. 그 채무가 변제기가 도래하고 주채무자가 채무의 이행을 하지 않으면 비법인 사단 은 자신이 보유하고 있는 현금이나 총유물을 처분하여 그 채무를 만족시켜야 하므로 결국 보증채무 부담행위는 비법인 사단의 총유물의 처분으로 연결될 수 밖에 없고 그렇다면 비법인 사단의 보증채무 부담행위는 장래의 총유물의 처분 행위와 같다고 보아야 한다면서 반대의견을 내었다.

[3] 대표자가 아닌 자에 의한 종중명의 보증행위

법원은 민법 제125조가 규정하는 대리권 수여의 표시에 의한 표현대리는 본 인과 대리행위를 한 자 사이의 기본적인 법률관계의 성질이나 그 효력의 유무 와 관계없이 어떤 자가 본인을 대리하여 제3자와 법률행위를 함에 있어 본인이 그자에게 대리권을 수여하였다는 표시를 제3자에게 한 경우에 성립하는 것이 어서 대표권이 없는 자로부터 선출결의가 무효인 회의록만으로 종중이 원고에 게 이 사건 대출과 관련하여 부적법한 대표자에게 대리권 또는 대표권을 수여 하거나 대표자로 선임하였다는 표시를 한 것으로 볼 수는 없다고 하면서 위 표 현대리 법리적용에 해당되지 아니한다고 판시하고, 마찬가지로 민법 제129조에 의한 표현대리 역시 적법하게 대표자로 선출된 적도 없기에 민법 제129조에 의 한 표현대리의 법리에 의한 책임을 물을 수 없다고 판시하였다(대법원 2005. 4. 29. 선고 2004다64616 판결).

[4] 소멸시효중단을 위한 승인

비법인 사단이 총유물에 관한 매매계약을 체결하는 행위는 총유물 그 자체의 처분이 따르는 채무부담행위로서 총유물의 처분행위에 해당하나, 그 매매계약 에 의하여 부담하고 있는 채무의 존재를 인식하고 있다는 뜻을 표시하는데 불 과한 소멸시효 중단사유로서 승인은 총유물 그 자체의 관리·처분이 따르는 행 위가 아니어서 총유물의 관리·처분이라고 볼 수 없다(대법원 2009. 11. 26. 선고 2009다64383 판결).

라. 종중총회의 결의

민법 제276조 제1항은 총유물의 관리 및 처분은 사원총회의 결의에 의한다. 같은 조 제2항은 각 사원은 정관 기타의 규약에 좇아 총유물을 사용·수익할 수 있다고 규정하고 있고 보존행위에 관하여는 그에 관한 규정이 없지만, 총유재산은 종원들의 지분권이 인정되지 아니하는 단체성이 강한 재산소유의 형태이기에 종원이 당사자가 되어 위 보존, 관리행위를 위한 총유재산에 관한 소송은 법인 아닌 사단이 그 명의로 사원총회의 결의를 거쳐 하거나 또는 그 구성원 전원이 당사자가 되어 필수적 공동소송의 형태로 할 수 있을 뿐 그 사단의 구성원은 설령 그가 사단의 대표자라거나 사원총회의 결의를 거쳤다 하더라도 그 소송의 당사자가 될 수 없고, 이러한 법리는 총유재산의 보존행위로서 소를 제기하는 경우에도 마찬가지라 할 것이다(대법원 2005. 9. 15. 선고 2004다44971 전원합의체 판결)라고 판시하고 있다.

종중구성원인 종원이 총유재산의 보존을 위한 소를 제기할 수는 없고 종원 명의로 제기한 소는 당사자 적격이 없어 각하된다.

그러므로 이 경우에 종중원은 종중재산처분에 관한 총회결의에 있어 대표자 선임, 총회소집통지 및 대상, 총회결의 등의 절차상 하자를 이유로 종중을 상대로 총회결의무효확인소송을 제기하여 총회결의가 무효임을 확인받고, 그 뒤 적법한 절차에 따라 선임된 자를 대표자로 한 종중이 매수인을 상대로 적법한 총회의 결의 없는 종중소유 부동산의 매각이 무효임을 주장하면서 그 원상회복으로 해당 부동산에 관한 소유권이전등기를 말소시키면 되는데 이는 총유재산인 종중재산에 대한 보존행위라 할 것이다.

따라서 이러한 소의 제기에 있어, 민법 제275조 제2항에 따라 원고의 정관, 즉 종중규약이 따로 정하는 바가 있다면(이는 대법원 2009다83650 판결에서 든 '특별한 사정'이라 할 것이다) 이에 따라야 하고, 종중규약이 따로 정하는 바가 없거나 종중규약이 정하는 바를 충족하지 못한 경우(종중규약이 정하는 바가 총회의 결의보다 가중되거나 그에 추가적인 요건을 요구하는 경우는 제외)에는 같은 법 제276조 제1항에 따라 총회의 결의를 거쳐야 적법한 소송이 된다(의정부지방법원고양지원 2022. 4. 14. 선고 2021가단86920 판결. 대법원 심리불속행기각 확정).

마. 추인총회

종중총회의 소집절차에 하자가 있어 그 효력을 인정할 수 없는 종중총회의 결의라도 후에 적법하게 소집된 종중총회에서 이를 추인하면 처음부터 유효로 된다. 종중부동산의 처분에 관한 종중총회의 결의에 하자가 있어 무효인 종중 결의에 의한 이전등기의 말소를 구하는 사건에 있어서 3번에 걸친 종중총회결의의 하자가 있다고 하더라도 마지막에 개최된 종중총회가 이전등기의 원인이된 최초 종중총회 결의를 추인하였다는 이유로 결국 종중부동산의 이전등기는 소유자인 종중의 의사에 의한 것으로 유효하다고 판시하였다(대법원 1995. 6. 16. 선고 94다53563 판결).

계류 중인 사건에 있어서 법률심인 상고심에서도 추인할 수 있는가에 대하여, 법원은 적법한 대표자 자격이 없는 비법인 사단의 대표자가 한 소송행위를 적법한 대표자가 상고심에서도 추인할 수 있고, 이 경우 적법하지 않았던 대표자가 한 소송행위는 모두 행위 시에 소급하여 유효하게 될 여지가 있으므로 대표권이 없다는 이유로 소를 각하한 원심판결을 파기하였다(대법원 2012. 4. 13. 선고 2011다70169 판결, 대법원 2016. 7. 7. 선고 2013다76871 판결).

종중의 적법한 대표자가 아닌 자가 제기하여 수행한 소송을 추인하였다면 그 소송은 소급하여 유효한 것이고, 가사 종중의 소제기 당시 그 대표자의 자격에 하자가 있다 하더라도 이 소가 각하되지 않고 소급하여 유효한 것으로 인정되는 한 이에 의한 시효중단의 효력도 유효하다고 볼 것이지 소송행위가 추인될때에 시효가 중단된다고 볼 것이 아니다(대법원 1992. 9. 8. 선고 92다18184 판결).

종중을 대표할 권한 없는 자가 종중을 대표하여 한 소송행위는 그 효력이 없으나 나중에 종중이 총회결의에 따라 위 소송행위를 추인하면 그 행위 시에 소급하여 유효하게 되며 이 경우 민법 제133조 단서의 규정은 무권대리행위에 대한 추인의 경우에 있어 배타적 권리를 취득한 제3자에 대하여 그 추인의 소급효를 제한하고 있는 것으로서 위와 같은 하자있는 소송행위에 대한 추인의 경우에는 적용될 여지가 없는 것이다(대법원 1991. 11. 8. 선고 91다25383 판결).

바. 묵시적 추인

종중재산의 관리 및 처분에 관한 종중총회결의가 무효인 경우 그에 따른 관리 및 처분행위도 효력이 발생하지 않는다. 그럼에도 종중에서 총유물의 관리, 처분에 의한 행위의 결과를 승인하는 행위를 한 경우 이를 묵시적으로 추인한 것으로 볼 수 있는가의 문제이다.

무효행위 또는 무권대리 행위의 추인은 무효행위 등이 있음을 알고 그 행위의 효과를 자기에게 귀속시키도록 하는 단독행위로서 묵시적인 방법으로도 할 수 있으므로, 본인이 그 행위로 처하게 된 법적 지위를 충분히 이해하고 그럼에도 진의에 기하여 그 행위의 결과가 자기에게 귀속된다는 것을 승인한 것으로 볼 만한 사정이 있는 경우에는 묵시적으로 추인한 것으로 볼 수 있다(대법원 2011. 2. 10. 선고 2010다83199, 83205 판결, 대법원 2012. 11. 29. 선고 2011다103175, 2011다103182 판결).

원고 종중이 스스로 부적법한 종중회의의 결의를 원고 종중의 결의로서 유효한 것으로 인정하고 위 결의에 터 잡아 한 명의신탁계약이 유효하다고 주장하여 신탁해지를 원인으로 한 소유권이전등기청구소송을 제기하였다면 위 회의에서 한 결의나 이에 터 잡은 명의신탁의 약정이 효력이 없었던 것이라고 하여도, 원고는 이를 추인함을 전제로 하여 위 소를 제기한 것이거나 또는 위 소로써 이를 묵시적으로 추인한 것이라고 볼 수 있는데도, 위 결의가 원고 종중의 결의로서 부적법하다는 이유만을 내세워 원고의 청구를 배척한 원심판결에 원고의 주장취지를 잘못 이해하여 심리를 미진하였거나 이유 불비 아니면 판단유탈의 위법이 있다(대법원 1991. 5. 28. 선고 90다16252 판결).

종중의 대표자 아닌 갑이 종중소유 토지를 임의 처분하여 그 매도대금을 당시 갑이 대표자로 있던 종회소유의 다른 부동산에 관하여 설정된 근저당권의 피담보채무를 변제하는 데 전부 사용하였고, 종중원들의 대다수가 갑의 토지 처분 사실을 거의 알지 못하여 이 사건 제소 시까지 아무런 이의를 제기하지 아니하였다면, 갑이 위 토지를 임의처분한 데 대하여 종중이 이를 묵시적으로 추인하였다고는 볼 수 없다(대법원 1992. 9. 14. 선고 91다46830 판결)는 판결 등이 있다.

사. 종중부동산의 처분행위

[1] 문제의 제기

종중재산의 관리 및 처분행위와 관련하여 부동산의 처분행위로 인한 다툼이 중요하고도 가장 많은 문제를 일으킨다. 어느 누군가가 종중소유 부동산을 취득하기 위하여는 종중대표자와 종중명의로 매매계약을 체결하고 종중으로부터 그 이전등기를 받아야 한다.

개인이 매도인인 경우, 부동산소유권이전용 인감증명서, 통장, 신분증 등의 구비서류로 진정한 매도인인지 여부와 매도인의 의사를 쉽게 확인할 수 있지만 고유의미의 종중은 그렇지 아니하다.

종중명의 부동산 매매 시 이전등기에 필요한 서류로는 종중의 정관(원본대조필 날인), 종원명부(원본대조필 날인), 대표자 선출 및 매각 관련 총회결의서(정관에서 정한 방법에 의한 결의여야 함), 매각결의 확인서 및 확인인의 인감증명서, 인감도장(매각결의 확인서의 기재사항으로는 정관과 대표자 선출에 관한 사실이 상위 없고 현재까지 유효하다는 내용과 매각 관련 총회결의를 확인하는 내용을 기재하고, 확인자란에 종중 대표자 1명, 종중원 2명의 성명과 주민등록번호, 주소를 기재하고 각 인감도장을 날인 후 인감증명서와 주민등록등본 첨부), 부동산등기용 등록번호증명서, 종중직인, 등기권리증 등이 필요하다.[4]

그러나, 위 서류만으로도 등기공무원은 물론이고 매수인도 매도인 종중의 법적성격, 종중 내부의 의사결정이 유효한지 여부, 매매계약체결에 임한 종중 대표자는 적법한지 여부, 종중이 제시한 정관이 유효한 정관인지 등에 대하여 구비서류만으로는 종중의 적법한 의사결정을 알 수가 없다. 이러한 위험부담을 덜기 위해 매수인은 매매에 임하는 종중 임원진들로부터 매매계약의 유효성에

---

4) 수원지방법원 성남지원 관할 내에 소재한 법무사사무실에서 매도인 종중에게 요청하는 일반적인 서류이다.

관한 보증내용의 각서 등을 받아두는 경우도 있지만, 그 한계가 있을 수밖에 없다.

[2] 총유재산의 처분

종중소유 재산은 종중원의 총유에 속하는 것이므로 그 관리 및 처분에 관하여 먼저 종중규약에 정하는 바가 있으면 이에 따라야 하고, 비록 종중 대표자에 의한 종중재산의 처분이라고 하더라도 그러한 절차를 거치지 아니한 채 한 행위는 무효라 할 것이다.

종중 회칙상 종중재산은 종중총회의 결의를 거쳐야만 처분할 수 있음에도 종중재산의 처분에 관한 적법한 총회결의나 이사회 위임결의 또는 그와 같은 내용의 종중 회칙의 변경 없이 종중 회장이 종중 이사회를 개최하여 임의로 이사회를 구성하고 종중재산의 처분을 이사회 결의만으로 가능하도록 임의로 정관을 변경하여 이에 따라 개최한 이사회에서 종중재산의 처분을 결의한 후 종중재산을 처분한 경우, 그 종중 재산의 처분은 무효이다(대법원 2000. 10. 27. 선고 2000다22881 판결).

[3] 표현대리

종중의 적법하지 않은 대표자가 종중의 운영위위원회의 적법한 결의 없이 한 매매계약은 처분권한 없이 한 것으로 무효이나 매수인이 토지의 매매계약체결 당시 대표자에게 종중의 대표권이 없었음을 알지 못하였고 그와 같은 알지 못한 데에 과실이 있다고 보기 어렵기에 종중은 민법 제129조의 표현대리의 법리에 따라 매도행위에 대한 책임을 져야 한다는 원심의 판단에 대하여, 대법원은 종중 소유의 재산은 종중원의 총유에 속하는 것이므로 그 관리 및 처분에 관하여 먼저 종중규약에 정하는 바가 있으면 이에 따라야 하고, 그 점에 관한 종중규약이 없으면 종중총회의 결의에 의하여야 하므로 비록 종중 대표자에 의한 종중재산의 처분이라고 하더라도 그러한 절차를 거치지 아니한 채 한 행위는 무효라고 할 것인 바, 종중재산의 처분이 종중규약이나 종중총회의 결의에 의하지 아니한 채 이루어진 경우에는 표현대리의 법리가 준용될 여지가 없다(대법원 2002. 2. 8. 선고 2001다57679 판결, 대법원 2008. 2. 1. 선고 2005다40594 판결)

고 판시하고 있으며,

종중으로부터 임야의 매각과 관련한 권한을 부여받은 갑이 임야의 일부를 실질적으로 자기가 매수하여 그 처분권한이 있다고 하면서 을로부터 금원을 차용하고 그 담보를 위하여 위 임야에 대하여 양도담보계약을 체결한 경우, 이는 종중을 위한 대리행위가 아니어서 그 효력이 종중에게 미치지 아니하고, 민법 제126조의 표현대리의 법리가 적용될 수도 없다(대법원 2001. 1. 19. 선고 99다 67598 판결)고 한다.

[4] 종중의 불법행위

종중의 대표자가 직무에 관하여 타인에게 손해를 가한 경우 그 종중은 민법 제35조 제1항의 유추적용에 의하여 그 손해를 배상할 책임이 있다.

비법인 사단의 대표자가 직무에 관하여 타인에게 손해를 가한 경우, 그 사단은 민법 제35조 제1항의 유추적용에 의하여 그 손해를 배상할 책임이 있고, 비법인 사단의 대표자의 행위가 대표자 개인의 사리를 도모하기 위한 것이었거나 혹은 법령의 규정에 위반된 것이었다 하더라도, 외관상, 객관적으로 직무에 관한 행위라고 인정할 수 있는 것이라면 민법 제35조 제1항의 직무에 관한 행위에 해당한다 할 것이나, 한편 그 대표자의 행위가 직무에 관한 행위에 해당하지 아니함을 피해자 자신이 알았거나 또는 중대한 과실로 인하여 알지 못한 경우에는 비법인 사단에게 손해배상책임을 물을 수 없다 할 것이고, 여기서 중대한 과실이라 함은, 거래의 상대방이 조금만 주의를 기울였더라면 대표자의 행위가 그 직무권한 내에서 적법하게 행하여진 것이 아니라는 사정을 알 수 있었음에도 만연히 이를 직무권한 내의 행위라고 믿음으로써 일반인에게 요구되는 주의의무에 현저히 위반하는 것으로 거의 고의에 가까운 정도의 주의를 결여하고, 공평의 관점에서 상대방을 구태여 보호할 필요가 없다고 봄이 상당하다고 인정되는 상태를 말한다(대법원 2003. 7. 25. 선고 2002다27088 판결).

[5] 종중의 사용자 책임

비법인 사단인 종중에 있어서도 민법에서 정한 사용자책임의 요건에 해당하면 종중은 그에 따른 책임을 져야 한다. 법원의 판결은 사용자와 관련하여서는 종중 총무의 행위와 관련하여 집적된 판례가 대부분이다.

민법 제756조의 규정된 사용자 책임의 요건인 '사무집행에 관하여'라는 뜻은 피용자의 불법행위가 외형상 객관적으로 사용자의 사업 활동 내지 사무집행 행위 또는 그와 관련된 것이라고 보여질 때에는 행위자의 주관적 사정을 고려함이 없이 이를 사무집행에 관하여 한 행위라고 본다는 것이고, 외형상 객관적으로 사용자의 사무집행에 관련된 것인지 여부는 피용자의 본래 직무와 불법행위와의 관련 정도 및 사용자에게 손해발생에 대한 위험창출과 방지조치결여의 책임이 어느 정도 있는지를 고려하여 판단하여야 한다(대법원 2001. 1. 19. 선고 99다67598 판결).

위 판례에서 대법원은, 원고는 소외 3에게 이 사건 임야를 처분할 권한이 있다고 믿고서 어음을 막을 자금이 필요하다는 '소외 3 개인에게' 금 400,000,000원을 대여한 것일 뿐이고 피고 종중 또는 피고 종중을 대리한 소외 3에게 위 금원을 대여한 것이 아님은 물론 그 자금의 용도가 피고 종중을 위한 것도 아닌 사실을 알 수 있으므로, 소외 3 개인의 위 금원 차용행위가 외형상 객관적으로 피고 종중의 직무범위에 속한다거나 피고 종중 총무로서의 직무와 밀접한 관련이 있다고 할 수 없으며, 피고 종중이 임야 1 및 2 임야를 매도하기 위하여 작성한 결의서를 소외 3으로 하여금 계속 보관하도록 방치하였다고 하더라도 위 결의서는 소외 3의 이 사건 불법행위 및 원고의 손해발생과는 무관하다고 할 것이고, 소외 3이 보관하고 있던 피고 종중 임원들의 인장을 사용하여 자신이 이 사건 임야를 매수한 양 매매계약서를 위조한 다음 개인적으로 금원을 차용하면서 이를 원고에게 제시한 행위도 소외 3의 개인적 차원의 범죄일 뿐 위 소외 3의 종중 총무로서의 본래 직무와 관련성이 있다고는 할 수 없으며, 종중이 그 총무에게 종중 임원들의 인장을 보관하게 하는 것은 통상 있을 수 있는 일로서 피고 종중이 소외 3에게 종중 임원의 인장을 보관하게 한 것이 이 사건 손해발생에 대한 위험창출과 방지조치를 결여한 것이라고 보기도 어렵기에 종중에게 사용자책임이 있다고 볼 수 없다고 판시하였다(대법원 2001. 1. 19. 선고 99다67598 판결).

14 종중재산의 분배

가. 문제점 및 분배에 관한 찬반

[1] 문제의 제기

아주 오래전부터 보유한 종중소유의 부동산은 지금에 와 종원 개인이 생각하지 못할 정도의 가치가 되었다. 그 유명한, 여자도 종중의 종원이라는 대법원 전원합의체 판결은 실질적으로 종중부동산이 수백억 원으로 현금화 되면서 종원들에게 그 현금재산의 분배를 시작하다가 발단이 된 사건이다. 당해 종중은 남자 종원의 며느리에게도 분배를 하였는데 정작 공동선조와 같은 성씨와 본관을 가진 여자는 그 종원 지위를 인정하지 않아 문제가 되어 딸들의 반란을 통하여 전원합의체 판결을 이끌어낸 것이 아닌가.

종중은 공동선조의 분묘수호와 봉제사를 목적으로 하고 있으며 이러한 종중재산은 종중원들의 총유이고 총유재산에 관하여 종원은 사용·수익권을 행사할 수 없는데, 위 목적을 위하여 마련한 부동산을 처분하여 분배를 하게 된다면 결국에는 종중의 물적기반이 없어지게 되고 종중은 사실상 해산되는 종국을 맞이할 수도 있다.

그리고 종중재산의 분배과정에서 분배에서 배제된 종원, 차등 분배된 종원, 종중총회결의 없이 임의로 한 분배, 분배사실을 뒤늦게 알게 된 종원 등 여러 문제점을 야기하기도 한다.

종중 본래의 목적재산으로 사용하고 있는 묘산이나 전답이 아파트사업시행자에게 수용되어 막대한 현금이 되었을 때, 어려운 종원들을 위하여 분배하는 것인 맞는 것인지 아니면 수익성 있는 건물을 종중명의로 매수하여 그 수익으로 영구히 모선수목의 정신을 살릴 것인지는 종원들의 총의에 달려 있다.

(2) 분배긍정설

종중재산의 분배는 총유재산의 처분에 해당하므로(대법원 1994. 4. 26. 선고 93다32446 판결), 정관 기타 규약에 달리 정함이 없는 한 종중총회결의에 의하여 분배하여야 한다(대법원 2010. 9. 30. 선고 2003다34775 판결).

법원은 종중재산 분배결의의 효력을 인정하고 있다. 종중재산의 분배는 종중재산의 처분행위 라고 본다.

(3) 분배부정설

종중은 비법인 사단이고, 비법인 사단이기에 민법에서 정하는 사단법인에 관한 규정중 법인격을 전제로 하는 규정을 제외하고는 나머지 규정을 유추 적용할 수 있는데 민법의 사단법인은 비영리법인이므로 사단의 소유에 속하는 재산을 구성원에게 분배할 근거가 없다고 주장한다. 더 나아가 종중재산의 분배를 인정한다면 종중의 비영리성을 실질적으로 침해할 위험성이 있게 된다.

종중재산의 분배는 종중재산의 처분과 실질적으로 다른 행위이다 즉, 종중재산이 그 대가물을 매개로 하여 처분되는 경우에는 그 대가물이 총유물로 남아 있게 되나, 종중재산을 분배하는 경우에는 그 대가물을 취득할 여지가 없게 되므로 이는 처분행위와 다르다. 궁극적으로 종중재산의 처분은 종중의 해산 결과를 가져올 수 있게 된다는 점 등에서 중중재산의 분배를 부정한다.

나. 분배결의

(1) 분배에 관한 임원의 의무

종중의 임원은 종중재산의 관리·처분에 관한 사무를 처리할 때 선관주의의무를 부담한다(대법원 2018. 1. 25. 선고 2017다274680 판결). 따라서 종중재산의 분배를 함에 있어 선관주의의무에 따라 하여야 하고 위 분배와 관련하여 공정하고 사회적 타당성을 결여하지 않아야 한다.

(2) 자율성

비법인 사단인 종중의 토지 매각대금은 종원의 총유에 속하고, 그 매각대금의 분배는 총유물의 처분에 해당하므로, 정관 기타 규약에 달리 정함이 없는 한 종중총회의 결의에 의하여 그 매각대금을 분배할 수 있고, 그 분배 비율, 방법, 내용 역시 결의에 의하여 일응 자율적으로 결정할 수 있다(대법원 2010. 9. 30. 선고 2007다74775 판결)

(3) 결의기준(자율성의 한계)

종중재산의 분배와 관련한 총회결의는 그 결의가 종중의 규약에서 정한 절차적 정당성을 충족하였다고 하여도 판례가 제시하는 일정한 기준을 넘는 분배결의는 무효이다.

분배결의에 관한 기준과 관련하여 법원은, 종중은 공동선조의 분묘수호와 제사 및 종원 상호 간의 친목 등을 목적으로 하여 구성되는 자연발생적인 종족집단으로 그 공동선조와 성과 본을 같이하는 후손은 그 의사와 관계없이 성년이 되면 당연히 그 구성원(종원)이 되는 종중의 성격에 비추어, 종중재산의 분배에 관한 종중총회의 결의 내용이 현저하게 불공정하거나 선량한 풍속 기타 사회질서에 반하는 경우 또는 종원의 고유하고 기본적인 권리의 본질적인 내용을 침해하는 경우 그 결의는 무효이다.

여기서 종중재산의 분배에 관한 종중총회의 결의 내용이 현저하게 불공정한 것인지 여부는 종중재산의 조성 경위, 종중재산의 유지·관리에 대한 기여도, 종중행사 참여도를 포함한 종중에 대한 기여도, 종중재산의 분배 경위, 전체 종원의 수와 구성, 분배 비율과 그 차등의 정도, 과거의 재산분배 선례 등 제반 사정을 고려하여 판단하여야 한다(대법원 2010. 9. 9. 선고 2007다42310, 42327 판결)고 판시하여, 현저히 불공정한 경우, 선량한 풍속 기타 사회질서에 반하는 경우, 종원의 고유하고 기본적인 본질적인 권리를 침해하지 않아야 한다고 분배에 관한 결의기준을 제시하고 있다(대법원 2018. 1. 25. 선고 2017다274666 판결).

다. 무효인 종중분배결의

[1] 현저하게 불공정한 분배, 선량한 풍속 기타 사회질서에 반한 분배

종토반환소송을 제기하는 등 종중대표자가 종중재산의 회복에 기여한 부분이 있더라도 이는 종중의 목적 달성과 발전을 위해 종중의 임원으로서 종중에 대하여 부담하는 선량한 관리자의 주의의무를 다한 것에 지나지 않으므로 실비를 변상하거나 합리적인 범위 내에서 보수를 지급하는 외에 회복한 종중재산의 상당 부분을 대표자 등에게 분배하는 증여 결의는 그 내용이 현저하게 불공정하거나 사회적 타당성을 결여하여 무효이다(대법원 2017. 10. 26. 선고 2017다231249 판결).

총회결의에서 구체적인 종중재산의 분배기준을 정하도록 위임받은 이사회가, 세대주인 종원과 비세대주인 종원 사이에 분배금에 2배 이상의 차이를 두면서도 세대주에 1인 세대주까지 포함하는 것으로 결의한 것은 단지 주민등록표상 세대주로 등재되었다는 사정만으로 종원을 차별하는 것으로서 합리적인 근거가 있다고 볼 수 없고, 또한 남자 종원의 경우는 혼인 여부와 관계없이 주민등록표상 세대주이면 1인 세대주라도 비세대주 종원에 비하여 많은 금액을 분배받을 수 있도록 하면서도 여자 종원의 경우에는 세대주 종원이 아닌 비세대주 종원으로서만 분배받을 수 있도록 한 것은 남녀 종원 사이의 성별에 따라 차별을 둔 것에 불과하여 위 이사회결의는 그 내용이 현저하게 불공정하여 무효이다(대법원 2010. 9. 30. 선고 2007다74775 판결).

[2] 종원의 본질적인 권리침해

종중이 종토 매각대금을 분배하기로 결의를 하면서 사정명의인의 직계 손에게 이를 분배하되 방계손에게는 지원금을 1/2 이하로 감축하거나 보류할 수 있고 해외 이민자는 지급대상에서 제외하기로 결의한 것은 종원으로서의 권리의 본질적 부분을 부당하게 침해하는 것으로 합리적이라 할 수 없어 무효이다(대법원 2010. 9. 9. 선고 2007다42310, 42327 판결).

사회일반의 인식과 법질서의 변화 등에 의해 성년 여자들에게도 종원의 지위가 인정되는 이상 원칙적으로 여자 종원은 남자 종원과 동일하게 종원으로서의 권리를 누리고 의무를 부담한다고 할 것인바, 이는 종원들에게 종중재산을 분배할 때에도 마찬가지로서, 특별한 사정이 없는 한 남녀 종원 사이에 동등한 분배가 이루어져야 할 것이고, 가령 종중이 종중의 유지 발전 등에 특히 기여한 바가 많은 특정 종원들에게 다른 일반 종원들에 비해 더 많은 종중재산을 분배하는 것이라면, 그와 같이 더 많은 종중재산을 분배받는 것이 특히 남자 종원들이라고 하여 그와 같은 분배방법이 차별적이거나 불합리하다고는 할 수 없을 것이나, 종중이 종중재산을 단순히 남자와 여자라는 성별만을 기준으로 남자 종원에 비해 여자 종원 전체에게 일반적으로 불이익하게 분배하는 것은 성별에 의한 차별 금지 및 양성평등을 선언한 헌법 이념에도 부합하지 않을 뿐 아니라, 이는 성년 여자에게도 종원의 지위가 인정되게 된 사회적 인식과 법질서의 변화에도 역행하는 것이어서 여자 종원의 고유하고 기본적인 권리의 본질적 내용을 침해한다고 볼 여지가 충분하다. 따라서 그와 같은 차별적인 분배방법에 대하여는, 최소한 불리한 대우를 받게 되는 여자 종원들도 이를 수긍하여 동의(즉, 다수결 원칙에 의하여 여자 종원들의 과반수 출석에 과반수 찬성을 얻는 방법 등이 있을 것이다)하고 있다든지 남녀 종원 사이에 재산분배상 차등을 두는 것이 오히려 더 합리적이라는 등의 특별한 사정이 있어야 한다고 봄이 상당하다. 그리고, 여자 종원에게 남자 종원의 절반 이하의 비율로 재산을 분배하는 것을 내용으로 하는 종중총회의 결의의 유효 여부가 문제된 사안에서, 오로지 성별을 이유로 여자 종원은 남자 종원에 비하여 불리하게 취급하고 있고 이에 더하여 여자 종원들의 동의를 얻었다거나 혹은 남자 종원에 비하여 여자 종원에게 재산을 적게 분배해야 할 만한 특별한 사정 역시 인정되지 않는다면 그러한 종중총회의 결의는 무효로 보아야 한다(수원지방법원 2009. 10. 8. 선고 2008가합19235 판결. 상고기각 확정)고 판시하고 있다.

라. 유효한 종중분배결의

종중 목적을 달성하기 위한 종중재산은 주로 선조의 제사봉행 등에 소요되고 나머지가 있는 경우에 종원의 원조 내지 공익을 도모하는 용도에 충당되며, 종중재산의 형성과정, 목적, 관리 · 처분관계를 종합적으로 고려하면 여기에는 일종의 신탁에 유사한 법률관계가 성립하여 종중재산의 처분 이후 이를 개인에게 귀속시킴에 있어서는 신탁의 법리를 유추하여 전체 후손 전원에게 합리적 기준에 따라 배분하여야 할 것이다(대법원 2005. 7. 21. 선고 2002다1178 전원합의체 판결 참조).

종중재산을 세대주가 아닌 남자와 여자에게는 균등 분배하고, 미망인, 배우자, 종중발전기여자, 장애우, 취학 미성년자, 미취학 미성년자인 종중원에게는 차등 분배하기로 한 종중총회의 종중재산 처분에 관한 결의가 합리적인 범위 내의 결의로서 유효하다(서울서부지방법원 2006. 11. 10. 선고 2006가합2070 판결. 상고기각 확정).

마. 종원의 분배금청구

(1) 분배에 관한 총회결의

만일, 어느 종중에서 종중 임원들 몇 명이 종중총회결의 없이 임의로 남자 종원들에게만 종중재산을 분배하고 여자 종원에게는 분배하지 않은 경우와, 종중총회는 일응 개최하였지만 남자 종원들에게는 종중재산을 분배하고 여자 종원은 제외하는 종중총회결의를 하는 경우에 여성인 종원은 자신의 권리를 어떠한 방법으로 찾아야 하는가.

법원은, 종원이 종중재산의 분배를 청구하기 위하여는 종중이 분배에 관한 총회결의가 있어야 한다. 종중재산에 관하여 분배를 위한 총회결의가 없으면 종원은 종중을 상대로 분배금을 구할 수 없다(대법원 2010. 9. 30. 선고 2007다 74775 판결)고 판시하고 있다.

위 판결에 비추어, 첫 번째 경우인 종중총회 없이 종중재산을 분배하였다면 이는 분배에 관한 근거가 없는 무효인 분배이기에 종중은 이미 분배받은 종원들을 상대로 지급한 분배금의 반환을 구하여야 할 것이다. 이를 위하여 여성 종원은 종중총회의 적법한 소집권자에게 종중재산의 회수와 분배를 위한 종중총회결의를 개최하여 줄 것을 요청하여 종중총회를 개최하여 종중재산의 환수와 환수된 종중재산의 분배에 관한 총회결의를 하여야 할 것이다. 그러나, 당초 분배에 관한 총회결의가 존재하지 않기에 종중을 상대로 종중총회결의 무효확인을 구하여도 그 청구는 계쟁물인 분배총회가 없기에 그 무효확인의 청구는 기각될 것이다(청주지방법원 2020. 11. 25. 선고 2019가합12425 판결. 대법원 심리불속행기각 확정).

다음으로 분배에 관한 종중총회결의를 하였지만 남자 종원들에게만 분배하였을 때는 어떻게 하여야 하는가.

위와 같은 종중의 총회결의는 무효이기에 여성 종원은 종중을 상대로 분배에 관한 총회결의의 무효확인 소송을 제기하여 그 판결을 받아야 한다. 다만 이 경우에도 법원은, 분배에 관한 종중총회결의가 무효인 경우 종원은 그 결의의 무효확인 등을 소구하여 승소판결을 받은 후 새로운 종중총회에서 공정한 내용으로 다시 결의하도록 함으로써 그 권리를 구제받을 수 있을 뿐이고 새로운 종중총회의 결의를 거치지 아니한 채 종전 총회결의가 무효라는 사정만으로 곧바로 종중을 상대로 하여 분배금의 지급을 구할 수는 없다(대법원 2010. 9. 9. 선고 2007다42310, 42327 판결)고 한다.

결국, 법원은 분배에 관한 총회결의가 있어야 종원은 분배금청구를 할 수 있다는 취지이고, 그러한 분배에 관한 총회결의가 없거나 분배결의가 무효라고 한다면 종원이 곧바로 종중을 상대로 하여 스스로 공정하다고 주장하는 분배금의 지급을 구할 수는 없다 할 것이다.

(2) 직접청구

종중토지에 대한 매각대금을 종원에게 분배하기로 결의하였다면 그 분배대상자라고 주장하는 종원은 종중에 대하여 직접 분배금의 청구를 할 수 있다(대법원 1994. 4. 26. 선고 93다32446 판결).

분배에 관한 총회결의일로부터 10년의 소멸시효기간이 지나도록 모르는 종원이 이러한 사실을 뒤늦게 알게 되어 한 분배금청구와 관련하여, 채무자가 시효완성 전에 채권자의 권리행사나 시효중단을 불가능 또는 현저히 곤란하게 하였거나, 그러한 조치가 불필요하다고 믿게 하는 행동을 하였거나, 객관적으로 채권자가 권리행사를 할 수 없는 장애사유가 있었거나, 또는 일단 시효완성 후에 채무자가 시효를 원용하지 아니할 것 같은 태도를 보여 채권자로 하여금 그와 같이 신뢰하게 하였거나 채권자 보호의 필요성이 크고 같은 조건의 다른 채권자가 채무의 변제를 수령하는 등의 사정이 있어 채무이행의 거절을 인정하는 것이 현저히 부당하거나 불공평하게 되는 등의 특별한 사정이 있는 경우에는 채무자가 소멸시효의 완성을 주장하는 것이 신의성실의 원칙에 반하여 권리남용으로서 허용될 수 없다(대법원 2002. 10. 25. 선고 2002다32332 판결)는 소멸시효에 완성여부에 관한 일반적인 판시기준은 기한이 지난 종원의 분배금청구에 적용될 수 있다 할 것이다(인천지방법원 2018. 12. 5. 선고 2018나60222 판결. 대법원 심리불속행기각 확정).

비법인 사단인 종중의 토지에 대한 수용보상금은 종원의 총유에 속하고, 위 수용보상금의 분배는 총유물의 처분에 해당하므로 정관 기타 규약에 달리 정함이 없는 한 종중총회의 분배 결의가 없으면 종원이 종중에 대하여 직접 분배청구를 할 수 없으나, 종중 토지에 대한 수용보상금을 종원에게 분배하기로 결의하였다면, 그 분배대상자라고 주장하는 종원은 종중에 대하여 직접 분배금의 청구를 할 수 있다.

(3) 분배에 관한 종중총회결의가 무효

(가) 분배에 관한 종중총회결의가 무효인 경우, 종원은 그 결의의 무효확인 등을 소구하여 승소판결을 받은 후 새로운 종중총회에서 공정한 내용으로 다시 결의하도록 함으로써 그 권리를 구제받을 수 있을 뿐이고 새로운 종중총회의 결의를 거치지 아니한 채 종전 총회결의가 무효라는 사정만으로 곧바로 종중을 상대로 하여 분배금의 지급을 구할 수는 없다(대법원 2010. 9. 9. 선고 2007다42310, 42327 판결, 대법원 2010. 9. 30. 선고 2009다74775 판결).

어느 종중이 종원인 '미국 시민권자의 자손'에 대해서 보상금 분배에 있어 분배를 제외한 총회 결의가 있은 후, 시민권자인 종원이 종중을 상대로 분배금청구를 한 사안에서 원심법원이 '종원인 미국 시민권자의 자손'을 이 사건 보상금 분배에서 제외하는 이 사건 배제 결의 조항은 무효이나 나머지 결의 내용은 그대로 효력이 있다고 보고 종원인 원고들이 구한 분배금청구를 인용한 판단에 대하여 대법원은 비록 기존 종중재산의 분배결의가 무효라고 하여도 새로운 종중총회에서 '미국 시민권자의 종원'에 대한 분배결의를 거치지 아니한 이상 원고들로서는 곧바로 피고인 종중을 상대로 분배금의 지급을 구할 수는 없다고 판시하였다(대법원 2022. 4. 14. 선고 2021다300203 판결).

  (나) 그렇다면, 종전 종중재산의 분배에 관한 총회결의가 무효임에도 종중이 새로운 분배결의를 위한 종중총회를 개최하지 않고 지체하고 있는 경우에는 어떤 구제방법이 있는지 문제가 된다. 분배총회결의를 위하여 종중의 적법한 총회 소집권자에게 분배 등에 관한 총회소집을 요구하여야 한다.

  법원은, 종원의 종중을 상대로 한 분배금청구는 종중총회의 결의가 있음을 전제로 한다면 종중원들은 종중 재산의 관리 또는 처분 등을 위하여 종중의 규약에 따른 적법한 소집권자 또는 일반 관례에 따른 종중총회의 소집권자인 종중의 연고항존자에게 필요한 종중 임시총회의 소집을 요구하였음에도 그 소집권자가 정당한 이유 없이 이에 응하지 아니하는 경우에는 차석 또는 발기인(위 총회의 소집을 요구한 발의자들)이 소집권자를 대신하여 그 총회를 소집할 수 있는 것이고, 반드시 민법 제70조를 준용하여 감사가 총회를 소집하거나 종원이 법원의 허가를 얻어 총회를 소집하여야 하는 것은 아니라고 판시하는 바(대법원 2011. 2. 10. 선고 2010다82639 판결 등 참조) 분배에서 제외된 종원들은 먼저 종중의 규약에 따른 적법한 소집권자 또는 종중의 연고항존자에게 새로운 분배결의를 안건으로 한 임시총회 소집을 요구하고, 이에 불응할 경우 발기인이 소집권자를 대신하여 그 총회를 소집하여 새로운 분배결의를 하여야 할 것이다.

  종중을 상대로 분배총회에 대한 총회무효확인을 구하면서 그 소송의 주관적 병합을 통하여 총회소집권자에게 종중의 분배총회 결의의 이행을 구하는 소는 가능한가.

  법원은, 종중의 종원이 종중토지 매각 대금의 분배에 관한 공정한 내용의 결의를 구하기 위해서는 민법 제69조에 따라 소집된 통상회의에서 이를 안건으로 상정하거나, 민법 제70조 제2, 3항에 따라 종중에 위 결의를 위한 임시총회의 소집을 청구하거나 법원에 임시총회의 소집허가를 신청하여야 하고(대법원

1999. 6. 25.자 98마478 결정), 그 신청방식 등의 절차에 관하여는 비송사건절차법 제34조에서 정하고 있으므로 비송사건으로 위 결의를 위한 임시총회의 소집허가 신청을 할 수 있을 뿐 민사소송의 방법으로 직접 총회결의를 구할 수는 없다고 할 것이다(광주지방법원 2016. 1. 8. 선고 2015가합58312, 2015가합58398 판결. 확정)고 판시하고 있다.

바. 서울고등법원 2007. 5. 31. 선고 2005나104735, 2005나104742 판결

　친족집단인 고유의미의 종중은 종중재산을 분배함에 있어서 그 기준을 어디에 두는가에 따라 분배에 불만을 가진 종원이 많이 있다. 자로 재어 분배하더라도 그동안 종중에 많이 기여하였다고 생각하는 종원은 차등분배라고 이의를 제기할 것이고, 집안이나 지파별로 분배하게 되면 구성원이 적은 집안이나 지파는 만족하지만, 그렇지 아니한 집안은 불만을 가질 것이다.

　법원이 분배에 관한 합리적인 분배기준을 제시하였지만 우리나라 대소종중의 각 임원들은 위 기준보다는 자신들이 내세우는 분배기준이 합리적이라고 생각할 것이다. 더 나아가 무효인 총회결의를 통하여, 심지어 위와 같은 분배결의 없이 임원 몇몇이 분배하기로 결정하고 이를 토대로 분배하여 버린다면 분배에서 제외된 종원이나 차등분배된 종원은 자신의 권리를 찾기가 요원하고 그 시간과 비용이 많이 소요된다.

　대법원에서 받아들이지는 않았지만, 위와 같은 사정을 감안하여 서울고등법원 재판부가 판시한 2007. 5. 31. 선고 2005나104735, 2005나104742 판결은, "종중의 사적 자치를 존중하여 법원은 분배가 위법함을 이유로 그 무효확인을 할 수 있음에 그치고 나아가 합리적이라고 판단되는 분배를 직접 명할 수 없다고 한다면 그러한 무효확인에도 불구하고 종중이 더 이상의 아무런 조치를 취하지 않는 경우 당사자는 실질적으로 법적 구제를 받을 수 없는 결과가 되고, 이와 달리 종중이 다시 분배를 위한 조치를 취하더라도 불합리한 분배가 지속되는 한 당사자는 합리적인 분배가 이루어질 때까지 계속하여 소를 제기하여야 한다는 상황이 발생되어 실효적인 법적 구제를 받을 수 없게 된다는 문제가 발생한다. 헌법 제27조 제1항이 규정하고 있는 "재판을 받을 권리"가 독립한 법관에 의하여 적법한 절차의 공정한 재판을 받을 수 있는 사법 절차적 기본권으로서의 절차적 기본권을 의미할 뿐만 아니라 아울러 권리의무에 관한 다툼이 있는 경우 법관의 재판을 요구할 수 있는 재판청구권으로서의 실체적 권리를 의미한다고 해석하는 것이 타당한 이상 이와 같은 경우 법원이 당사자 사이의 권리의무에 관한 다툼에 관하여 개입하여 직접적인 해결을 하는 것만이 실효적인 법적 구제를 가능하게 하여 당사자의 "재판을 받을 권리"를 실현하는 것이라고 해석된다. 이러한 헌법적 요청에 의하여 종중의 사적자치는 그 범위 내에서 불가피한 제한을 받을 수밖에 없다고 할 것이다."라고 판시하면서 종중원인 원고에게 직접 분배금청구를 인용하였다.

판례색인

[고등법원]

[지방법원]

저자약력

신동한

1973. 2. 광주초등학교 졸업

1976. 2. 광주중학교 졸업

1979. 2. 광주종합고등학교 졸업(경기도 광주)

1984. 2. 한양대학교 법과대학 졸업

2002. 3. ~ 2003. 9. 미국 Santa Clara University Visiting Scholar

1986. 10. 제28회 사법시험 합격

1991. 2. 사법연수원수료(20기)

1991. 4. 변호사신동한법률사무소 개업 ~ 현재

종중과 종중소송

초판발행	2024년 9월 10일
지은이	신동한
펴낸이	안종만 · 안상준
편 집	양수정
기획/마케팅	김한유
표지디자인	Ben Story
제 작	고철민 · 김원표
펴낸곳	(주) **박영사**
	서울특별시 금천구 가산디지털2로 53, 210호(가산동, 한라시그마밸리)
	등록 1959. 3. 11. 제300-1959-1호(倫)
전 화	02)733-6771
f a x	02)736-4818
e-mail	pys@pybook.co.kr
homepage	www.pybook.co.kr
ISBN	979-11-303-4779-0 93360

정 가   28,000원